王　坤/著

# 资源型地区经济发展方式转变

## ——基于产业集群、区域经济发展差异研究

THE TRANSFORMATION OF THE ECONOMIC DEVELOPMENT PATTERN IN THE RESOURCE-BASED REGION

-based on the study of the industry cluster, the difference of regional economic development

# 前　言

本书选择区域经济发展差异及经济发展方式转变为主要研究方向，从产业集群发展的角度进行分析。

20世纪80年代以后，中国开始出现并迅速发展起来的产业集群与经济高速增长密切相关。产业集群作为一种产业组织形式已经普遍存在于区域经济发展中，并对区域经济的发展产生着重要的作用，产业集群发展水平的差异也影响着经济发展的差异。

在文献评述部分，首先从区域经济发展差异的文献入手，以经济学理论为基础，对区域经济发展差异的三大趋势进行判断，然后从技术水平、FDI、人口迁移、城市化进程、市场一体化、发展战略六个角度对区域发展差异原因的文献进行梳理。结果发现，经济学理论范畴的发展差异研究比较成熟，为我国区域协调发展提供了有益的政策参考。但是，对于20世纪末以来，我国各省蓬勃发展的产业集群对区域发展差异的研究有些缺乏，无论是理论研究还是实证分析都存在许多问题。

从我国资源型地区的发展方式看，经济增长“高投入、高消耗、低产出”模式已经不适应经济可持续发展的要求，产业结构的调整与变革势在必行。资源型地区的产业结构调整不在于各个产业的重组或产业的整合，而在于寻求一个新型的产业结构，以使得原有的资源型产业发展无论是对于区域经济还是在全球价值链中均具有较高的竞争能力。产业集群正是这样一种新兴的产业组织理论，它能够成为推动区域经济可持续增长的持久动力。因此，本书从产业集群理论视角出发，结合区域经济学、产业组织理论、宏观经济学以及发展经济学等多学科相关理论，对资源型地区经济发展中的生产要素约束、制度约束以及能源约束进行了详细分析，并以内蒙古乳品产业集群为例，实证分析研究了资源型地区产业集群的成长与区域经济可持续发展的相关性，认为积极推动资源型产业集群的形成与成长是资源型地区经济发展方式转变的有效实现途径，研究的目标可为地方政府制定产业政策以及区域发展规划提供一定的理论基础。

本书从产业集群形成条件的分析出发，从产业集群形成的市场需求因素、生产要素以及从社会资本的角度，对产业集群的形成条件做了深入分析。在此基础上对产业集群演进发展的动力机制即规模经济、专业化分工以及外部性做了研究。同时，通过区域经济发展中产业集群的区域乘数效应、集聚效应和溢出效应分析了产业集群对区域经济发展的效应。

本书建立数理模型，采用1999~2009年的省级面板数据对构成产业集群的重要因素与区域经济增长的内在性进行实证分析，说明产业集群与区域经济差异存在着关联性。通过实证分析研究以及区域间产业集群发展的比较研究，得到产业集群发展的差异是区域经济发展差异的重要因素的基本结论。通过对产业集群与经济发展方式转变的理论与实证研究，得到如下结论：

第一，产业集群是一个复杂的动态演化过程，在增强专业化分工、发挥协同效应、降低交易成本、优化资源配置、提高区域创新力等方面作用明显，是工业化发展过程中的必然阶段。通过促进区域产业集群的成长，能够实现资源型地区经济发展方式转变，一方面，必须营造有利于区域产业集群成长的制度环境，降低产业集群发展中的交易成本；另一方面，通过制定具有约束或激励条件的制度安排，不断完善有利于区域产业集群发展的实施机制，从而使制度功能与绩效得以充分发挥。

第二，产业集群的形成与发展根植于区域经济社会环境中，因此，区域创新平台的搭建是产业集群发展的基础，区域创新活动中的新材料、新产品、新技术、新组织形式可为集群发展提供条件；产业集群地理集中所产生的集聚效应、专业化分工、人才培养、学习效应等似乎是区域创新实现的途径。此外，集群的网络系统是一个跨越多个部门、机构的经济系统，如研究和教育机构、技术服务中心、金融服务中心、生产者协会、地方龙头企业以及专门的商品和服务供应商等，他们在相互信任、了解的基础上才能推动产业集群的成长，产业集群与区域创新系统才能共同存在，而区域创新体系是产业集群发展的基本保障，因此，产业集群的发展与壮大带动了区域内相关产业的发展，从而拉动区域经济的不断增长。

第三，我国资源型地区产业集群发展中存在两个问题：一是资源型产业集群的优化升级问题；二是资源型产业集群的生态转型问题。

通过对产业集群优化升级的研究发现，我国资源型地区产业集群发展过程中普遍存在区域锁定、发展路径锁定、生产要素锁定、价值链低端锁定等问题，如果能够摆脱集群锁定状态，探索产业集群可持续性发展机制，充分发挥产业集群的集聚效应和溢出效应带来的区域竞争优势，就可以实现产业集群的优化升级。因此，首先应打破区域划分的锁定，加强区域间产业分工与协作以及优势资源的共享，抑制低层次的竞争，促进要素流动，促进产业集群的发展；其次应鼓励和倡导创新文化，培养企业家的创新精神，建立企业间相互信任、相互合作的关系；最后政府应采取政策引导、资金支持和市场化运作的方式，通过构建技术创新平台和区域服务系统，促进集群内研发机构的成果转化，提高集体创新的效率，同时也增强了产业集群对新技术的吸收能力，从而实现产业集群的优化升级。

鉴于资源型地区产业集群的形成特点，资源型产业集群的"高消耗、高污染"发展模式给社会进步及环境发展带来了巨大压力，因此，传统产业集群的绿色转型问题显得尤为重要。政府鼓励资源型产业集群的低碳经济发展，在政策支持下，经济绩效和技术创新是低碳产业集群的内在动力，而国内外低碳环境的压力以及产业集群对公众的市场取舍与监督构成了外部动力，内、外动力的互相配合，推动了低碳产业集群快速发展。

我国的产业集群的形成主要通过自发性和政府通过政策引导发展两种基本途径。本书针对促进产业集群协调发展、缩小区域经济发展的差异提出了创造有利于产业集群形成与发展的制度环境，通过稳定、持久的制度机制实现产业集群的健康发展；而构建区域创新系统，加强区域间产业的分工协作，是区域经济发展能够获得产业集群的集聚效应和技术溢出效应的推动力，只有这样才能形成提高产业集群竞争能力，促进区域经济平衡发展的局面；通过公共服务平台建设、自主创新能力增强、经济发展方式转变等方法消除路径依赖、过度竞争、区域锁定等风险，促进产业集群的升级，以实现区域经济持续增长。

# 目 录

# 第一章 绪论

## 第一节 问题的提出

长期以来，区域经济发展差异的问题被国内外学者广泛关注。从世界各国的经济发展经验来看，经济总是处于不均衡的发展之中，某些区域经济增长比较快，某些区域经济增长比较慢，这种不均衡的经济增长长期积累，最终导致了区域经济发展的差异。为了缩小区域经济发展的差距，国内外学者们运用区域经济学、发展经济学、宏观经济学、微观经济学、制度经济学、产业经济学等相关经济理论进行了大量的理论分析和实证研究，虽然取得了一定的成效，但至今仍未消除差距。在经济全球化的背景下，区域经济发展的差异还有不断扩大的趋势，这必将阻碍国家（区域）乃至世界经济长期、稳定的增长，区域经济发展的方式也会出现新的变化，因此，有必要对区域经济发展差异的原因进行深入研究，探索经济发展方式转变的途径。

改革开放 30 多年来，我国经济持续高速增长，被称为“中国增长之谜”。与此同时，我国的区域经济差距也在不断扩大，东部沿海地区的经济增长速度明显快于中西部地区，工业增长长期保持“东高—中中—西低”的格局。2004 年后，区域经济发展差距有缩小的趋势，然而，2008 年以后，区域间经济发展的差距又不断拉大。所以，研究导致我国区域经济发展差距的原因尤为重要。现有的文献主要分为两类：一类是对区域经济发展差异的趋势的判断，即趋同论还是趋异论；另一类是关于形成发展差异原因的分析，包括要素投入、制度因素、发展战略、地区一体化程度、经济政策等诸多方面。但是，基于产业集群因素的区域发展差异的理论研究和实证研究均比较少，正因如此，本书以新经济地理理论为基础，基于产业集群视角对我国区域经济发展差异的因素进行理论及实证分析，并通过分析产业集群与区域经济的作用机制，进一步阐述了产业集群通过集聚效应、溢出效应等对区域经济增长产生的影响，从而证明了区域的产业集群发育程度的不同是造成区域经济发展差异的重要因素，提出了以促进产业集群发育的区域经济协调发展的政策建议。

20 世纪 90 年代以来，产业集群作为一种新型的产业组织形式迅速发展起来。无论是在发展中国家还是在发达国家，产业集群对经济发展的贡献率都在逐年提高。根据《中国产业集群发展报告》2006 年底的数据计算可知，我国东部的 9 个省市产业集群的数量占全国总数的 70%，产业集群中的就业人数分别是中西部的 6 倍和 8 倍，创造的产值分别是中西部的 7 倍和 6 倍，东部地区 9 个省市（北京、上海除外）GDP 的 26.5%是由东部的 1366 个产业集群创造的，中部地区 6 个省市（山西、湖南除外）521 个产业集群创造了占中部 GDP 总额的 11.4%，西部 7 个省份（西藏、青海、宁夏、贵州、内蒙古除外）73 个产业集群创造了西部 GDP 总额的 12.7%。从以上的数据可以看出，20 世纪 90 年代之后，我国各区域产业集群的迅速发展带动了经济快速增长，但是由于三大经济区的产业集群发育程度的差异加剧了区域经济发展差异，因此，从产业集群的角度研究我国生产要素禀赋、区域环境、经济基础等方面差异较大，并且区域经济发展不均衡现象不断加剧的经济状况，具有比较高的理论价值与现实意义。

我国经济发展方式转变的必要性和紧迫性。随着资源的枯竭和资源品价格不断升高，一些资源型城市或资源型地区因资源开发和资源型产业的衰退而出现了一系列的经济和社会问题，如生态环境破坏、环境污染、经济衰退以及犯罪等群体性事件频发等。因此，资源型地区经济发展方式的转变已迫在眉睫。

资源型地区经济增长方式主要是依靠资源的开发，这种资源的“高投入、高消耗、低产出”的生产模式已经不适应经济可持续发展的需求，产业结构的调整与变革势在必行。对于资源型地区的产业结构调整，不在于各个产业的重组或产业的整合，而在于寻求一个新型的产业结构，这使得原有资源型产业的发展无论是对于区域经济还是在全球价值链中均具有较高的竞争能力。产业集群正是这样一种新兴的产业组织理论，它能够成为推动区域经济增长的持久动力。因此，本书从产业集群理论视角出发，结合区域经济学、产业组织理论、宏观经济学以及

发展经济学等多学科相关理论，针对我国资源型地区经济发展方式转变的有效实现途径进行深入研究，力图为地方政府制定产业政策以及区域发展规划提供一定的理论基础。

## 第二节　研究背景与意义

### 一、研究背景

在全球经济化的大背景下，20 世纪 80 年代以后，中国开始出现并迅速发展起来的产业集群与经济高速增长密切相关，一方面，产业集群的出现使得经济活动空间集聚化和本地化，大量相关企业的地理集中大大地降低了运输成本、交易成本以及各种搜寻成本，产业集群内部各企业产生的相互竞争和分工协作所带来的规模报酬，使区域经济得到快速发展——充分体现出产业集群的集聚效应；另一方面，产业集群内部各个企业可以共享资源，使得集群内部的企业加快了技术进步的步伐。同时，技术的不断创新促进了产业集群升级，从而加快了区域经济的增长——表现为知识溢出效应。此外，产业集群在吸引外商投资、增加出口、创造就业等方面为区域经济的发展做出了突出贡献。

**（一）产业集群作为一种产业组织形式已经普遍存在于区域经济发展中**

国内外的经验已经证明，产业集群普遍存在且在经济发展中具有重要作用。就发达国家而言，无论是传统产业还是高新技术产业都明显存在产业集群现象，如美国硅谷的电子业集群、底特律汽车制造业集群、好莱坞的电影业集群；意大利的比耶拉及普拉托的毛纺业集群、都灵的电气化设备集群、卡拉拉的石制品集群、摩德那的针织品产业集群、瓦伦扎的珠宝集群；丹麦的家具制造业集群；日本的东大阪以制造业为核心而形成地域产业特色鲜明的相关产业集群；瑞士的制药业集群；印度班加罗尔的软件业集群、孟买的宝莱坞影视产业集群；等等。这些产业集群培育、集聚了一大批相关或相似企业，它们为本区域经济发展做出了巨大贡献。例如，印度约 400 个产业集群出口额占制造业出口总额的 60%。世界各国的产业集群迅速发展，为本国乃至全球的经济发展做出巨大贡献，引起学界、政界的高度关注。

在我国，20 世纪 80 年代以后，大量的产业集群如雨后春笋般迅速地崛起，如长三角地区的浙江、江苏和上海拥有纺织、服装、制鞋、轻工、机械、汽车、石化及生物制药等 1000 多个产业集群，其销售收入大约占地区总收入的 50%；广东的电气设备、建材、食品、服装集群，福建的纺织、制鞋、陶瓷等集群，北京的文化创意产业集群，天津的汽车、轻纺等集群，台湾新竹的花卉集群，台州的精细化工集群以及在河北、湖南、湖北、山东、四川、山西等地还存在着大量的产业集群，这些产业集群已经创造出了明显的区域经济效益。

**（二）产业集群发展的差异是造成区域经济发展不均衡的重要原因**

迈克尔·波特（Michael E. Porter）1990 年出版的《国家竞争优势》中已经阐述了国家或区域的竞争优势来源于该国或区域具有能够不断地提供成本低、质量高的产品，并且市场占有率高、有获利能力的产业。他认为，产业集群具有这样的区域竞争能力。但是，我国的产业集群发展是不均衡的，且东、中、西部的区域竞争力也是高低不等，从而，三大经济区域的经济发展产生了差异。据统计，东部拥有占全国产业集群总数 70%的各类集群，创造了东部经济总量的约 30%，而中西部的产业集群数量少，创造的产出占经济总量分别为 11%、12%。此外，由于东部地区产业集群发展迅速，在“极化效应”的作用下，吸引了中西部地区生产要素不断地流入东部地区，促进了东部经济的更快速发展，这将会造成我国区域经济发展过程中更大的差距。因此，产业集群发展的差异是造成区域经济发展不均衡的重要原因。

**（三）对产业集群的研究丰富和发展了传统经济学理论**

作为一种新型的产业组织形式，产业集群的出现既是对传统经济理论的挑战，又是对工业区位理论、产业组织理论及微观经济学等理论的丰富和发展。

首先，产业集群的出现打破了新古典经济学关于地理位置“同质论”的假说，即在生产要素自由流动的条件下，各种要素的价格会趋同，地理上的差异会消失。然而，产业集群通常会打破空间和时间的约束，出现在具有各自本地特点的不同地理位置的区域，具有地理位置的“非同质性”。

其次，工业区位理论认为，产业集聚应该发生在要素禀赋丰富的区域，生产成本、运输成本及自然资源的存量是产业集聚形成、发展的决定因素（Alfred Weber，1909；E. M. Hoover，1937）。然而，实践证明，产业集群并非一定在要素禀赋丰富的区域形成和发展，例如，意大利的陶瓷产业集群与本地的资源禀赋无关。

最后，产业集群是一种独立于企业与市场之外的资源配置方式，它既不是纯市场关系，也不是纯企业行为，目前的经济理论无法对其进行合理解释。因此，研究产业集群现象以及产业集群与区域经济发展的内在机制是对产业组织理论和微观经济学内容的完善和发展。

**（四）党的十七大报告用“转变经济发展方式”代替过去的“转变经济增长方式”，内涵发生了重大变化**

党的十八大报告再次强调，要加快完善社会主义市场经济体制，加快转变经济发展方式。报告指出，在当代中国，坚持发展是硬道理，本质要求就是坚持科学发展。以科学发展为主题，以加快转变经济发展方式为主线，是关系我国发展全局的战略抉择。与党的十七大报告相比，党的十八大报告对加快完善社会主义市场经济体制，加快转变经济发展方式，提出了实施创新驱动发展战略、推进经济结构战略性调整等五项要求。而对于依赖资源型产业的高投入而获得经济高速成长的资源型地区来说，这种经济增长的方式需要转变为新的“经济发展方式”。

## 二、研究意义

**（一）产业集群是提高区域竞争力的重要途径**

区域经济的竞争力关键在于产业的竞争优势，而产业的竞争优势来源于产业集群。因此，产业集群是区域竞争力的核心内容。产业集群内大量相关企业及相关机构在地理上集中，表现为生产率水平的提高、企业的创新能力增强、区域品牌形成等，从而提升了整个区域的竞争能力。

**（二）产业的“集群化”发展是缩小我国区域经济发展差异的重要手段**

提升区域竞争力应通过提升区域内产业的竞争力来实现，而产业竞争力的提升途径是产业的“集群化”道路，其表现为两个阶段：

第一阶段是促进“成长期”的产业集群的发育，即通过产业集群的发展使企业具有更高的竞争力和创新力，从而获得区域内产业的竞争优势。我国相对落后地区的产业集群处在成长期，政府应该加大扶植力度。例如加大基础设施的投资力度、加强人力资源的培训、提供市场信息服务以及为落后地区提供优惠政策等，使落后地区的产业集群成为本区域经济增长的重要驱动力。这不仅增强了区域竞争力，而且缩小了与发达地区的经济发展的差异。

第二阶段是推动“成熟期”的产业集群不断升级，以增强区域竞争力。我国发达地区的产业集群多数处于成熟期，政府应积极引导产业集群的升级，建立区域技术创新平台，通过产品的生产工艺流程创新、产品的功能创新以及产业链的升级等方式实现区域产业集群的升级，增强区域竞争力。

**（三）资源型地区经济发展方式的转变有重要的意义**

资源型地区在转变经济发展方式方面更需要探索可行的途径。以内蒙古自治区为例，2002~2011 年 GDP 和财政收入均大幅度提高，年均增长率分别是 23.03%和 35.41%，但所依靠的主要是资源型产业的高投资、高成长、高消耗。这样的经济增长难以对地区经济发展起到长期的、可持续的支持，存在着资源的消耗加速、环境承载力下降、工业增速变缓等问题。这些资源型行业资本密集但无法形成对地区经济发展的全面支持，导致城乡间、区域间、行业间的经济社会发展的不平衡现象。例如内蒙古 GDP 的高速增长，被称为“内蒙古现象”，其中又以鄂尔多斯市的发展更为突出，2002~2011 年鄂尔多斯 GDP 由 204 亿元增长到 3218 亿元，10 年间实现将近 15 倍的增长，年均增长率为 31%，但鄂尔多斯的经济增长对资源的依赖度很高，10 年间，第二产业比重持续上升，其中煤炭工业增加值占规模以上工业增加值的 68.7%。这类资源型地区在过去的经济增长中主要是依靠资源的开采、开发和利用，其加工的深度小、产品的附加值低，仅为原料的提供地。这种增长的方式是难以持续的，与科学发展观思想的可持续经济发展模式不相适应，因此，加快转变经济发展方式是关系到我国经济社会发展、工业化进程的重大战略任务。对内蒙古等资源型地区而言，必须加快转变经济发展的方式，这不仅能够保持经济稳定快速地发展，也可以使经济的发展步入循环经济和可持续发展的道路。

产业集群的发展作为当今经济发展中的一种特殊、有效的产业组织形式，对地区竞争力的提升具有十分重要的作用。美国各州、欧洲以及我国的各个地区均将产业集群的培育和发展作为经济发展的重要途径。内蒙古的“呼、包、鄂”三个高速发展的地区存在着明显的产业集群发展特征，这些成熟的和成长的产业集群成为提高内蒙古经济竞争力的主要产业力量。从产业集群成长的视角研究资源型地区经济发展方式问题是一个新的尝试。

本项研究的意义也在于探索以内蒙古为代表的经济高成长地区经济发展方式的转变问题，如何以产业集群的产业组织形式发展带动资源型产业发展，从而使

资源型地区的经济发展具有持久的驱动力。具体而言，本书从区域产业集群发展的视角，使得经济发展方式的转变通过产业集群的培育使产业集群顺应全球价值链的发展与分布而获得不断地升级，从而使资源型地区经济发展中对资源的依赖性逐步降低，相关的产业集群的竞争能力不断提升，使资源型地区的产业结构趋于合理和高度化，使经济发展方式走上可持续、循环经济发展的道路。

## 第三节 研究方法

### 一、规范分析与实证研究的结合

规范（Normative）的分析方法是要回答所研究的问题"应该是什么"。本书中关于产业集群的内涵、形成条件、集聚效应与溢出效应都属于规范的分析方法；实证（Positive）的分析方法是要回答所研究的问题"是什么"。本书利用计量经济学方法对我国产业集群与区域经济发展内在机制的研究采用了实证的分析方法。

### 二、理论研究与实践相结合

首先，以古典经济理论、新经济地理理论为基础，对区域经济发展差异趋势及影响因素的文献进行了全面的梳理。在此基础上，重新界定了产业集群的广义内涵，探讨了产业集群的区域经济发展的环境因素、形成机理及区域效应等，并且验证了中国改革开放30多年来产业集群形成、发展的实践，采用1999~2009年的面板数据检验产业集群与区域经济发展差异的正相关命题。

### 三、比较静态和动态的分析

产业集群是产业集聚发展的高级阶段，集聚是过程，集群是结果，集聚效应和溢出效应是核心内容。因此，研究区域经济发展中产业集群演进的动力机制是比较静态分析与动态分析相结合的过程。此外，本书对浙江省与内蒙古两个省区的产业集群与区域经济发展差异做了比较研究，属于比较静态研究。

## 第四节　创新之处

### 一、研究视角的创新

本书是基于从克鲁格曼为代表的新经济地理理论为基础，结合产业经济学、发展经济学、区域经济学的相关知识，将产业集群发展的差异与我国区域经济发展差异相结合，从产业集群主要构成要素的区域发展差异视角与区域经济发展进行阐述。

### 二、对于产业集群概念的清理与辨析的基础理论创新

产业集群概念是一个使用混乱的概念，特别是在国内的研究中，不仅非学术性的行政管理者、经济活动的实际参与者在运用产业集群概念时常常是模糊的，而且具有严谨学术研究规范要求的专业人士也往往在产业集聚（Agglomeration）和产业集群（Cluster）的使用中产生混乱，往往把产业集聚与产业集群混为一谈，甚至将产业集中度、区位熵等测度指标直接用于产业集群的研究。本书进一步规范和界定了产业集群的概念，也明确了产业集群与产业集聚的联系与区别。

### 三、研究方法的创新

本书不仅采用了通常的分析途径；对产业集群的区域经济发展中产业集群形成的条件、演进的动力机制进行了分析，而且对区域经济发展中的产业集群效应进行了分析，更从区域经济增长与产业集群的实证研究方法进行了研究。本书采用了六个经济变量，即劳动投入量（L）、资本（K）、产业集聚度（Agglo）、集群内企业数量（Ent）、区域创新能力（Res 和 Pat），除了劳动投入量和资本以外，其他四个变量是产业集群最具有代表性的特征值。本书试图通过这些变量与经济增长的相互作用阐述产业集群对区域经济发展的作用，进而表明产业集群与区域经济差异的关系。这一将产业集群最具代表性的产业集聚度（Agglo）、集群内企业数量（Ent）、区域创新能力（Res 和 Pat）四个变量作为实证研究中的重要指标

进行研究的探索，跨越了以产业集聚的指标来替代产业集群指标的研究方法。这是一个有益的创新性探索。

## 四、研究方向的创新

区域经济的发展、增长是广受关注的研究领域，经济发展方式转变问题从党的十七大以来就广受关注，党的十八大进一步丰富了经济发展方式转变的内涵。

本书从方向上把研究定位为资源型地区经济发展方式转变，将区域产业集群发展的差异作为区域经济发展差异的重要影响因素作为研究对象，阐述了产业集群产生与发展的要素条件，在区域经济发展中的重要地位，以及它发展阶段的不同如何造成区域经济的差异，从而如何通过产业集群发展促进区域经济的协调发展。同时，本书以我国资源型地区产业集群为例，进一步阐述了资源型地区如何通过产业集群发展实现经济发展方式的转变。

从国内外现有的研究看，学者们主要研究的是产业集群与区域经济发展差异以及资源型地区经济发展方式转变的实现途径，而通过推动产业集群发展实现经济发展方式转变还是一个比较新的研究视角，同时也为相关领域研究做了一个有益的探索。

# 第二章 区域经济发展差异研究的文献评述

区域经济差异是指一定时期内国家之间或者一国的各个区域之间经济总量、经济增长速度、经济结构、经济发展条件等经济发展总体水平的非均等化现象。国内外研究者们关于区域经济发展差异的理论及实证研究比较多，如赫希曼（A. O.Hirschman）于 1958 年出版的《经济发展战略》中提出非均衡发展战略，他认为国家间或区域间的不均衡增长是经济增长中不可避免的伴生物，随着“核心区”增长所带来的“涓滴效应”和“极化效应”，可以消除区域间发展的差异。除此之外，还有佩鲁的发展极理论、弗农的生命循环理论、弗里德曼的中心—外围论以及克鲁默、海特的梯度推移理论也都持有这种观点。然而，区域经济的不均衡发展并没有随着经济增长而逐渐消失，而是差异不断扩大，这将会带来许多的经济问题及社会问题。因此，研究者们一直以来致力于缩小区域经济发展差异的研究。

本章首先梳理了国内外学者关于我国区域经济发展差异的三大趋势，并从六个方面归纳了影响区域经济差异的经济因素。其次以新经济地理理论为基础，从产业集聚及产业集群两个角度梳理了国内外学者关于我国区域经济发展差异原因的文献，并对产业集聚与产业集群的内在规定性、作用机制等进行了辨析，为后面的研究理清思路。最后针对国内关于产业集群研究的混乱现象，笔者重新界定了产业集群概念，并且辨析了与产业集群相关的几个概念，为研究产业集群视角的区域经济发展差异的原因、互动机制以及制定政策奠定了理论基础。

# 第一节 基于经济理论的区域经济发展差异文献评述

## 一、关于我国区域经济发展差异趋势的研究

### （一）区域经济发展差异趋同论（Convergence）

Robert J. Barro（1992）认为，趋同（收敛）是初始经济发展水平不同的地区，随着经济的不断发展，落后地区增长速度快于发达地区，从而最终实现地区经济增长趋同的现象。关于经济趋同的研究，Ramsey（1928）最早指出，在新古典框架内，一个封闭经济如果存在相似的技术结构和偏好，那么区域经济差异是收敛。从世界经济范围看，在工业化过程中经济趋同现象也很明显。Baumol（1986）对16个工业化国家1870~1979年的实际人均GDP的数据回归分析后发现，自1870年以来，经济收敛现象在这些国家表现得非常明显。Chen，Jian and Fleisher，Belton M.（1996）分析了中国各省份1978~1993年的人均GDP增长的面板数据，发现中国自改革开放以来，经济发展存在着条件收敛，特别是在物质资本投资、就业率增长、人力资本投资、外商直接投资及沿海地区的GDP等方面都存在着趋同，并且中国区域经济发展差异正在缩小。Tianlun Jian等（1996）研究了1952~1993年中国各个省的实际人均收入，结果发现，1952~1965年，在中央计划经济体制下，实际收入并没有出现强收敛（Strong Convergence）；1965~1978年，全国各个省的区域差距扩大；1978年开始的改革开放，使收入水平大幅度提高。1990年以后，尽管沿海地区的收入水平增长明显快于内地，区域间的收入差距拉大，但是在沿海各个省内部却表现为趋同。

杨伟民（1992）对我国1978~1989年地区收入差距进行分析，认为20世纪80年代中、东、西部之间收入水平的总体差异水平是缩小。魏后凯（1997）对我国1952~1995年区域经济发展差异进行了实证研究，结果发现，1952~1965年，随着工业化由沿海向内地推进，落后地区与发达地区的收入水平差距缩小；1965~1978年，由于我国投资政策的失误和“文化大革命”的影响，收入差距扩大；1978~1995年，随着改革开放的深入，我国的经济迅速发展，落后地区与高

收入地区的收入差距每年大体以 2%的速度缩小。刘强（2001）认为，中国地区间经济增长的收敛性存在着明显的阶段性和区域性，并且不同地区间的产出差距与宏观经济的波动状态存在着正相关关系。沈坤荣、马俊（2002）对我国改革开放以来的经济增长的收敛性进行了实证研究，发现中国的经济增长不仅存在“俱乐部收敛”，而且还存在着条件收敛的特征。赵伟、马瑞永（2005）分别对资本、技术以及劳动生产率进行实证分析，结果表明，1978~2002 年，只有技术对经济增长收敛的作用显著，资本和劳动生产率均表现出了“俱乐部收敛”特征。许召元、李善同（2006）认为，2000~2004 年，中国地区经济发展存在条件收敛性。贾俊雪、郭庆旺（2007）认为，20 世纪 90 年代以来我国的区域差异扩大，但 2001 年以后开始收敛，我国区域经济发展差异正处于倒“U”形曲线的顶端，并且已经开始步入一个持续缩小的新阶段。刘树成、张晓晶（2007）认为，我国经济在持续高增长中，省际间经济增长的速度差异呈现出明显的缩小趋势。彭国华（2008）通过对我国 16 个省的人均收入回归分析发现，我国的地区收入存在“俱乐部收敛”，产业结构差异和国际贸易对“俱乐部收敛”的贡献很大。金相郁、武鹏（2010）研究了 1952~2008 年中国区域经济发展的差距趋势，结果发现，改革开放以来的区域差距符合收敛的假说。潘文卿（2010）认为，我国改革开放以来存在着在全域范围内绝对收敛的特征。其中，1990 年前，不仅全国范围内的 β 绝对收敛特征显著，而且存在着东部与中西部两大“俱乐部收敛”，1990 年以后，两大“俱乐部收敛”也分化成了东、中、西三大区域内部的“俱乐部收敛”。

**（二）区域经济发展差异趋异论（Divergence）**

Tsui K. Y.（1991）利用我国的实际人均收入数据，分析 1952~1970 年中国区域差异变化不显著，但是在 1970~1985 年区域经济发展差异是不断扩大的。Rozelle S.（1994）对基尼系数进行分解，发现 1984~1989 年，东部沿海省际间经济差异急剧扩大。Peter Pedroni & James Yudong Yao（2006）研究发现，从长期看，中国的区域经济发展差异趋异的现象无论在三大区域间还是省际间都普遍存在。但是，在东南沿海各省的内部地区存在“俱乐部趋同”现象。Masahisa Fujita & Dapeng Hu（1999）分析了 1985~1994 年我国区域经济发展差异趋势，认为我国沿海与内地的收入水平的差异不断扩大，沿海地区内部的收入差异缩小，并且沿海地区显示出较强的生产集聚现象。宋学明（1996）认为我国区域间的收入在 1978~1992 年无论是静态还是动态分析都是收敛的，但是从经济增长的长期看，我国区域间的差异会不断扩大，这是由我国基础设施、投资和知识积累差别造成的。宋德勇（1998）利用Theil指数计算我国中、东、西部30个省、市、自治区的收入差距水平，研究表明，1978~1989年我国的区域收入差异是下降的，1990年后我国的区域差距随着三大区域内部差异的扩大而逐渐扩大。周玉翠等（2002）研究了1990~2000年省际间经济差异的总体水平及其变化特征，结果发现20世纪90年代以来，我国的省际间经济发展差异明显增大，尤其是沿海与内陆的经济发展差异扩大。刘夏明等（2004）认为，中国地区经济的总体差距在20世纪80年代有所下降，但在90年代却呈上升趋势。管卫华等（2006）采用经验模态方法对中国1953~2002年的区域经济发展差异进行多尺度分析，结果发现20世纪60~90年代区域间经济发展水平的差距呈缩小的趋势，90年代以后却在逐渐扩大。杨永恒、胡鞍钢等（2006）认为，改革开放以后，我国区域经济发展差距逐步扩大，形成了"一个中国，四个世界"的格局。彭文斌、刘友金（2010）利用Theil指数的多层次分解法分析了我国中、东、西三大区域经济发展差异的趋势，认为三大区域内部经济差距存在"俱乐部收敛"现象，但三大区域之间1979年后经济发展差异却在不断扩大。盖文启等（2010）认为，改革开放31年以来（1978~2008年）我国经济发展总体趋势是趋异的，并采用灰色预测法预测我国未来20年（2009~2028年）的经济发展差异态势是收敛的。

**（三）区域经济发展差异的"S"、"N"、"V"形**

杨开忠（1994）认为，省际间区域发展的差异变化以1978年为转折，沿海与内地经济差距变动大致为"V"形。徐建华等（2005）认为，在空间尺度上，三大地带之间差异一直在增大，在小时间（短期）尺度水平上则呈现为一条由几个倒"U"形与"U"形曲线相接复合成倒"U"形曲线。李文陆（2007）将时点指标和时期指标结合起来，分析我国1978~2004年三大地带经济差距问题，发现东、中、西部的经济差距呈"S"形发展的态势。干春晖、郑若谷（2010）通过构造泰尔指数，发现中国地区经济差距已演变为倒"N"形，1990年和2003年是两个拐点。

## 二、区域经济发展差异原因分析

关于经济增长因素的分析，索罗的增长理论中早有论述，其经济增长模型将技术进步比喻成"黑匣子"，把一切不能由劳动和资本解释的产出都归于"黑匣子"中，经济学家们认为这是"不愉快的结果"。对此，美国学者罗默、卢卡斯

在阿罗的“干中学”思想基础上提出了AK（Accumulation of Knowledge）模型，将技术进步内生化，认为知识的积累不仅可以提高生产率，而且知识溢出效应还可以使边际生产力递增，促进经济长期的增长。随后，罗默和卢卡斯提出的R&D（Research & Development based）模型，进一步说明了人力资本对产出的作用。罗默和卢卡斯认为，研究开发投入、知识积累、技术进步和人力资本水平是促进经济增长的重要因素，同时也是造成区域经济差异的原因。Jian Chen and Belton M. Fleisher（1996）利用索罗增长模型考察了中国1978~1993年各省人均资本产出，发现经济趋同现象存在，认为造成趋同的原因是物质投资、就业率增长、人力资本投资、外商直接投资和沿海区位选择的结果。

下面分别从技术水平、FDI、人力资本等角度梳理区域经济差异的原因。

**（一）技术水平与区域经济差异**

颜鹏飞、王兵（2004）利用DEA指数法对我国30个省（自治区、直辖市）的技术效率、技术进步对经济增长的贡献进行测算，发现由于我国技术效率的提高，全要素生产率也不断提高，但是技术进步的减慢，导致了我国区域经济差异。朱勇、张宗益（2005）构建了2000~2003年的区域经济发展水平与技术创新能力的综列数据，研究发现，技术创新能力对经济增长的贡献率为0.8左右，而我国欠发达地区的技术创新水平远低于发达地区，因此造成区域经济发展差异越来越大。朱承亮（2009）运用随机前沿模型分析了我国1985~2007年经济增长效率，认为我国的技术效率水平偏低，导致了技术进步对经济增长的贡献较低，这也是区域经济差异的原因。

**（二）外商直接投资（FDI）与区域经济差异**

Borenztein，Gregorio & Lee（1998）认为，FDI是引进新技术的重要渠道，当东道国具有较强的对新技术的吸收能力时，FDI对经济增长的贡献就超过了国内投资。Jean-Claude Berthélemy and Sylvie Démurger（2000）使用中国24个省1985~1996年的面板数据实证了外商直接投资与经济增长的关系，并证明了FDI对我国各省的经济增长的基础性作用以及对长期经济增长的推动作用。王成岐、张建华等（2002）认为，FDI对东道主的经济增长的作用显著，FDI是通过技术水平和政策等影响经济增长的：在经济发达地区，其技术水平高，则FDI对于经济增长的影响更强烈，在经济落后地区则相反，因此，技术水平的高低直接影响了FDI对经济增长的贡献率，同时也造成了区域经济发展的差异。张建华等

(2003) 利用广东省 FDI 的数据进行了实证分析，结果发现，外商直接投资对区域经济增长的贡献取决于技术溢出效应和吸收能力，而不仅仅是取决于 FDI 的数量，并通过研究 FDI 与经济增长的作用机制，还证明了 FDI 是造成区域经济差异的重要原因。魏后凯（2002）指出东西部地区之间 GDP 增长率的差异主要是由外商投资引起的，贡献率大约为 90%。张欢（2007）使用 1986~2001 年各省数据分析，认为三大地带经济发展差异不断扩大的原因是 FDI，并且 FDI 的制度变迁效应和产业结构效应对东部地区影响大于中西部地区，因此推动了东部地区的经济快速增长。Puman Ouyang（2009）研究了 1996~2004 年中国 FDI 的空间集中机制对经济的推动作用，结果发现，集中在沿海地区的 FDI 带来了区域间的溢出效应，这使得沿海地区的经济增长比内地快，从而造成了区域发展的差异。许冰（2010）认为，FDI 是通过资本和技术对经济增长发挥作用的，但是投资有挤出效应，因此，吸引 FDI 能否促进经济增长，要看 FDI 对国内投资是否存在挤出效应。

**（三）人力资本与区域经济差异**

卢卡斯（R.Lucas，1988）研究了人力资本对经济增长的作用，认为均衡经济增长率等于人均人力资本的增长率。罗默（P.Romer，1990）的研究也证明了人力资本对经济增长的贡献：均衡经济增长率与人力资本存量成正比，与 R&D 部门的生产率成正比，与时间贴现率成反比。刘海英、赵英才等（2004）认为，人力资本积累是中国经济增长的最重要原因之一，强调了人力资本“均等化”能够促进区域经济协调增长。Belton Fleisher et al.（2007）认为，人力资本对劳动生产率、产出的提高有积极的作用，人力资本通过技术创新活动提高了边际生产力，对全要素生产（TPF）也有直接的推动作用。吕忠伟、李峻浩（2008）认为，东部地区的人力资本对全要素生产率和技术进步的提高都具有推动作用，而中西部地区的人力资本的作用都不显著，从而造成了区域经济发展的差异。姚先国、张海峰（2008）认为，人力资本对地区经济增长的影响显著，但与资本投资相比，人力资本的差异不是地区经济差异的主要因素。朱承亮、师萍（2010）对我国 1998~2008 年人力资本及其结构进行分析，认为人力资本存量对经济增长效率的改善力度不大，但是，在人力资本构成中，接受过高等教育的人力资本对经济增长效率改善具有较大促进作用，人力资本结构的经济增长效应是区域经济差异的主要原因。

**（四）人口迁移、城市化进程、市场一体化与区域经济差异**

Ravi Kanbur & Xiao-Bo Zhang（1998）认为，内地与沿海的区域经济发展差

异的主要原因是从内地向沿海的劳动力转移比较容易，大量的劳动力转移到沿海，劳动力成本下降，由此带来了经济的快速增长。李国平、范红忠（2003）认为，我国地区经济差异的主要原因是东部沿海地区在生产集中过程中没有形成相应的人口集中（人口极化作用低），这种生产与人口的高度失衡造成了区域经济发展的差异。王小鲁、樊纲（2004）认为，20世纪90年代后，我国的区域差异不断扩大，其原因是由物质资本、人力资本、劳动力转移、外商直接投资（FDI）、市场化和城市化进程等因素造成的，尤其是FDI和长期的优惠政策促进了沿海地区的经济高速增长，进而拉大了东部与中西部经济发展的差异。许召元、李善同（2008）认为，区域间劳动力迁移可以缩小地区间生活水平差距，但不能缩小人均GDP的地区差距。管卫华、林振山（2008）认为，城市化水平与经济发展的水平紧密联系，城市化率高的地区经济发展水平就高，反之则相反。徐现祥、李郇（2005）利用Barro的回归方程，定量地分析了市场一体化对区域经济协调发展影响，结果发现，市场一体化有利于区域协调发展，例如作为长三角地区“领头羊”的上海，于1997年开始带动长三角地区的协调发展。

### （五）产业结构与区域经济差异

产业结构作为经济结构中最核心的结构形式被经济学家们高度关注，如钱纳里、库兹涅茨、弗莱明、克拉克等。产业结构的变动与经济增长有着密切的关系，同时也影响着区域经济的发展。钟学义、王丽（1997）从产业关联度入手，利用投入产出表定量地说明了产业结构与经济增长之间的关系。谢健（2003）将我国31个省、市、自治区按照经济发展水平和经济结构分为9种类型，研究发现，产业结构的变动是影响我国区域经济增长的主要因素。王启仿（2003）研究了我国1978~2000年三次产业对经济增长的贡献率，发现第一产业对区域经济差异的影响不大，第二产业是导致区域经济发展差距的第一因素，第三产业对地区差异的影响在不断扩大。刘伟、李绍荣（2005）分析了我国三大地带的产业结构与区域经济增长的关系，认为东、中、西部经济发展的不平衡是由于区域产业结构不合理造成的。干春晖、郑若谷（2010）认为，地区经济差距由产业内差距和产业间差距两部分组成。其中，产业内差距是造成地区经济差异的主要因素，产业间差距是地区经济差异长期的影响因素。

### （六）经济政策、发展战略与区域经济增长差异

Barro & Sala- I-Martin（1995）认为，一个国家的开放可以更多地吸收发达

国家先进技术，促进技术进步，进而带动经济增长。蔡昉、都阳（2001）认为东西部地区之间由于资源禀赋、制度、市场开放度的差异，使东部与西部地区所处的经济稳态不同，而实施西部大开发政策，创造了有利于西部经济快速增长的条件，最终导致我国东西部地区经济发展差异。刘生龙、王亚华、胡鞍钢（2009）认为，西部大开发政策的实施，使得西部地区2000年以来的年均经济增长率增加了约1.5%，这也促使我国中西部区域经济差异的趋同。李国璋、张唯实（2011）认为，制度差异对区域经济发展差异有影响，即对外开放、金融发展、市场化、城市化、外国直接投资、"东部优先发展"等制度变量是我国三大区域差异产生的重要原因，并且这些制度变量的自我放大效应促使区域间差异进一步扩大。Belton M. Fleisher and Jian Chen（1997）利用固定效应增长模型分析了中国1978~1993年经济政策对经济增长的影响，认为"东部优先发展"政策是造成东部沿海地区比内地的全要素增长速度快大约2倍的主要原因。林毅夫、刘培林、徐朝阳、潘士远等学者关于发展战略与经济增长的关系问题也进行了深入探讨，认为只有当实施的发展战略与要素禀赋的比较优势相符时，才能促进经济的增长、缩小区域间经济发展的差异。因为：①技术落后经济体从先进经济体那里选择了适合自身发展的技术进行模仿，这种低成本的技术进步在未来时期可以较之初始技术先进经济体发展得更快，但是，如果违背比较优势的发展战略原则，那么劳均收入实际增长速度就会低于潜在速度，导致落后经济体与先进经济体间的经济发展差距扩大；②产业结构升级也要与要素禀赋的比较优势相符，并且应以要素禀赋的结构升级为基础，如果发展战略偏离了要素禀赋的结构升级，会导致资源配置的扭曲和经济发展的低效率。研究者们普遍认为，我国实施的重工业优先发展战略，使我国各省的生产要素存量与要素禀赋的比较优势相背离，赶超企业缺乏自生能力，中西部地区与东部地区相比更违背比较优势原则，造成了我国区域经济发展的差异。所以，经济发展的核心问题，不是产业结构升级，而是要素禀赋结构升级。选择与要素禀赋结构适合的发展战略不仅能够促进产业升级，而且可以促进区域经济的协调、稳定的增长。

## 三、简要评述

通过梳理上述的文献不难发现：

(1) 由于研究区域空间尺度不同、分析的时期不同、选择的统计指标不同、

研究的计量方法不同，导致现有的关于趋势的研究没有形成一致的结论。

（2）大多数研究者认为，20 世纪 90 年代后，我国的区域经济发展总体趋势是趋同的，但是，现有研究没有详尽地研究如何解决经济趋同，因此，探索促进区域经济增长的有效途径是以后研究的重点。

（3）我国学者对 20 世纪 90 年代兴起的新经济地理理论与区域经济发展差异的研究关注不够多，特别是产业集群的经济效应分析、对区域经济增长的作用机制研究以及基于产业集群的经济政策等研究。

总之，导致中国区域经济发展不均衡的原因复杂，我们不仅应该全面地、综合地考虑影响因素，而且还要将新的经济现象纳入分析框架中，只有这样才能为政府制定经济发展政策提供更为可靠的理论依据。

## 第二节　新经济地理理论的区域经济发展差异文献评述

20 世纪 90 年代以来，藤田（Fujita）、克鲁格曼（Krugman）、维纳布斯（Venables）等研究者以斯蒂格利茨（Stiglitz）垄断竞争模型（D-S 模型）为基础，在不完全竞争、规模报酬递增和市场外部性等假设条件基础上建立了新经济地理理论。新经济地理学与传统经济地理学相比，主要有以下两个特点：

（1）新经济地理学首次将经济活动引入空间模型中研究，认为规模收益递增的原因是经济上相互联系的产业由于在空间上的相互接近而带来运输成本的节约，并且，运输成本的降低又决定了厂商的区位选择是线性的，而并非传统经济理论认为运输成本的变化最终导致厂商选址是均匀分布的。

（2）传统经济地理学引用了马歇尔的外部经济思想，即“技术外部经济”和“市场外部经济”（或称金钱外部经济），认为产业集聚是由于外部性所致，产业集聚可以带来专业化的生产、劳动分工协作及技术溢出效应。新经济地理学代表人物克鲁格曼认为，技术的外部经济不是导致产业集聚的主要原因，市场外部经济是导致产业集聚的直接原因，因为单个厂商在规模报酬递增的条件下不断地扩大市场规模，由此促进了专业化生产的产品细分，从而吸引了更多的新厂商加入进来，最终导致产业集聚现象发生。新经济地理学理论的产生为解释经济活动的集聚和扩散现象提供了新的研究视角和分析方法。

近20多年来，国内外学者们开始以新经济地理理论为基础，结合世界各国的实践进行了大量的定性、定量分析。基于空间集聚角度研究区域经济发展差异问题，可以分为两类——产业集聚（Agglomeration）和产业集群（Cluster）。

为了便于更好地解释产业集聚、产业集群与区域经济发展的作用机制，需要阐述它们的异同点，在此集聚理论基础上分别分析它们对区域经济发展的技术路线。

## 一、产业集聚与产业集群的区别与联系

### （一）两者的区别

产业集聚的概念源于1890年马歇尔（A. Marshall）在《经济学原理》中提出的产业区（Industrial District）的概念。产业集聚是同类或相关企业在地理空间上集中的经济现象。他认为，集聚经济产生的原因是正的外部效应——知识外溢、劳动力市场规模报酬及运输成本优势，在长期的规模报酬推动下促进了产业集聚的形成。美国学者迈克尔·波特（Michael E. Porter）1990年在《国家竞争优势》中首先提出产业集群（Industrial Cluster）一词，并对集群现象进行了分析。其在1998年发表的文章《集群与新经济竞争》中重新阐述了产业集群的含义，认为产业集群是在某一特定领域内互相联系的、在地理位置上集中的公司和机构的集合。它包括一批对竞争起重要作用的、相互联系的产业和其他实体，它经常向下延伸至销售渠道和客户，并从侧面扩展到辅助性产品的制造商，以及与技能技术或投入相关的产业公司，并且产业集群还应该包括提供专业化培训、教育、信息研究和技术支持的政府和其他机构。

产业集聚是产业空间组织形式的初级阶段，集聚在一起的企业不一定具有企业间紧密的联系，聚集是为了降低物质资本，从而形成产业的产品链和增值链。产业集群是产业集聚发展的高级阶段，紧密联系的企业和相关产业支持不仅能降低交易成本，而且具有极强的区域创新能力，是提高区域竞争力的重要手段。

总之，产业集群所指的是地理集中的企业、中介机构和客户间通过产业链相互联系所组成的柔性生产网络及社会服务网络植根于本地不断创新的社会文化环境中，体现了产业组织空间的动态过程，实现了产业与区域发展的有机结合。这

是与产业集聚的本质区别。

**（二）两者的联系**

产业集聚和产业集群都是以规模报酬递增、降低运输成本为基础形成的集聚经济。产业集群是产业集聚的高级形态，那些企业间相互联系、相互支持的产业集聚可能发展成为产业集群，但并非所有产业集聚最终都一定会发展为产业集群，因此，产业集聚只是产业集群形成的一个必要条件。

产业集聚和产业集群在现实经济运行中并存，但是，它们对经济增长的作用机理不同，经济地理学者们分别做了定量、定性的研究。

## 二、产业集聚与区域经济差异

Masahisa Fujita & Dapeng Hu（1999）利用中国 1985~1994 年的 GDP 及工业产出值分析产业集聚对区域经济差异的影响。发现沿海与内地的收入差距不断扩大，回归结果也表明了中国实施改革开放政策后，沿海地区的产业集聚现象显著，极大地拉动了沿海地区经济增长，同时也导致了中国区域经济的差异。周兵、蒲勇健（2003）利用产业集聚的区域基尼系数，以西部的交通运输产业为例，对产业集聚的区域差异进行了比较，区域经济增长与产业集聚呈正相关关系。范剑勇（2004）利用 1980 年、2001 年中国各地区的相对专业化指数和地区的产业平均集中率等指标，研究我国的市场一体化、产业集聚与区域差异问题，发现改革开放以来，国内地区一体化水平正在提高，大部分制造业向东部沿海地区转移，但国内的市场一体化水平总体上仍较低，导致集中于东部沿海的制造业无法向中部地区转移，进而推动区域差距不断扩大。杨洪焦、孙林岩、高杰（2008）利用 Ellision 和 Glaeser 建立的产业聚集度 $\gamma$ 系数对我国 18 个制造行业 1988~2005 年的产业聚集度进行了测定。结果发现，江苏、广东、山东、浙江和上海 5 个经济发达的沿海省市的制造业集中度越来越高，中西部地区却比较分散，表明我国制造业发展的两极分化问题严重，这也是造成区域经济发展差异的重要影响因素。朱英明（2009）分析了产业集聚对我国区域制造业全要素生产率的影响，发现产业集聚导致的城市经济与规模经济显著正相关。产业集聚促进了区域经济的增长，同时也造成了集聚地区与不集聚地区的经济发展差异。刘军、徐康宁（2010）利用 1999~2007 年省级面板数据研究产业聚集对经济增长与区域经济发展差异的影响。结果显示，产业聚集一方面显著促进经济增长，另一方面导致区域经济发展差异的产生，并说明了差异产生的原因是产业集聚导致外部规模经济、技术外部性和金钱外部性的差异不同。范剑勇、谢强强（2010）以产业集聚的本地市场效应（Home Market Effect）为理论基础，利用中国 1997 年 30 个省、区、市的投入产出表数据进行实证分析，结果发现，本地市场效应促进产业集聚的产生，但不会扩大地区间收入差距。这意味着，沿海地区产业集聚与区域经济协调发展虽然是可以兼容的，但是，要考虑中西部劳动力在沿海地区得到公平、公正的应有待遇，这样才能缩小区域间的工资差异。

以上学者们的分析表明产业集聚与区域经济发展差异显著正相关，基于我国经济发展政策（改革开放、东部优先战略、西部大开发战略等）的特点，产业集聚在东部沿海地区的集聚拉动了本区域经济的发展，同时造成我国三大区域间的发展差异不断扩大。

按照新古典经济学理论，经济聚集的前提是规模报酬递增、劳动力流动及技术溢出效应，产业集聚首先表现为区域的集聚经济，促进本地区的经济增长。但是，生命周期理论认为，产业集聚不仅给城市经济带来规模报酬递增，而且还会有规模报酬递减的影响，对于这种集聚不经济的现象可以利用进化理论来解释。例如，Boschma & Frenken（2006），Boschma & Martin（2007），Frenken & Boschma（2007）等利用进化论的模型和研究方法分析了产业集聚与经济发展的关系。并且，还有大量的学者已经研究聚集经济在产业进化周期中是规模报酬递增还是规模报酬递减，如 Boschma & Lambooy（1999），Maskell & Malmberg（2007），Essletzbichler & Rigby（2007）。此外，学者们还进行了产业生命周期与产业集聚的实证研究，如 Audretsch & Feldman（1996），Rigby & Essletzbichler（1997），Boschma & Wenting（2007）等。Antony Potter & H. Doug Watts（2011）认为，根据马歇尔的经济集聚理论、克鲁格曼的新经济地理及波特的集群理论，经济集聚的正外部性（专业化劳动力、相互联系的本地客户及技术溢出效应）带来了规模报酬递增，促进了经济的增长。但是，根据对欧洲某些城市的产业集聚现象的观察发现，经济聚集的正外部性已经减弱，并带来了规模报酬递减的现象。这种现象可以用集聚进化理论（Evolutionary Agglomeration Theory）做出解释，即产业生命周期在企业、产业，集聚、网络、供应链、报酬递增、报酬递减、城市和区域的进化中起到至关重要的作用，产业集聚将导致区域经济经历快速发展期、成熟期和衰退期，他们分别对应着规模报酬递增、不变和递减阶段，当一个产业集聚

进入衰退期后，区域经济发展速度减慢，最终导致区域经济趋同现象产生。

## 三、产业集群与区域经济差异

曾忠禄（1997）认为，获得区域竞争力的唯一途径是实现区域专业化，要实行专业化，产业集群不失为一条可行之路。集群内的企业、相关产业及支持性产业对主导产业的发展具有至关重要的作用，它会带动区域竞争力的提高，促进区域经济的发展。沈正平、刘海军等（2004）运用区域乘数和投入—产出分析了产业集群的区域经济效应，认为产业集群通过分工与协作、劳动力共享市场、技术溢出与技术创新等内在变量提高区域劳动生产率水平，使产出呈现规模收益递增的特征，从而促进区域经济增长。因此，产业集群这种空间产业组织形式在市场机制和政府政策的调节下，可以有效地推动区域经济的快速发展。Christian H.M. Ketels（2008）在重新界定产业集群概念的基础上提出了基于集群的经济发展政策。他认为，在全球化经济和全球价值链普遍存在的当今世界，经济活动再也不是分散的、简单的买卖关系，而是大多数产业活动必须选择生产和服务集中的区位，因为技术进步和经济政策的改变可能会给生产和服务集中的区位内的单个经济体带来很大的好处。他不仅阐述了产业集群对区域经济发展的作用，而且还论述了集群撬动经济增长的实现途径。Goldstein（2008）研究了产业集群化与区域经济产出的关系。分析 2001~2002 年美国 406 个地区的高技术产业的经济活动，发现高新技术产业集群中不断有新企业的出现，使得高技术产业集群与非产业集群相比能创造出更多的就业岗位，并且，随着集群化的不断发展，高新技术产业集群对区域经济发展的作用显著。Mercedes Delgado（2009）认为，以质量为导向的产业集群的竞争力对区域经济发展具有重要作用，他强调一个区域的竞争力来自以质量为导向而不是低成本的集群战略。因为，以质量为本的集群更容易成为创新集群，它能随时应对变幻莫测的市场冲击，以便于企业改变发展战略。因此，当一个国家（或区域）的强集群环境与以质量导向发展战略相适应时，集群的发展就促进了区域经济发展。Elizabeth Currid and Kevin Stolarick（2010）基于波特的聚类分析模型所阐述的产业间相互联系，深入讨论了专业性集群与区域经济增长的关系。研究认为，推动这些集群的不只是产业本身，还有产业内劳动力的职业技能，并以洛杉矶 IT 行业为例，说明了专业性集群对本区域经济增长的作用。Mercedes Delgado，Michael E. Porter & Scott Stern（2011）分析产业集群构成在企业、集群和区域经济活动中的作用。利用美国集群地图（Cluster Mapping Project）提供的四位数产业的非农部门就业率、企业数、工资率等面板数据进行实证分析，结果发现，产业集群水平的不断发展可以增强区域内相关集群及相邻区域的相似产业集群的集群力，并且一个新产业只有在一个强集群环境中才能产生，因为这种环境可以增加区域内其他产业或集群的机会，所以，基于集群的产业集聚对区域经济发展具有重大作用。

### 四、文献的简要评价

从上述的文献梳理中不难发现，基于产业集聚和产业集群的区域差异分析都是以新经济地理——规模报酬递增为基础，分析不完全竞争、集聚力和运输成本等因素与区域经济相互作用的非线性动态过程。产业集聚对区域差异的研究集中在影响因素的分析，如市场一体化、地区专业化、城市化、制造业集中度等因素。产业集群则是从观察到的集群现象出发，阐述了集群内的就业增长率、新企业数量、技术创新水平等对提高区域竞争力的影响，进而促进区域经济增长的定性分析，尽管也有产业集群的区域效应定量分析，但由于计量模型的不足，导致实证结果常有偏差。此外，我国关于产业集群的统计滞后，缺乏准确的统计数据，虽然研究者们进行了大量的实地调研，但却不能保证数据的完整性，这是以后的研究需要进一步完善的部分。

## 第三节　产业集群视角下的区域经济发展差异的文献评述

### 一、产业集群概念的产生与发展

#### （一）理论渊源——工业区位论

集群（Cluster）这个专用名词在《牛津简明词典》中被解释为一簇在一起发育的事物（Brussels et al.，1979）。20 世纪 80 年代后，学者们把集群一词引入经济、管理等研究领域，以此来形象地描述产业空间移动的变化过程。产业集群并不是产业组织理论中的新概念，其源于早期学者们对工业区位理论的研究，本书把产业集群研究的发展历程分为两个阶段。

1. 第一阶段，产业集群研究的历史基础

1826年，德国经济学家杜能（Johann Heinrich Von Thünen）在《独立国同农业和国民经济的关系》中对农业区位问题进行研究。他提出了市场、生产及运输的模型，这是最早的空间经济理论。之后，德国的经济学家罗雪尔（Wilhelm Roscher）、谢佛尔（Albert B.F. Schaffle）等也对工业区位理论进行过研究，但是没有形成完整的区位理论。德国经济学家阿尔弗雷德·韦伯（Alfred Weber）被认为是工业区位论的奠基者。他在1909年出版的《区位纯粹理论》（Reine Theorie des Standorts）中详细分析了制造业的空间经济区位问题，并在1929年出版的《工业区位论》中最早提出集聚（Agglomeration）的概念。1890年，马歇尔（A. Marshall）在《经济学原理》中提出了产业区（Industrial District）的概念。他指出，企业或厂商的经济效益来源于区位及与它们靠近的经济机构，并且在同一区位相同产业中的彼此邻近的企业的创新推动了整个产业的创新能力。埃德加·M. 胡佛（E.M. Hoover）早在1937年发表的《区位理论与靴鞋和皮革工业》中也阐述了不同经济发展阶段的区位结构问题。胡佛（1948）以马歇尔的理论为基本原理，指出了经济集聚的三个类型——经济的本地化、城市化经济和内部规模报酬。至此，以韦伯、胡佛和马歇尔为主要代表的工业区位理论形成，他们主要的贡献是解释了地理邻近的产业聚集对区域经济发展的重要作用。

除上述学者们的研究外，还有许多学者从不同角度阐述了区位的重要性，Myrdal's（1957）提出的核心—外围模型指出了经济的空间聚集活动促进经济增长。Vernon（1966）提出产品循环理论，认为市场需求、技术创新和劳动力成本影响着企业的区位选择。其中，技术创新不仅促进国家经济发展，而且可以使产品的专业化生产扩散到不发达地区。Henderson（1974）在《The Sizes and Types of Cities》中认为，集聚的原因是地理邻近的企业间外溢性促进了区域专业化生产。Krugman（1991）提出了微观区位理论，他作为第一位把产业集聚与国际贸易因素紧密联系起来研究的经济学家，其模型阐述了内部规模经济和城市化经济可以使企业的效益不断增加。

2. 第二阶段，产业集群概念的产生与发展

对于产业集群概念的表述有两个角度：一类是以 Marshall（1920），Czamanski

（1974，1978），Rosenfeld（1995），Swann and Prevezer（1996），Bergman and Feser（1999，2000）等为代表，他们在研究经济本地化的理论中提出了产业集群概念；另一类是在研究城市化、内部规模报酬、价值链及技术创新、竞争优势理论中提出的。

（1）马歇尔（1920）在贸易理论关于专业化的论述中曾提到，产业集群是一组相同的产业部门在某个区域的集中。产业集群现象早在 17 世纪、18 世纪就已经出现，如荷兰的造船业、德国的重工业、瑞士的钟表业、纺织机械制造业及食品加工业等，学者们对产业集群现象的研究是从对"第三意大利"的观察开始的，最早提出产业集群概念的是茨扎曼斯凯（Czamanski，1974，1978），他从产业联系的角度阐述了集群的定义，即"产业集群是产业中一簇在商品和服务的联系上比国民经济其他部门联系更强且空间上邻近的产业"。同时，他通过主要商品和服务的分析，定义了产业联系并给出了产业本地化中重要相似特征的复杂性，同时他强调了产业的空间集中过程产业联系是复杂的，无法准确描述。Rosenfeld（1997）认为，产业集群是无束缚的相似或相关企业的地理集中，以便于企业间可以获得协同作用。Swann and Prevezer（1996）认为，产业集群是在某个区域内同一个产业中一组企业的集中。Bergman and Feser（1999）定义了区域产业集群的概念，即：具有贸易（买者—卖者）联系的企业集中在一起是为了共同瓜分产品市场（包括市场结构、技术资源及劳动力）。

在产业集群的定量分析中，如 Czamanski and Ablas（1974），Rey（2000）利用投入—产出表，Rex（1999），Botham et al.（2001），Peters（2004）等人利用区位熵等方法所做的定量分析都没有得到令人满意的效果。因此，研究者们变换了研究角度，从价值链、内部规模报酬、技术创新及竞争优势等角度定义产业集群，即第二类。这方面的研究者有 Michael E. Porter（1990，1998），Gary Anderson（1994），Redman（1994），Theo J.A. Roelandt and Pim den Hertog（1999），Hill and Brennan（2000）等。

（2）美国学者迈克尔·波特（Michael E. Porter）于 1990 年出版《国家竞争优势》中给出了产业集群的定义，在 1998 年发表的文章《集群与新经济竞争》中又重新阐述了产业集群的含义，他认为产业集群是在某一特定领域内互相联系的、在地理位置上集中的公司和机构的集合。它包括一批对竞争起重要作用的、相互联系的产业和其他实体，它经常向下延伸至销售渠道和客户，并从侧面扩展到辅

助性产品的制造商，以及与技能技术或投入相关的产业公司，并且产业集群还应该包括提供专业化培训、教育、信息研究和技术支持的政府和其他机构。波特还构造了“钻石模型”（Diamond of Advantage），表示政府促进区域竞争力应该关注的四种决定性因素：生产要素条件、需要条件、相关产业和支持产业以及厂商结构、战略与竞争，对这四种竞争力的影响因素分析为国家（区域）制定经济发展政策提供了理论依据，具有很重要的现实意义。

在波特教授提出产业集群的概念之后，还有其他学者也给出了相似的产业集群定义。Gary Anderson（1994）认为，产业集群是一群公司或企业以地理接近性为必要条件，依赖彼此互动的关系来增进各自的生产效率或竞争能力。Redman（1994）认为，产业集群是一种产品在产业链上明显的地理集中，并与其产品相关的机构（如大学、基础设施、研究项目）的集中。Theo J.A. Roelandt and Pimden Hertog（1999）认为，产业集群应具有这样的网络特征——联系紧密、相互依赖的生产企业（包括专业化供应商）在增值价值链中彼此联系，还包括相关企业的战略联盟（如大学、研究机构，知识密集的商业服务、中介机构、咨询机构及客户）。Hill and Brennan（2000）从竞争力的角度给出了竞争性产业集群的定义，他认为竞争性产业集群是竞争性企业地理集中现象，或者在同一产业内可以与区域中的其他产业之间建立频繁交易关系的企业。厂商可以运用相同的技术或者分享专业化的劳动力，从而获得比其他地区相同产业更强的竞争优势。此外，我国学者也有关于产业集群的论述，如徐康宁（2001）认为产业集群是相同的产业高度集中于某个特定地区的一种产业成长现象。王缉慈（2001，2006）认为，产业集群是一群在地理上邻近而且相互联系的企业和机构，他们具有产业联系而且相互影响，是通过联系和互动，在区域中产生外部经济，从而降低成本，并在相互信任和合作的学习氛围中促进技术创新。但是，集群中相互学习和促进创新的效应可能发生，也可能不发生。

**（二）产业集群概念重新界定**

近些年，研究者和各级政府政策制定者广泛使用产业集群的概念，产业集群作为区域发展战略在提高生产率及创新方面，对区域经济发展起到了重要作用。然而，产业集群的概念及相关政策在使用时是有前提条件的，应充分分析产业集群的原命题在产业中是否成立以及产业集群的空间规模的大小等问题，否则，很可能是失败的产业政策。

关于产业集群的概念也有不少学者提出质疑，如 Martin R. and P. Sunley（2003）认为，产业集群的概念太模糊且不直观，产业集群的地理边界及产业的空间规模不清晰，没有给出识别产业集群开创性的方法，以至于有可能导致有问题的产业政策。Spencer G. M.，Vinodrai T. Gertler M.S. & Wolfe D.A.（2011）认为，产业集群是一种有效的经济发展方式，但是，当涉及到产业集群中的具体某些企业的行为与产业集群原本假设条件不相符时，那些企业活动就会给集群制造一些反作用力，导致产业集群的绩效达不到它原有的目标。

本书认为，产业集群是在一定区域内大量相关企业及相关机构的地理集中的现象，是产业集聚发展的高级阶段；它具有生产、社会等网络化特征；是一种新型的产业空间组织形式及发展区域经济的新模式。

产业集群表现为同一产业内大量企业（公司）及相关机构的地理集中，是产业集聚发展的高级阶段。首先，产业集群具有大量企业（公司）在特定区域内地理集中的特征；其次，产业集群具有产业间联系的特征，即具有垂直和水平联系的相关产业的企业的地理集聚；最后，产业集群内还有相关机构——大学、科研机构等的支持。因此，在特定的区域内形成的产业集群是一个巨大的网络系统，企业的地理集中首先形成了产业集聚，只有那些企业间密切联系的，并有研发及政府机构支持的产业集聚内企业才有可能形成产业集群。

产业集群具有生产、社会等网络特征。产业集群内的生产企业、供应商、客户、物流、教育机构、研究机构、政府机构等协同作用，在特定的区域形成网络，网络的核心是合作机构，该机构可促进企业间联系，降低运输成本和交易费用，促进机构间的互动。

产业集群是一种新型的产业空间组织形式，也是促进区域经济发展的新模式。产业集群作为客观存在的经济地理现象，不仅是一种产业空间组织形式，而且是区域经济发展的新的思维方式。通过对产业集群内的劳动力、技术和自然资源的整合，吸引集群外资金、技术等形成区域优势竞争力，促进区域经济发展。

## 二、相关概念的辨析

### （一）产业集群与产业集聚（Cluster & Agglomeration）

1. 区别

第一，产业集群比产业集聚更具有紧密的产业间联系。虽然产业集聚表现为

区域内企业（或公司）的地理集中，企业（或公司）间有一定的产业联系，能够带来规模经济，但是他们间的产业联系是松散的、不稳定的，需要政府政策的干预，以促进产业联系发生，使产业集聚更好地发展下去。

第二，区域内的产业集聚过程不一定有相关机构（教育机构、科研机构等）支持，因此，集聚在一起的企业的创新能力比较弱。产业集群内企业间既有分工合作又有竞争，通过互动，沟通信息，传播技术，其网络系统是创新的载体，并通过集群自身的升级持续发展下去，而产业集聚的创新及持续发展动力不足。例如，美国的 128 公路是产业集聚区，20 世纪 80 年代以来，已经出现明显衰落，大批人才和资本流入硅谷，硅谷已经成为世界信息产业的领军者。

2. 联系

产业集聚与产业集群都属于区域经济发展中的集中化战略，是聚集经济。它们都是以规模报酬递增、降低运输成本以资源可流动性为前提，通过规模经济、多样化提高经济效益，增强竞争能力。产业集聚通过相关服务机构的支持，加强与相关产业的垂直和水平联系是有可能发展成为产业集群的。也就是说，产业集群一定是产业集聚，但产业集聚不一定是产业集群。

此外，产业集聚的实证研究比较成熟，已经建立了大量的经济模型，如产业扩散模型、区域专业化模型及数学定量模型分析集聚对区域经济绩效的影响。到目前为止，产业集群的实证研究还不完善，特别是定量分析模型尚不成熟，尽管许多研究者利用投入—产出、区位熵、相关系数、多元统计法、聚类分析法试图测度集群的绩效，但其结果都不尽如人意。

**（二）产业集群与产业的地理集中（Cluster & Geographical Concentration）**

产业的地理集中是市场垄断程度高低的反映，不同的产业，由于利用规模经济和范围经济的可能性不同，产业集中程度也有很大差异。产业通常会集中在特殊地区，如资源富集区、区位优势或具有规模经济的区域，少数大企业以及相关的小企业在某个区域集中，形成比较高的集中度，即它们的产值占该产业的比重很大，或者该产业的就业人数占同行业的比重很大。但是，这并不能说明该产业集中度高一定能形成产业集群，例如，垄断行业——石油、钢铁、电力等行业的集中度很高，但不是产业集群，他们缺乏产业间紧密的横向、纵向联系以及相关机构支持，没有形成生产和社会网络系统。再如，某些垄断行业，如汽车制造业，有可能形成产业集群。因为汽车生产的环节复杂，从设计、整车装配、零部件及配套供应、研发到销售、售后服务等众多联系紧密的相关部门，形成庞大的生产和社会网络系统，因此，可以称之为集群。总之，产业集中度的高低与产业集群无相关性，不能用产业集中来识别产业集群。

**（三）产业集群与工业园区（Cluster & Industrial Zone）**

工业园区是在一定的地域空间范围内，通过集中配置基础设施并制定一系列相关优惠政策，吸引企业及相关配套产业向该地域集聚的一种产业空间组织形式。显然，工业园区是依靠外力（政府政策）推动而促生的经济现象，它是各国政府为了吸引外资和创造就业普遍采用的政策手段。如高新技术产业开发区、专业化镇。虽然，工业园区有企业地理集中特征，但通常它们之间产业联系较少，甚至园区内各企业仅仅是外来原材料的加工厂，企业间没有分工协作关系，所以，不能把人企“扎堆”的工业园区看作是产业集群。

**（四）产业集群与地方特色产业（Cluster & Local Characteristic Industry）**

地方特色产业是指多个小企业集中在某个地区内生产可替代程度很高的商品的企业集合，分为两类：①以地理邻近为特征的小企业集中形成的地方特色产业，如广东湛江的制糖业；②以地方的自然资源、技术资源等为优势形成的地方特色产业，如内蒙古鄂尔多斯市的煤炭业和阿尔巴斯白山羊绒等特色产业为该地区的经济增长做出了巨大贡献。

地方特色产业虽然是多个企业的地理集中，但它们几乎没有劳动分工、产业联系、相关产业支持，因此，不具备产业集群特征。但是，地方特色产业是有可能发育成产业集群的，在政府相关政策支持下，发展以地方特色产业为主导，培育一批与其具有横向、纵向联系的相关产业以及服务机构做支撑的地理邻近的产业集群。

从以上分析可知，产业集群是一个宽泛的概念，可以把它看成是一种产业组织形式，也可以看成是产业的空间移动的演化过程，还可以看成是政府制定的产业政策，这完全取决于研究者的研究角度。研究者们对产业集群理论研究时应该把握它的基本特征，即产业的地理集中、集群内企业的相关性、相关支撑机构以及网络系统，并且，还要严格区分产业集群与地理集中、特色产业、工业园区等产业组织形式。特别是在一些地方政府制定的规划中将它们混为一谈的更是屡见不鲜。例如煤炭生产就是典型的地方特色产业，目前还没有发展成产业集群，但是在政府的战略规划中都强调“……以集群化道路发展……”，甚至在《中国产业发展集群报告》中也将其定义为产业集群。

## 三、产业集群视角的区域经济发展差异的研究

关于区域经济发展的研究颇多，在分析影响因素时也有许多角度，如新古典经济学者们从物质资本、人力资本、技术进步、外商投资、市场化、城市化、产业结构及发展战略等方面阐述了区域经济发展问题，新经济地理学者们从产业集聚和产业集群两个角度说明了经济集聚的空间效应对区域经济发展的作用。下面是关于产业集群视角下的区域经济研究。

曾忠禄（1997）认为，获得区域竞争力的唯一途径是通过产业集群的方式实现区域专业化。沈正平、刘海军等（2004）认为，产业集群是通过分工与协作、劳动力共享市场、技术溢出与技术创新等方式提高区域劳动生产率水平，使产出呈现规模收益递增的特征，从而促进区域经济增长。因此，产业集群这种空间产业组织形式在市场机制和政府政策的调节下，可以有效地推动区域经济的快速发展。Christian H.M. Ketels（2008）指出，在全球化经济和全球价值链普遍存在的当今世界，经济活动再也不是分散的、简单的买卖关系，而是大多数产业活动必须选择生产和服务集中的区位，因为技术进步和经济政策的改变可能会给单个经济体带来很大的好处。Goldstein（2008）研究了美国406个地区高技术产业的经济活动，发现高新技术产业集群中不断有新企业的出现，使得高技术产业集群与非产业集群相比能创造出更多的就业机会，并且，随着集群化的不断发展，高新技术产业集群对区域经济发展作用显著。Mercedes Delgado（2009）认为，以质量为导向的产业集群的竞争力对区域经济发展具有重要作用，他强调一个区域的竞争力来自以质量为导向而不是低成本的集群战略。他指出，当国家（或区域）的强集群环境与以质量导向发展战略相适应时，集群的发展就促进了区域经济发展。Elizabeth Currid and Kevin Stolarick（2010）深入讨论了专业性集群与区域经济增长的关系。研究发现，推动这些集群的不只是产业本身，还有产业内劳动力的职业技能，并以洛杉矶IT行业为例，说明了专业性集群对本区域经济增长的作用。Mercedes Delgado，Michael E. Porter & Scott Stern（2011）分析产业集群的构成在企业、集群和区域的经济活动中的作用，认为产业集群水平的不断发展可以增强区域内相关集群及相邻区域的相似产业集群的集群力，并且一个新产业只有在一个强集群环境中才能产生，因为这种环境可以增加区域内其他产业或集群的机会，从而促进区域经济发展。

### 四、简要评述

关于产业集群概念界定以及产业集群相关概念的辨析表明，产业集群是以工业区位论为基础，经历了产业集聚（韦伯）——产业区（马歇尔）——产业集群（波特）三个阶段，逐渐演变为大量相关企业及相关机构地理集中的现象，而且具有生产、社会等网络创新特征，是产业集聚发展的高级阶段。

基于产业集群的区域差异分析以新经济地理——规模报酬递增为基础，分析了不完全竞争、集聚力和运输成本等因素与区域经济相互作用的非线性动态过程。产业集群的研究从观察到的集群现象出发，阐述了集群内的就业增长率、新企业数量、技术创新水平等因素对提高区域竞争力的影响，进而促进区域经济增长的定性分析。尽管也有产业集群的区域效应定量分析，但由于计量模型的不足，导致实证结果常有偏差。此外，我国关于产业集群的统计滞后，缺乏准确的统计数据，虽然研究者们进行了大量的实地调研，但却不能保证数据的完整性，这也是以后的研究需要进一步完善的部分。

## 第四节　本章小结

长期以来，区域经济发展差异都是学界、政界高度关注的问题。我国改革开放 30 多年来，经济稳定地、快速地增长令世界各国瞩目，但不可否认的是经济发展的不均衡现状，且有加剧的趋势，如果不改变这样的增长方式，将导致经济发展的迟缓、社会矛盾的凸显等问题。因此，研究者们进行了大量区域经济发展差异的研究，并分析原因，探索政策。

从上述的文献梳理中可以看出：①研究者们以经济理论为基础的区域经济发展差异的原因分析比较全面，从技术进步、FDI、人力资本、市场一体化、产业结构、经济政策、发展战略等七个经济因素对区域经济增长的关联性进行了实证研究，不仅探讨了我国区域经济发展中存在的问题，而且提出了促进区域经济协调发展行之有效的政策建议；②以新经济地理理论为基础的区域经济发展差异的研究中，从产业集聚角度的分析比较全面、深刻，对产业集聚的区域经济效应的形成条件、作用机理、政策建议等进行了理论研究和实证分析，特别是产业集聚与生产要素的内在机制对区域经济发展差异的研究，对于政府制定经济发展战略具有很强的操作性；③从产业集群角度阐述区域经济发展差异的研究有几个误区，如对产业集群边界界定不清，对集群内涵的理解肤浅，有些研究引用的案例不是产业集群，而是产业集聚；再如对产业集群的测度方法不全面、不准确，有些是产业集聚的测度方法。综上所述，以经济理论为基础的对我国区域经济发展差异的研究比较成熟，产业集群视角下的区域经济发展差异研究仍处于初级阶段。因为，产业集群理论源于发达国家，其形成与发展的背景条件与我国不尽相同。尽管这种产业组织形式在提高区域竞争力、发展知识经济和创新、提高生产力需求、扩大城乡就业率等方面具有不可替代的优势，但是，其优势的发挥是有条件的，如我国的产业集群与区域经济发展的内在规定性、关联机制的局限性。由此可见，以产业集群理论基础的区域经济发展差异研究是一个新的视角，首先应明确我国产业集群形成的基础条件，解析其基本内涵，然后分析产业集群在区域经济中发展的环境因素，集群与区域经济发展的互动机制，以及制定出以产业“集群化”的发展方式促进区域经济发展，缩小经济发展中的区域差异。

# 第三章　经济发展方式转变的理论基础

本章作为理论基础部分，首先对经济发展方式的相关概念做了详细阐述，并提出了经济发展转变的目标；其次对国内外学者关于经济增长方式的研究成果进行了梳理。

## 第一节　经济发展方式的内涵及目标

### 一、经济发展方式的内涵

经济增长方式与经济发展方式的内涵既有区别又有联系。

**（一）二者的区别**

首先，内涵不同。经济增长是指国民收入的增加，即以要素投入增长为基础，一般以劳动力、资本、土地及其他物质生产要素的投入来推动经济的增长，是一个“数量”的概念；而经济发展则是指一个国家经济、社会、环境等综合实力的发展，是一个比较复杂的“质量”的概念。从广泛的意义上说，经济发展不仅包括经济增长，还包括国民的生活质量改善、环境质量的提高、社会经济结构及制度结构的进步等。需要注意的是，一个国家或地区高速的经济增长并不代表经济发展的水平也高。从各国经济发展的经验看，经济增长快的国家或地区，通常伴随着资源枯竭问题、环境污染问题、水资源匮乏问题等严重影响经济与社会的可持续发展。因此，经济发展不仅包含经济增长，更强调社会结构的变革、制度结构的进步、环境质量的改善、国民素质的提高等。

其次，结果不同。经济发展的结果体现为一个国家综合实力的增强，是经济、社会、文化的共同进步。经济增长的结果表现为一个国家或地区全要素生产率的提高，由此带来的国民收入的增长，但并不一定带来社会、文化的进步。因此，经济发展方式更加注重经济社会综合协调发展，体现了科学发展观的理念；而经济增长方式容易激发人与自然、人与人之间的矛盾。应当看到，转变经济发展方式的呼声是在科学发展观的基础上提出来的，体现了发展的耦合性、关联性、价值性和人文性的对立统一。

**（二）二者的联系**

经济增长是经济发展的重要内容，是经济发展的前提，经济发展是经济增长的基础，经济发展又促进经济增长。二者是互为条件、相互促进的关系，只有经济增长与经济发展协调运行，才能实现社会的全面进步。

总之，强调转变经济发展方式，本质上就是要走全面、协调、可持续的发展道路，加快经济结构战略性调整，在充分合理利用自然资源、保护生态环境的基础上，促进经济的发展；保持合理适度的人口增长，维护社会秩序，为人民提供安全、公平的社会环境和良好的物质文化生活条件；努力提升人民群众的身体和文化素质；提高人民的生活水平，让最广大的人民群众分享经济发展的成果，让政府的工作更多地体现在改善民生上。

## 二、经济发展方式的目标

经济发展方式转变的目标是保持经济长期平稳较快发展，具体目标是经济发展动力持续且保持稳定；经济发展速度较高且保持稳定；经济发展效益良好；经济运行抗风险能力强且波动幅度小。由此可知，经济发展方式转变的目标应该是探寻一条经济质量高、持续的增长之路。

其特征主要体现在四个方面：①经济发展动力的内在性，形成经济发展的内在动力机制；②经济发展路径的延伸性及多样性，共同推动经济长期稳定地发展；③资源开发、利用的合理性，提高资源的配置效率，使经济社会向资源节约型、环境友好型社会转变；④经济发展状态的稳定性，使经济结构更加合理、经济抗风险能力增强，经济发展的长期绩效显现。

首先，经济发展方式的转变体现在经济增长动力的转变上。目前，我国的经济快速增长实际上是依靠资本品以及资金的高投入，但是增长过程中一旦遇到资源或劳动力要素供给的问题，经济增长就会放缓，甚至会进入经济增长的瓶颈

期。因此，经济增长方式的转变就是要寻找经济增长的潜在的、持久的动力，将我国由投资拉动的增长方式转变为由需求拉动的增长方式，特别是要寻找刺激内需和外需不断增长的经济发展方式。

其次，经济发展方式的转变应该由粗放式向集约式转变。通过调整产业结构、产业升级与优化、技术的创新、人力资本的培养等不断地增强企业的自主创新能力，从而提高生产要素的质量和使用效率。同时，政府应该通过税收政策加强引导企业进行创新活动，推动经济增长方式向提高经济增长质量和以经济效益为核心，以资源节约型、环境友好型为目标的集约式经济发展方式转变。

## 第二节　经济发展方式转变的经济学解释

研究者们关于经济增长方式的研究源于对经济增长因素的探索，因此，经济增长方式转变的理论基础是经济增长理论。经济增长理论主要是解释经济增长规律和影响经济增长制约因素的理论，代表性人物主要有经济周期理论集大成者库兹涅茨、“起飞理论”缔造者罗托斯、哈罗德—多马、新古典经济增长理论代表人物索洛和斯旺、新剑桥增长模型提出者罗宾逊夫人、卡尔多等。国内研究者关于经济增长也有许多研究，如王军、金碚、吕政、马建堂、王小鲁、樊纲等，下面分别对国内国外学者的研究成果进行归纳。

### 一、国外学者的重要研究成果

关注经济增长规律的学者，如库兹涅茨从资本投入比率、技术改进和知识积累三个角度描述了经济增长的变化趋势，他认为，要想促使一个国家的经济快速增长，应关注社会知识积累、技术改进以及社会劳动力结构，只有三方面的共同进步才能推动生产率的提高。另外，他还研究了经济增长与收入分配的关系，他认为在经济增长过程中，收入分配差距会随着经济发展速度的加快越来越大，但经济发展进入稳态后，收入分配差距将会缩小。再如沃尔特·惠特曼·罗托斯（Walt Whitman Rostow）将经济增长全过程划分为具有不同特点的六个阶段，即：传统社会阶段、过渡阶段、起飞阶段、成熟阶段、高额群众消费阶段和追求生活质量阶段。其中，一个国家的经济增长要跨入起飞阶段，投资率必须保持在15%以上，同时产业结构必须进行调整，应该有几个核心制造业的工业体系。罗森斯坦·罗丹（P.N.Rosenstein-rodan）提出了“大推进理论”，他认为经济增长是由投资带动的，特别是发展中国家为了实现国民经济的全面、稳定、持久的快速增长，必须以大规模的投资克服“资本投入不足”和“有效需求不足”的发展障碍。同时，这种大规模的投资应该由政府支出，向基础设施、轻工业部门投入，从而拉动国家经济全面、平衡的增长。

关注经济增长制约因素研究的学者，如哈罗德—多马提出描述经济增长的哈罗德-多马模型。假设：消费倾向和储蓄倾向、生产技术水平不变，则一国的经济增长与该国的储蓄率成正比，与资本产出比成反比。索罗—斯旺模型则认为一国的经济增长来源于资本及劳动投入的增量。新古典经济学主要代表人物罗默（David Romer）、卢卡斯（Robert Lucas）等人将索罗—斯旺模型发展，放松了资本和劳动要素的约束，提出了以内生技术进步为核心的经济增长理论，即内生经济增长理论，成功地解释了经济增长的内生机制。并且，他还强调人力资本规模和劳动生产率是促进经济增长的关键因素。Joshua Lewer认为，贸易能否获得动态收益率取决于贸易的结构，只有在与他国进行进口资本品和出口消费品贸易的时候，一国的资本积累才会形成，从而形成经济增长的动力，发展中国家才能实现经济的快速增长。Caraten A.Holz从两个方面分析了中国未来经济增长的前景和潜在的动力，中国自主创新能力的提高是推动经济增长的潜在动力。收入分配差异问题则是制约中国未来经济增长的重要影响因素，到2025年，中国经济增幅将会逐渐减缓，很可能按照现有的增速保持平稳的增长态势。

有些学者认为，经济增长方式的转变是每个发展中国家的必经之路，如热若尔·罗兰（2002）提出，转变经济增长方式是特指中国、苏联和东欧等非市场经济国家转入市场经济国家特有的现象，市场经济国家不存在经济转型问题。然而，大部分经济学家如速水佑次郎（Yujiro Hayami）等人从经济增长的制约因素出发，认为经济增长存在阶段性规律，世界各国普遍存在转型问题。例如日本和美国的经济增长方式由资本提高的粗放式增长方式转向全要素生产率提高的集约式经济增长方式。

## 二、国内学者的重要研究成果

我国学者关于我国经济发展方式转变的研究主要集中在转变中存在的问题以及转变的实现途径，如陈自庆认为，我国西部地区面临着发展经济和节能减排的双重压力，因此，西部地区必须通过推动产业升级、发展循环经济、提高产业集中度、提高资源利用效率以及调整和优化结构等方面实现经济发展方式的转变，实现经济又好又快的发展。秦成逊、周惠仙认为，基于西部地区现阶段经济发展状况，即存在经济增长的粗放型、资源环境的非持续性、产业结构的不合理性等问题，“制度创新”和“技术创新”是突破经济发展方式转变瓶颈的有效手段，是实现全面协调可持续发展的关键。王军提出，推动经济发展动力的可持续性是经济发展方式转变的关键，经济发展方式转变的动力应从宏观层面扩大至消费需求层面；中观层面在提升制造业核心竞争力的同时，加快发展生产性服务业；微观层面深化市场化改革、大力培育人力资本、提升自主创新能力、实施管理创新，同时要推进公共管理领域的改革。吕政认为，转变经济发展方式必须正确处理速度与效益之间的关系、节约资源、保护环境与经济发展的关系，通过调整和优化产业结构、增强企业的创新能力提高企业的自主创新能力，促进科技成果向生产力转化，实现区域协调发展，从而推进区域经济的稳定、快速的增长。马建堂认为，我国的经济发展中主要存在资源供给不足、外部环境恶化、投资不足、需求结构不合理等问题，如果沿用“高投入、高消耗”的生产方式必然制约经济社会的发展，因此，需要将投资拉动的经济发展方式转变为集约型经济发展方式。杨冬梅、徐开金认为，经济发展方式的转变需要支持动力，转变经济发展方式的动力是一个有机系统，第一部分包括经济发展方式转变的优化动力和财富内驱力的内在系统；第二部分包括国内公平正义力以及国际社会竞争挤压力的外在动力。杨淑华认为，我国经济发展方式没有根本转变的深层原因在于经济驱动力不足，应该从经济杠杆、产权制度、税制改革、完善法律制度等方面促进经济动力的增强，进而实现经济发展方式的转变。马强文、任保平通过实证分析得出，技术进步和技术效率对发展方式转变绩效的贡献明显，规模效率则几乎没有影响。在影响经济发展方式转变绩效的因素中，国有经济比重增加和对外贸易的增加会产生负向影响，而第三产业比重和科研支出比重增加则会带来正向效应。因此，要提高经济发展方式转变的绩效，关键在于提高市场化程度，调整贸易结构、产业结构，增加科研支出。金碚（2006）指出，能否真正实现经济增长方式的转变，取决于能否在科学发展观指导下实现理论、技术、制度和管理的不断创新。杨文进、杨柳青（2007）提出，要实现经济增长方式的转化，就必须改变企业获得利润的方式，同时，要素的相对短缺与价格上升产生的成本压力和技术变革的巨大潜在利益也会迫使企业变革。王小鲁、樊纲、刘鹏（2009）通过考察中国经济增长方式的转换，发现 TFP（全要素生产率）的来源在发生变化，一方面，技术进步和教育带来的人力资本质量提高正在替代劳动力数量简单扩张的作用；另一方面，政府行政管理成本膨胀和持续降低的最终消费率阻碍了经济效率的提升。

## 三、文献评述

通过对经济增长理论主要文献的梳理不难发现，首先，从古典经济理论、新古典增长理论到内生经济增长理论，经济理论的研究在不断地修正和完善。古典经济学认为，经济增长的决定因素是劳动和资本，并且二要素的边际报酬是递减的，最终的结果将导致经济增长停止不前，因此，经济学是“暗淡科学”。新古典经济学将技术因素引入模型中，认为技术进步是推动经济长期增长的重要因素之一，但是，该理论没有给出如何促进技术进步，不能解决“不愉快的结果”。内生经济理论将规模报酬递增引入模型，认为经济增长不是由于规模经济，而是由专业化和分工带来的，但是内生增长模型并没有给经济增长背后的驱动机制提供令人信服的解释，即制度因素没有作为经济增长的重要因素，因此，内生增长理论是不完美的。

其次，从经济理论的发展我们可以看出，经济增长方式存在阶段性，不同的历史阶段对应不同的经济增长方式，驱动增长的动力也各不相同，劳动和资本是初级要素；受教育水平、人口素质、人口结构及规模等代表着该区域的人力资本状况，它直接影响着研发能力、创新活动，从而决定技术水平的高低，因此，人力资本是中级要素；高级要素一般是指社会结构、制度因素等，他们不仅直接作用于经济发展方式，而且还会渗透到其他生产要素中，从而影响经济发展的方式。

随着学者们对经济增长研究的不断深入，学界意识到，单纯依靠要素投入的经济增长是不可持续的和有局限性的，有必要探索经济持续、稳定发展的驱动机

制，也就是要寻找经济可持续发展的增长方式。由于不同国家或区域经济发展的依赖路径不同，因此经济发展方式的研究应该依据要素特征而研究。

本书基于我国资源型地区的经济发展方式，以产业集群的产业组织形式作为切入点，探索资源型地区由粗放式的经济增长如何转变成为集约式的经济发展方式，以实现“低投入、低消耗、高产出”的持续增长的经济发展方式。

## 第三节 资源型地区经济发展方式的界定

资源型地区是指具有资源型经济特征的地区，即：资源型产业在区域经济发展中占据重要位置，资源型产品在区际贸易中占据主体，经济发展依赖于资源型产业的增长，经济增长进程中付出了高昂的资源代价等。资源型地区的经济增长方式转变应该是以经济增长为目标、以要素禀赋结构为基础，依据资源优势选择区域主导产业及特色产业，通过制定合理的资源型产业发展政策，推动资源型产业结构优化升级，逐步将“高耗能、高投入”的资源型产业转变成为“低消耗、高产出”的资源型产业，实现生产成本最小化。具体而言，资源型地区经济发展方式转变包括经济发展目标的转变、经济发展动力的转变、经济发展约束的转变和经济发展成果的转变。

### （一）资源型地区经济发展目标的转变

一个经济体的目标增长方式是使得该经济生产成本最小化的增长方式，这一经济增长方式是由该经济要素禀赋结构决定的。资源型地区的经济增长是以本地区资源禀赋为基础的最优产业结构下的生产成本最小化，表现为合理的产业结构下，资源利用效率不断提高，经济可持续地、稳定地增长。由于资源型地区的经济增长依赖区域资源型产业的发展，因此，资源型地区经济发展目标的转变是以资源型产业结构发展方式转变为主要内容的转变。

### （二）资源型地区经济发展动力的转变

经济发展方式转变的动力是实现区域经济持续、稳定增长的助推器。经济发展的动力分为外在动力和内在动力。外在动力主要是依靠自然资源、劳动力、资本等生产要素的大量投入推动经济增长，即“粗放式”的经济发展方式；外在动力既难以持续，也存在较大风险。内在动力通过经济社会运行自发形成，具有自我加强的特征。内在动力主要依靠为科技人才储备、科技创新能力以及区域经济发展的物质基础（基础设施建设水平）形成区域经济发展的内因，并与外部动力共同构成经济发展的持久动力。资源型地区经济发展方式动力的转变是实现区域经济发展目标的根本保障。

**（三）资源型地区经济发展约束的转变**

资源型地区的经济增长主要依靠资源型产业的发展，但资源型产业的发展要受到本地资源储备量和环境承载能力的约束，一方面是有限的资源储备量与无限的生产需求之间的矛盾；另一方面资源型产业的粗放式生产方式对环境的破坏，超出了环境的承载能力，难以维持持续的经济增长。因此，资源型地区经济发展约束的转变应该是以提高能耗的经济效益和减少对环境的破坏为基础的转变，经济发展约束的转变是实现资源型地区经济发展目标的物质基础。

**（四）资源型地区经济发展方式转变的成果**

经济发展成果是社会进步的体现，一个经济体的经济目标增长的目的是要使得发展的成果能够公平、公正地分享给人民，从而提高人民的物质生活、精神生活水平。一方面，居民物质生活的提高表现在收入分配公平、居民货币购买力提高；一方面，通过教育、医疗、社会保障体系等分享社会进步的成果，并为经济社会进一步发展提供人力资源的保障。此外，社会进步更高层次的表现是居民能够享受到优质的公共服务，如建成区的绿化率、公园、空气质量等。合理、公正、公平地分享发展的成果，不仅是社会进步的表现，而且有助于促进发展方式转变的自我循环。

# 第四章　区域经济发展中产业集群的形成条件

战略管理方面著名的美国学者迈克尔·E. 波特，对许多领域都有重要的贡献。波特战略管理领域的建树在学术领域受到极大的重视，而且在产业经济领域、竞争力研究等方面的研究成果亦为学术领域广泛采用，他在 1990 年的《国家的竞争优势》产业集群研究中的一个重要观点：钻石体系模型。他认为“钻石体系的基本目的就是推动一个国家的产业竞争优势向集群式分布”。他通过对欧洲一些国家以及美国的考察，认为产业集群是一个国家（地区）或产业的竞争优势形态最重要的表现形式，如何将影响一个国家或区域经济发展以及竞争优势获取的必要因素构成一个体系，便是推进产业集群形成的条件。

我国地域辽阔，31 个省、市、自治区的文化基础、资源禀赋、市场条件、产业结构、区域发展战略、政府政策均不相同。因此，有必要依据波特的“钻石体系”对我国各区域的产业集群的形成条件进行分析，以便于寻找我国区域经济发展中产业集群发展的差异、形成的原因，为制定产业集群发展战略以及区域经济协调发展政策奠定基础。

波特描述的“钻石体系”如图 4–1 所示。

在一国经济运行中，地区经济发展具有竞争力的产业如果符合“钻石体系”的条件便存在形成“产业集群”的可能。换句话说，模型中四个环境因素（生产要素，相关及支持性产业，需求条件，企业战略、企业结构、同业竞争）以及两个外部条件（机会和政府）是产业集群成长以及发展的重要核心条件。

在这些因素中，生产要素因素包括自然资源、地理环境、劳动力人数、技术水平等基础性生产要素的资源禀赋条件。相关及支持性产业是指集群内的相关联企业以及相关的服务机构。集群形成以后，一个企业的生产会向另一个企业蔓延，企业间相互依赖，形成分工和专业化的关联性企业，如原材料加工企业、零

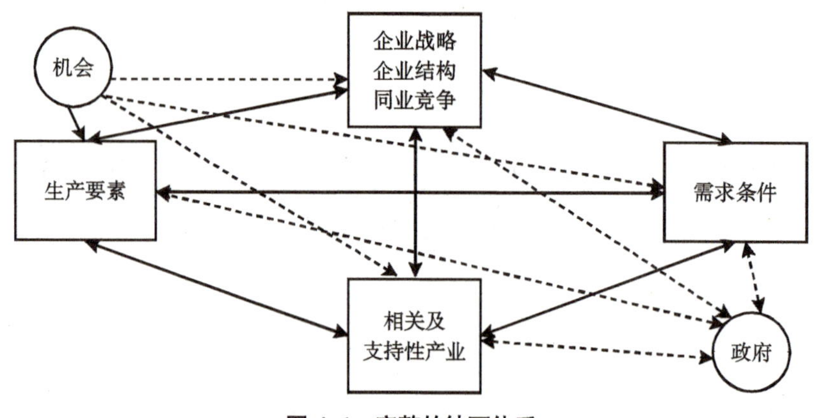


图 4-1 完整的钻石体系

部件生产企业、组装企业等；集群的竞争力来源于创新，集群内相关的服务机构（大学、研发中心、成果转换中心等）能促进企业的创新与升级。另外，集群内的相关服务机构如信息中心、中介机构、咨询机构等为集群提供了市场信息、技术交流、法律援助等服务，称为产业集群发展的支撑性企业。生产要素和相关及支持性产业共同构成产业集群的基本条件，也就是说，产业集群是以自然资源、劳动力的技术水平为前提，大批相关产业以及支撑性产业为基础形成相互分工的专业化生产的网络系统。

市场规模是对产品和服务总的需求状况，包括国内市场需求与国外市场需求。国内消费者对集群企业生产产品和提供服务的购买能力形成国内的需求。如果国内需求旺盛会刺激产业集群形成大规模的生产，提高总产出水平；如果国内需求萎缩将会导致产业集群的衰退，甚至解体。国际需求在“钻石模型”中称为机会，从国际竞争力的角度看，如果集群敏感地察觉到国外市场的需求状况，国内的产业集群内企业就可以提供有着更高标准的产品，产业集群也得到了发展。

同业的战略、竞争是指由于同业之间的发展战略、对手之间竞争的原因，而使大量相关企业及机构集中在一起，以节省生产成本和交易成本，消除恶性竞争，这种集聚的现象就是产业集群，因此，同业的发展战略和竞争促进产业集群的形成。

“钻石模型”中的政府因素是指政府出台的一系列法律、法规以及经济、社会发展政策等。产业集群的形成与发展离不开政府的区域发展战略规划、产业政策、宏观经济政策及金融政策等，只有政府制定一系列有利于产业集群发展的制

度才能保障集群这种制度安排顺利发展下去，充分发挥其竞争优势，为国家或区域经济发展做出贡献。

总之，从经济学的角度考察，以上因素可以归结为由于市场需求带来的规模经济效益以及市场需求中对竞争的影响，这种影响会从国内与国际市场的需求规模上对区域发展中的产业集群（或称为本地产业集群，Local Industrial Clusters）发展产生影响。供给因素则从资源的供给以及劳动力、高技术人才等方面对产业集群形成中的生产成本产生影响，不同类型的生产要素对产业集群的发展会产生不同的影响，使得产业集群稳定发展、具备较强的竞争优势。在对产业集群形成与发展中起到重要影响作用的还有相关产业和支持性产业的发展，这些因素成为产业集群发展中获得的外部性支持。在产业集群发展中，政府的影响以及产业集群本身也是一种制度因素。

## 第一节　产业集群形成的内部、外部动因

### 一、生产要素、相关及支持产业是产业集群的根本保障

在产业集群形成的条件中，生产要素是一个基础性的、必要的外因条件。生产要素中包括自然资源条件，组成集群的企业的地理位置以及环境状况，甚至包括气候等自然条件。这些条件与初级劳动力一起构成生产要素中的初级生产要素，也称为基本生产要素。与初级生产要素中初级劳动力相对应的高级劳动力，包括科研技术人员、高技术与创新成果、具有领先地位的高科技等构成了高级生产要素，也称为高等生产要素。由于推动产业集群成长生产要素的构成不同，使得形成的产业集群的竞争优势也不同。从目前国际间竞争的比较看，我国产业集群往往是在初级生产要素支撑下发展起来的，其在竞争中的地位较低，由于初级生产要素中的初级劳动力往往是产业集群发展的重要因素之一，而初级劳动力在不同国家和区域间的分布是比较广泛的。这也就可以很好地解释，原来在我国广东等地区的国际服装加工集群，在近年来向印度尼西亚、马来西亚甚至柬埔寨等地区转移。由于以高技术人才及其研究与创新成果为核心的高级生产要素的培育

并形成生产要素往往需要一定时间的积累，而且分布不均衡，这种生产要素甚至是一种稀缺的要素。因此，在产业集群的形成中，在分析重视初级生产要素的基础上，应加大对高级生产要素的培育与挖掘。在研究中发现，高级生产要素的概念仍有一定的局限，产业集群的形成往往与某一类具有专门化的高级生产要素密切相关，如美国硅谷的高技术的微电子信息产业集群与信息技术领域、电子技术高科技领域的高级人才与大量的创新成果是密不可分的。因此，我们要在高级生产要素中分离出专业生产要素。高级生产要素和专业生产要素，是一个国家或区域建立竞争力强大而具有持久竞争优势的产业集群，仅仅靠初级生产要素是不够的，更要依靠高级生产要素和专业生产要素。

依据"钻石体系"形成和发展的产业集群，其生产条件因素如果是依据基本生产要素而发展的，这样的产业集群虽然可以发展，即按照波特的理论"所有的产业集群都是好的"，但受到其他因素影响而衰退的可能性往往比较大。因此，一个国家如果把竞争优势建立在初级与一般生产要素的基础上，它通常是不稳定的。而依据高级生产要素和专业生产要素发展起来的产业集群，其竞争能力则强大并能持续。基础生产要素条件的优越，一般生产要素条件好，不一定就会形成具有优势竞争力的产业集群。按照波特的观点，由于资源丰富并且价格低廉往往使得资源在使用上效率差，这种情况在我国的稀土产业发展领域显得十分明显。由于我国以包头为主的稀土产区等技术有所突破时，基于开采难度低、生产技术有一定优势，造成了稀土资源被大量、过度开采，而在国际市场上并无定价优势。这些稀土资源被美国、日本广泛地应用于军事、高技术领域，这些国家不仅获得经济上最高的利益，而且以稀土资源在军事领域的广泛应用而取得的军事优势，获得了更高的战略优势。波特也提出，初级生产要素的不足等不利因素，也会使得产业创新成为一种唯一的选择而获得突破，日本、新加坡、中国香港等一些国家和地区就是这种情况。把国家及地区的竞争优势建立在高级生产要素方面，更能够造就出具有优势竞争力的产业集群。

区域内产业集群的发展，生产要素的区域供给规模是产业低成本发展的重要因素。资源禀赋丰富和劳动力价格低廉使得基于丰富的资源可以在原材料供给方面取得低成本优势，这种成本优势可以获得竞争中的优势地位。例如，我国稀土产业在国际上的地位与我国稀土资源有较大的关系。稀土是一类在地球上广泛分布的稀有金属矿，稀土虽然分布较广，但开采的难度较大，我国的稀土储量在国际上的排名并不是最高，但开采的成本较低。2012 年 3 月 13 日，中国外交部发言人刘为民在新闻发布会上指出，中国稀土资源仅占全球总量的 36.4%，但在过去 10 多年间，却承担着全球 90%以上的稀土供应。内蒙古的包头市素有“稀土之都”的美誉，全球稀土市场中，轻稀土约占稀土总量的 85%~90%，在包头的稀土资源中，主要以轻稀土为主。另外，包头稀土资源是随包钢的铁矿开采，相对成本低，具有不可比拟的价格优势，包头稀土正以其得天独厚的优势引领世界稀土潮流。我国的稀土资源分布比较集中，这种因素使得国内稀土企业在稀土产地集中，特别是内蒙古包头市，早在 1991 年 1 月 15 日，经国家科委批准，包头稀土高新技术产业开发区就成为省级高新区。目前，据统计，稀土高新区有注册企业 1300 多家，有美国、英国、德国、法国、西班牙、韩国、加拿大、日本、蒙古、印度、中国香港、中国台湾等国家和地区在此投资。主要集中于稀土、新材料、机电一体化、电子信息、生物技术、工程机械、铝业等各类高新技术产业。重点发展稀土永磁材料、储氢材料、抛光材料、发光材料、催化材料等稀土功能材料，稀土铝合金、稀土铜合金、稀土镁合金等特种合金材料，稀土永磁电机、稀土镍氢动力电池、稀土铅酸水准电池、汽车尾气催化器、稀土节能灯等稀土应用产品，同时发展稀土材料在终端产品中的应用，如用于稀土电动工具、电动自行车、电动汽车等。

可以看到，基于稀土资源的开采在我国包头已经形成了稀土产业集群，但由于我国所拥有的是基础生产要素，因此，稀土产业集群在国际上并没有竞争优势，我国的稀土产业资源优势明显，产业集群形成较早，但在国际上的话语权却极低。美国东部时间 2012 年 3 月 13 日中午，美国总统奥巴马在白宫发表讲话，宣布将向世界贸易组织（WTO）提出一项针对中国限制稀土出口的贸易诉讼，欧盟和日本也将一起上诉。美国等西方国家，在稀土的应用领域拥有众多的技术，稀土资源被广泛地应用在军事、航天、信息等重要的产业领域，一直以来西方国家已经习惯于享受我国由于稀土产业集群发展而带来的廉价稀土原材料。当我国认识到开采稀土矿给国内环境造成的巨大破坏时，出于对环境的保护，开始对稀土的开采进行管理，开始利用 WTO 的某些规则进行干涉。这也从另一个侧面反映出基础生产要素和高级生产要素在竞争中所处的不同地位，由此形成的产业集群也有不同的竞争优势和稳定发展的特征。

在我国经济发展过程中，相对于国际市场而言，我国的劳动力是十分低廉的，国外资金在追逐廉价劳动力的驱动下，将产业转移至我国沿海开放地区，使得廉价的劳动力、资本与国际市场需求一致型的产品在我国沿海地区结合，形成了区域性的产业集聚。当这种产业集聚在地区内形成了产业内企业相互支持、协助，并形成生产的上下游关联时候，就开始形成区域性的产业价值链，从而形成了原材料供应、熟练劳动力流动、生产的分工与协作等区域性的产业集合，甚至形成了区域性的市场，如浙江的义乌小商品市场等。这种产业集群也就形成并发挥出其对经济发展的推动作用。

资源型的区域也类似。例如我国羊绒的主产区内蒙古鄂尔多斯地区，在进入20 世纪 80 年代以后，由于地区的羊绒资源相对丰富，羊绒的加工开始形成一定的规模，于是围绕羊绒制品的加工，形成了羊绒收购、羊绒梳纺、羊绒纺织、成品销售等一个围绕羊绒资源的产业链。如同对基本生产资源要素的分析一样，依托一种自然资源也会形成产业集群，但羊绒产业集群的形成和我国以依托劳动力资源形成的产业集群一样，都存在不稳定的问题。其原因主要在于，基于这类低级生产要素形成的产业集群往往缺乏竞争的优势。这种缺乏竞争优势的产业集群，会随着市场需求的变化以及赖以存在的基本生产要素的变化或相对价格、重要性的变化而衰退。作为羊绒产业的高级生产要素，羊绒产品的设计人才、品牌以及专业生产要素中的羊绒生产的专用设备制造等，在我国的羊绒产业内均十分缺乏。作为时装产业中的重要影响因素品牌，由于我国羊绒产业发展的时间较短，另外时装产业不发达，所以并未形成国际知名的品牌。我国大量的羊绒产品均以贴牌的方式生产并进入国际市场，我国仅仅是加工工厂。不仅如此，羊绒产品的设计也不是我国羊绒产业的优势，大量的设计主要处于模仿阶段。从生产工艺上看，我国在羊绒生产的绝大多数环节还处于进口设备的阶段。2012 年，笔者在调研中仍然看到，前几年进口的设备仍然作为优质的设备在使用，国产的设备仍不是生产领域的主要设备。这种设备方面的差距表现在羊绒生产的各个环节，比如在羊绒梳纺工艺上、在羊绒电脑织机上均是以意大利的设备为优质出色。由于这些生产要素方面的问题，虽然我国是羊绒产品的主要生产国，但产品的价格却往往是最低的，国际一线品牌的羊绒产品往往比我国的一流产品价格高出 5 倍左右。由于这种情况的持续，我国曾经影响较大的羊绒产业集群影响力逐步下降。

由于羊绒产业集群发展的生产要素处于以基础要素为主的状态，而且，市场需求也是羊绒产业集群不能积极成长的重要影响因素。如我国国内保暖产品需求多样化，由于生活方式改变而对优质保暖产品需求的变化，或者高端消费市场的国际品牌大举进入。这些都使得我国羊绒产业集群的发展处于停滞状态。

不仅生产要素中资源因素会对产业集群的形成造成重要影响，劳动力也会对产业集群的发展造成重要影响。由于区域内同类企业的集中，生产工艺技术等方面的一致性，销售市场的同质性，使得掌握生产技术的劳动力也会在一定的区域内集中，劳动技术的掌握以及生产知识、技巧等劳动的技术因素能够为广大的技术工人所掌握。劳动力规模的存在，使得在生产工人的寻找、培训等方面的成本大大降低。在上述实际例子中，劳动管理的因素同样是产业集群形成的重要条件。在包头，众多掌握稀土开采、选矿技术的技术人员和一线工人构成了产业发展的基础。在包头稀土领域的企业比较容易在当地找到熟练的技术人员、管理人员等稀土企业需要的劳动力，这些人员在稀土企业之间流动，在流动中把稀土产业领域的技术加以传播。这种现象不仅使劳动力成本节约成为稀土产业集群发展中重要的因素，还体现出产业集群的技术溢出效应。由于技术在包头稀土领域的扩散，使得我国稀土产业在原材料生产中的生产技术水平具有优势，同时成本较低，产出的规模较大。全球其他的稀土产业领域可以利用以包头稀土产业集群的原材料生产来满足其需求并获得更低的价格。这种情况如果是一个可以再生资源的产业领域则可能获得全球范围的竞争优势，但稀土作为一种不可再生的、战略性的资源，如此的产业集群反而因竞争优势而快速丧失其持续的竞争能力。因为，稀土产业是一个产业链，稀土原材料加工和利用存在跨产业的特性，而在跨产业的发展中，附加值高的部分不在我国，这就使得稀土产业处于全球价值链低端而无法获得竞争优势，并随着资源开采速度的加快而使整个包头稀土产业加速衰退。

我国的这些产业集群在竞争优势以及持续性上往往受到生产要素的限制，而以高级生产要素为产业集群基础的产业集群往往能获得持续的优势地位。如美国的硅谷高技术产业集群就是充分的体现。

综上分析，生产要素中的基础生产要素和高级生产要素都会对产业集群的形成产生影响，在基础生产要素支撑下发展的产业集群其竞争优势难以保持，存在不稳定性，而高级生产要素往往使产业集群竞争优势明显并持续保持其优势地位。

## 二、市场规模是产业集群形成的内部动因

在产业集群形成的“钻石体系”中有需求因素。所谓需求首先是指国内需求，一国国内需求的状况直接影响该国相应产业的发展以及竞争水平。国内市场往往是产品直接的消费市场，这在国际经济的全球化情况下得到了充分的体现。由于文化等原因，国内市场往往更加接近消费者的直接感受，这种感受也是我们所说的对需求的反映。在各国的经济发展中，也有出口导向的经济发展模式，我国也经历过这样的阶段，国内最好的产品、最具有竞争力的产品拿来出口。但这种缺乏国内市场需求验证的产品，难以真正获得国外消费者对产品的反映，难以推广到国内的各个产业发展中。国内的需求及其变化能够使得国内企业比较清晰地了解国内需求的特点，也使得企业比较容易掌握客户对产品的需求。这种能够适合消费者需求的产品将具备竞争能力，反之仅仅能够在一定程度上满足国际市场需求，难以获得持续的竞争优势。

一般来讲，对某一产品而言，国内消费者如果最具有判断能力、识别能力，这种产业才可能具有国际范围内的竞争力。例如法国、意大利的葡萄酒，正是由于这些国家消费者的鉴赏力和挑剔的选择，才使得其产品在国际上也是最好的。我国的葡萄酒显然缺乏国际的竞争能力，但就白酒而言可能情况就大不一样了。由于消费习惯的原因，虽然以蒸馏酒为特点的白酒并非是独立地在我国发展起来，但在国际上确实是独一无二的。由于该产业的发展能够在国内市场中获得竞争的优势，在国际市场上也能够获得竞争的优势，同时市场竞争的优势往往决定满足需求的规模，也决定在需求总规模中能够获得市场份额，因此，国内市场往往决定产业集群的形成与发展。反之，如果国内市场的需求水平不高，国内需求者并非是对该产业产品最有经验、最挑剔的购买者，则可能出现一些国家的生产体系在融入国际生产体系后，虽然也获得较大的发展，但借此想获得国家竞争优势却是不确定的。

不同的国家，这种情况是不同的，由于国内消费者和国际消费者的收入水平的不同，消费的经验不同，满足的程度也不同，这种消费水平上的差异，使得国内需求在区域的产业集群进程中虽然重要，但对国际市场的需求也重要，特别是在以出口为导向的经济中。

对于我国产业集群形成中的市场需求条件进行分析，我们能够看到一些问

题，我国在改革开放以后，沿海地区的珠江三角洲和长江三角洲是经济发展较快的地区，也是产业集群发展较早和比较成熟的地区。从产业集群形成条件的市场需求因素看，国内以及区域内的需求应该是经济发展的动力，也应该是区域产业集群形成的重要因素。但我国的情况却不是如此，这些区域的需求虽然比内地高，但最初的发展却是以外向经济开始的。在改革开放初期，我国刚刚开始从短缺经济中恢复，需求也刚刚开始恢复，消费者的购买力以及对商品品质的识别能力均在不断提高中。这种情况下，国外投资的企业，依照投资国的生产技术、出口产品而占领国内市场。当时典型的说法是“以市场换技术”。因为这类产品主要依赖我国当时较低的劳动力成本，以适应国际市场需求。而这些产品对国内的销售则由于国际市场需求远比国内市场要求苛刻，因此，在满足国内需求方面并无问题。

在满足国际市场需求的基础上，大量同类生产企业在我国沿海地区布局，到20世纪90年代末21世纪初，广东、浙江等地出现大量产业集群。这些产业集群大大推进了这些地区经济的发展。而随着国内经济的发展、人均收入的提高、消费的分化，一方面，国内的消费水平已经越来越高，国内需求的满足对产业集群的发展越来越重要，这种情况越来越符合有关产业集群形成过程中国内市场重要性的理论；另一方面，国内需求的一些新的趋势，使得设计、生产、品牌等一些问题开始成为国内产业集群成长的风险因素。

在我国改革开放30多年的发展中，经济发展中的动力来源于投资、出口以及扩大内需。从这个意义上，出口和扩大内需实质上就是市场需求因素，最大限度地满足国内市场的需求，才能够获得国际上的竞争优势，这样的产业集群在国际上才是有竞争力的，才能够获得持续的发展。

国内需求如果能够持续增长，对产业集群的发展会具有十分重要的拉动作用。由于我国国内需求总量增加十分明显，巨大的国内需求对国内产业集群是一个巨大的推动，但结构的变化也是十分迅速的。从一般消费品市场看，我国目前的市场几乎除了房地产外均是买方市场，我国巨大的产能显然不仅仅是为了满足国内需求的，国际市场需求对我国而言也显得十分重要，而对国外市场需求的满足远不是建立在对国内高品质需求之上的。因此，我国经济体系巨大生产能力的国际竞争优势很难确立。据此，我国产业集群的竞争优势更多的建立在生产能力和劳动力基础上。

在国际市场消费结构变化较快的情况下，当缺乏良好的国内市场需求以及有效需求不足时，国内产业集群是无法获得竞争优势的，产业集群也存在发展的风险。在产业集群发展以及产业集群的升级中，以美国杜克大学学者格里芬（Gereffi）为主要贡献者提出的全球价值链（Global Value Chain，GVC）理论为我们对于市场需求影响产业集群提供了全球化视角。全球价值链是指，某类产品的生产实际上是一个全球生产的过程，这个过程包含许多环节，在每一个生产环节中，都有价值的增值，但增值的幅度却有很大的差别，这些环节包括原材料生产、产品的设计、产品零部件的生产，最终产品的组装、产品零部件以及一些元器件产品在不同领域的应用等，直到完成消费，甚至有可能包括使用后的产品回收和再利用等。全球价值链理论中提到的订户主导的价值链实质上核心也是市场需求。这种情况下，国内市场仍然起着主要作用，产业发展同样也为产业集群发展提供了市场或潜在的市场。

## 三、同业竞争作为外部动因推动产业集群的发展

产业集群在区域经济发展中表现出来的相关产业和支持性产业共同发展的经济行为是经济外部性的直接表现。

区域内产业集群发展过程中往往会集中一批生产技术相近、产品同类的企业，这是构成产业集群的基础，不仅如此，区域内还集中了大量与核心产业相关的企业，这些企业形成对核心价值的支持或形成密切的相互关联。这种支持和相关性的产业集中为降低成本提供了可能。其实质是围绕某一核心产业形成了区域化的专业生产体系。这种体系本身就是产业集群的核心内容，区域的专业化带来了生产成本的降低和交易成本的节约。在一个区域内相关联的产业的集中，生产体系围绕核心产品的生产，在原材料供给、中间初级产品生产、辅助生产产品的提供、多样化产品的互补，信息、物流的构建等，这些环节不仅大大降低了原材料、中间初级产品的搜寻成本，也使产业内以及相关产业间的交易成本大大降低。而且，生产体系的规模还会影响到同类产品的多样化，这种多样化、相关性推进了产业集群的专业化。施蒂格勒认为，“区域化是提高产业经济规模从而获得专业化利益的一种方式，那些关系密切的辅助性、补充性产业如果离中心很远，是不可能有效地工作……在一个市场区域里，分散是一种‘奢侈品’”。产业集群的存在是以产业内以企业及相关产业企业共同组成的一个区域性的产业组织

结构，不仅如此，产业集群的形成还包括与产业发展相适应的研究机构、人力资源的培训机构、信息传播机构、服务性机构等。因此可以说，产业集群并非标准的经济学概念，即便从狭义的经济学角度考虑，产业集群也绝不是产业的概念。这样相关产业和支持性产业的存在对于产业集群而言是十分普遍而自然的现象。

相关产业与产业集群核心产业存在从属性、相关联、辅助性的关系，支持性产业则为产业集群的核心产业提供原材料、技术、信息、零配件、劳动者等一系列的支持作用。这些产业之间的集中可以较好地节约成本，而分散则意味着成本的增加，就是施蒂格勒所说的分散是一种“奢侈品”，分散带来昂贵的成本。不仅产业集群内核心产业的企业在区域上的集中有利于节约成本，而且相关产业和支持性产业对于产业集群的发展而言也是对成本的节约。这种节约是经济上的正外部效应。

包头稀土产业集群同样存在着相关产业和支持性产业共存于稀土产业集群的现象。在包头稀土产业中，核心的、具有竞争能力的是稀土的开采和冶炼。我国20世纪70年代著名化学家、中科院院士、北大教授徐光宪的成就和贡献就在于他提出的稀土串级萃取理论，使我国稀土分离技术和产业化水平跃居世界首位。这一串级萃取理论的全面应用，使我国稀土分离成本大幅下降，产量和质量快速提高，打破了发达国家的垄断格局。从那时起，我国的稀土产业核心竞争力在于稀土的萃取，从稀土矿到稀土精矿再到稀土氧化物、稀土金属。这种技术的发展使得我国高纯稀土在国际市场上取得了绝对的竞争优势。围绕稀土产业的高纯稀土生产有许多相关产业和支持性产业的企业式其他组织存在，这些企业或组织共同组成了产业集群。稀土资源的利用企业有一些已经跨越了单纯的稀土产业界限。

稀土的应用十分广泛，因此，在包头的稀土产业集群中有用稀土生产稀土磁体的企业，有应用稀土磁体生产电机的企业，也有利用稀土生产动力电池的储氢材料的，有利用稀土生产发光材料的、抛光粉材料的，甚至生产电动自行车电池的。这些依托我国稀土核心生产能力而发展起来的企业，是构成包头稀土产业的重要组成部分。

我们把包头稀土产业集群的相关产业和支持性产业的关联关系用图4–2表示，我们可以看到，包头稀土产业核心领域的企业主要集中在第②、第③两个阶段。显然第④、第⑤、第⑥阶段的企业构成了相关产业，而第①阶段的企业构成了支持性产业。

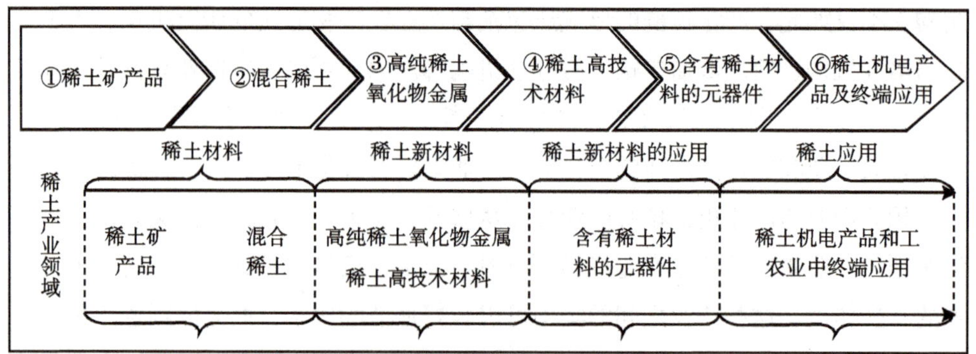


**图 4–2　稀土产业价值链构成**

在产业集群中，除了支持性的企业组织所构成的产业外，研究机构、教育培训机构、信息加工整理传播组织以及相应的出版物机构也是区域（地方）产业集群的重要组成部分。在包头的稀土产业集群发展中，政府行政力量是稀土产业集群发展的重要因素，研究机构如包头稀土研究院，成立于 1963 年，直属原冶金工业部，1992 年进入包钢（集团）公司，是国家首批重点转制科研院所之一，全国最大的综合性稀土科技研发机构。作为研究机构，主要从事以稀土资源的综合开发、利用为宗旨，以稀土冶金、环境保护、新型稀土功能材料、稀土在传统产业中的应用、稀土分析检测、稀土信息为研究重点的多专业、多学科的综合性研发等研究任务，而且，还发展成为规范的母子公司框架结构，实现了投资主体、产权结构和经营方式多元化的格局，相继成立了 10 多个分、子公司。还有从事教育的机构：包头科技大学成立有二级学院——稀土学院。类似于包头稀土的产业集群，我国江西赣州地区也是稀土产业比较发达的区域，所在地区的江西理工大学根据地处南方离子型稀土资源中心区位优势、科研特色，集稀土采、选、冶、材料加工、功能材料器件方面的科研与教学优势力量，2011 年 3 月在江西理工大学成立了稀土学院，在稀土工程专业基础上成立新的跨学院、跨学科的二级学院。这种基于区域资源优势形成的产业集群往往会有教育培训机构为产业集群的发展培养大量专门人才。这也使得产业集群发展中的区域经济外部性充分发挥，并促进区域内产业集群的发展。

## 第二节　制度因素对产业集群形成影响的分析

### 一、产业集群本身就是一种制度安排

从制度经济学的观点看，产业集群本身就是一种制度安排。产业集群为什么会在这里出现，而不在其他地区形成与发展呢？这有一定偶然性，但溯其根本，实质上源于面对成长的机会（市场变化带来的新的需求），企业对采取的集聚生产方式、企业间相互关联性、共同面对市场的需求，正是这种机会与制度的共同作用，促使了产业集群的形成。

从市场的发展和企业成长的角度分析，产业集群能够为企业的发展提供环境与制度的保障，满足企业生产协调配合、上下游生产关联、技术扩散带来的行业内技术学习等方面的需要，并对市场的形成和规模的扩大有积极的作用。

产业集群作为制度，体现着两大功能：经济功能和安全功能。

首先，经济功能。产业集群对于企业发展和市场构建的经济功能就是产业集群能为企业降低成本，来源于节约交易成本、降低生产成本、减少运输成本、获取熟练劳动力而降低劳动成本，并且存在着提高经济利益的经济功能。产业集群的核心在于一定区域内形成较大规模的同类产品生产体系，这种规模化的生产体系本身就是竞争优势，同类的、相近的以及存在互补或竞争关系的企业的地域集中，直接带来了巨大的竞争优势。不仅如此，产业集群的形成，在地域上还出现了推动产业集群发展的非经济的、非生产性的各类组织，例如学校、研究机构、信息传播等机构。这些组织虽然不直接从事生产活动，但在创新技术提供、人员培训和教育、信息获取以及传播等方面对产业集群的发展具有重要的推动作用。

其次，安全功能。产业集群能为企业降低风险，提高企业运行的稳定性，企业所面临的风险可能包括市场风险、交易风险、道德风险、创新风险等。

（1）产业集群有助于集群内企业规避市场风险。通常意义上，市场风险在于产品无法获得市场的认可、消费习惯变化、需求规模不足等各种问题造成企业面临的市场风险。产业集群的发展由于能够形成一定的规模，产出的规模以及互为替代和互补产品多种类的存在，使得产业集群内企业适应市场需求变化能力的提高，并且能够引导和创造市场。

（2）产业集群有助于集群内企业规避交易风险。交易风险主要包括由于交易双方对于交易主体缺乏了解或对交易价格波动缺乏预见而引起亏损的风险，这与一般意义上交易中的汇率风险是不同的，主要区别是对交易成功与否的不确定性。显然，区域内产业集群发展中，集群内的企业使得产业集群的市场交易部分被替代，或者在集群内以及集群外界使市场交易相对处于稳定状态。由于产业集群竞争能力的提高，在国际经济中也能够获得一定优势。这种优势实质上来源于产业集群在国际竞争中所处的地位。

（3）产业集群有助于集群内企业规避道德风险。交易风险是 20 世纪 80 年代西方经济学家提出的一个经济哲学范畴的概念，即“从事经济活动的人在最大限度地增进自身效用的同时做出不利于他人的行动”。或者说是：当签约一方不完全承担风险后果时所采取的自身效用最大化的自私行为。按照组织行为学的理论：B=f（P，E）。式中 B 代表人的行为，P 代表个人的素质（内在需求），E 代表环境。人的行为是由个人的素质（内在需求）和环境共同决定的。当人的需求未得到满足时，会产生内部力场的张力，而周围环境具有导火线的作用。可以看到，在产业集群发展中，人的行为是产业集群发展的重要因素，在区域内选择以相近或相同的技术生产同类替代性产品并在产业的上下游产业链上生产相关性产品，从而在一定区域内形成具备一定规模的产出量是产业集群的经济性表现。这里的个人素质（P）所表现的内在需求也体现着产业集群发展形成中的需求，特别是对国内需求的重视。不仅如此，人的因素还是集群中企业发展的外部环境，由于掌握相近或相同生产技术的人的存在，使得区域内形成的某类产业集群在劳动力方面得到支持。

（4）产业集群有助于集群内企业规避创新风险。创新风险是技术创新风险，就是指由于外部环境的不确定性、技术创新项目的难度与复杂性，以及创新者自身能力与实力的有限性，而导致技术创新活动达不到预期目标的可能性及其后果。正因如此，单一企业的创新活动往往有较大的风险，以产业集群方式存在的企业，由于集群内存在技术溢出的效应，产业的技术创新容易在产业集群内扩散，也容易得到集群对创新的支持，从而使得创新容易获得成果并在产业集群内获得推广，最终产生对于市场的推广。

## 二、制度安排促进产业集群形成与发展

产业集群的产生既有自发形成的一面，也有在政府的扶持和引导下逐步形成的一面，不论哪一种，产业集群形成过程都是一个复杂的过程。既有自组织的成分，也有他组织的情况。作为产业集群形成中比较常见的一种情况是在生产要素的支持下或社会资本的推动下自发形成，这个过程是一个自组织过程。由于生产要素或其他因素，产业集群从开始的少数几家企业演化成众多的同类企业以及相关性、支持性企业或机构组成在一定区域内发展的产业集群。这种自发形成的产业集群往往又会对产业集群的进一步发展产生制度上的作用。产业成长机会的出现、需求的产生以及生产要素条件的满足都可能推动产业集群形成和发展，在产业集群自发形成过程中，政府的主要作用是促进和监督。这种自发形成的产业集群往往又会对产业集群的进一步发展产生制度上的作用。

新经济地理学家克鲁格曼认为，往往影响产业集群形成区域位置的重要因素是作为影响产业集群形成的公司在其创立并得到发展时所在的地区。内蒙古乳品产业集群、羊绒产业集群的形成都有这样的情况。由于内蒙古乳品产业中的伊利公司在呼和浩特市，另一乳品业的大企业蒙牛公司从伊利公司中派生出来，并得到了极大的发展。于是，内蒙古的乳品产业走上了快速发展的通道。影响内蒙古乃至中国羊绒产业发展的企业是20世纪80年代的鄂尔多斯羊绒衫厂，以其所在的鄂尔多斯市为主要区域，形成了我国的羊绒产业集群。这是一种自下而上的成长产业集群形成的途径。

这种模式往往存在着经济环境的“不确定性”、社会环境的“不确定性”、技术变革的“不确定性”等诸多方面的影响。在产业集群发展中，很重要的特征是集群内大量的企业生产同一类产品或为同一类产品的生产而形成竞争合作关系，不可避免地会出现生产同类产品的企业之间的竞争以及在竞争中相互模仿。产品之间的模仿又会加剧竞争，过度的竞争显然会影响产业集群的效率和对外的竞争优势，而适度的竞争则会促进集群产品的更新换代，甚至出现我们所说的产品层面的集群升级，如果是后一种情况，显然对产业集群的发展是有利的。在当前的国际经济发展中，需求的变化不仅随着收入的变化而发生变化，也会随着技术变革与创新而发生变化。近20年来的信息技术革命给市场带来极大的需求变化，创造出许多新的需求，而需求变化以及这种变化周期的缩短也是产业集群发展中一个重要的不确定因素。最明显的事例，如由于电子商务的发展，使得网络销售模式得到社会的认同，也使得物流（快递业）得到了极大地发展。技术创新对原有技术及其以原有技术为基础的产业也会产生较大的影响。新技术的出现会形成对原有相关技术的替代，由于技术的替代会使产业发展，由此面临着技术因素引起的“不确定性”，这既是产业集群发展的风险，也是新的集群形成的机会。

这些因素使得产业集群自发形成的机制发挥作用，促进产业集群的形成与发展，形成制度性的组织方式，把自发形成的产业集群固化并发展壮大。

产业集群的形成不仅有生产要素、需求等实际因素的影响，经济社会环境等因素不确定性的问题，还有人本性的问题，即作为经济学理论基础之一的人的有限理性问题。在产业集群形成中表现出来的人们面对信息的非对称性、经济活动中交易的复杂性，经济、社会、技术等因素共同带来的不确定性，以及由于人们对这些不确定性问题认识能力的局限性等方面的问题，使得产业集群作为一种制度在一定程度上能够将这些不确定的因素克服，促进产业集群的发展。

从新制度经济学的观点看，产业集群作为一种制度，其自发产生的过程需要有其他制度一样的必要条件，而不仅仅是由历史和偶然事件的因素所造就。

政府的自上而下的扶植与推动。政府制定国家优先发展产业，通过市场主导产业集群的形成过程，政府对产业集群的干预逐渐减少。按照这一预设的逻辑，必须通过制度设计与制度创制，以预防和弥补人理性的不足。在我国产业集群发展过程中，国家的一些政策，如区域开发政策对产业集群的形成起到了直接的影响。我国产业集群发达的区域也是我国经济改革首先开放的地区。这些地区由于政策的原因，吸引了大量企业的集中，包括国外资本的直接投资。这些资金的投入不仅考虑政府政策的因素，更考虑产业发展所需的供给要素以及随着经济的发展考虑市场的因素。从而使得产业的成长呈现集群化的发展趋势，并形成产业集群。政府扶持与主导还会产生一些其他方面的影响，例如政策的不确定性可能导致相关标准的改变，从而对产业集群的成长产生巨大的变化。例如 2009 年以来，我国在稀土领域的政策逐步从放任发展向保护环境为出发点的战略目标转向，这种转向使得国内稀土产品的价格飙升，稀土产业集群的效益也开始体现，表现为稀土类上市公司的市场价格有了较大的升幅，推动了稀土产业的良性发展。不仅如此，突发性事件与公共危机的出现给企业带来了相应的机遇与威胁，例如由于日本 2011 年 3 月 11 日的大地震引发海啸造成的核泄漏，使得本不受世界关注的

日本核电产业为世界所高度关注，使日本渔业、农业以及汽车产业的相关产业发展受到影响。

制度通过设定一系列规则能减少环境的不确定性，提高人们认识环境的能力并规范人自身的决策行为，从而提高决策的质量。

由于人们对信息的不能完全了解以及机会主义，还有人们对风险的厌恶，企业需要一个制度来为其提供安全与经济功能。也就是说，由于人们自身条件的约束，只有通过一定的制度才能获得一定的经济利益和避免风险，而产业集群有助于企业获得长期规模经济，有利于企业克服负的外部性，获得正的外部性。同时帮助企业克服对风险的厌恶，从而，产业集群对于人们来说是“有用”的，同时也是“稀缺”的，所以才对产业集群的产生有巨大的需求，产业集群才有产生的可能。制度的存在，框定了交易者的行为界限，即便不能彻底消除风险也能够减少预期的不确定性，尤其是那种有利于交易重复进行的制度安排。对于政府扶植与推动的产业集群，地方政府在产业集群的发生过程中扮演了初级行动者的角色。正是地方政府，认识到产业集群会给他们带来包括财政收入在内的制度创新收入，所以主动扶植产业集群的发展，政府在此过程中也承担创新成本。为了扶植产业集群，地方政府会针对产业集群发展而制定政策，甚至为推动产业集群的发展而提供创新的制度及资金的保障，这种作用十分巨大。地方政府为扶植产业集群也会利用制度来实现产业集群制度的变迁。通过为产业集群提供优越的公共设施、税收等一系列的优厚条件而推动产业集群的产生。

波特指出，从事产业竞争的是企业，而非政府，竞争优势的创造最终必然要反映到企业上。即使拥有最优秀的公务员，也无从决定应该发展哪项产业，以及如何达到最适当的竞争优势。政府能做的只是提供企业所需要的资源，创造产业发展的环境。

政府可以创造新的机会和压力，政府直接投入的应该是企业无法行动的领域，也就是外部成本，如发展基础设施、开放资本渠道、培养信息整合能力等。

作为制度因素中主导的政府也会通过影响产业集群形成中的相关因素而推动产业集群的发展。如政府通过政府采购对需求产生影响，但是政府采购必须有严格的标准，采购程序要有利于竞争和创新，政府在采购中要扮演挑剔型的顾客，强化竞争优势的国内需求，产业保护往往起不到强化产业集群竞争优势的作用。在形成产业集群方面，政府并不能创造产业集群，但可以在产业集群形成中强化它。政府在产业发展中最重要的角色莫过于保证国内市场处于活跃的竞争状态，制定竞争规范，避免托拉斯的产生。

## 三、制度因素在产业集群中发挥作用的途径

根据制度经济学家的研究，以下因素是从制度经济学观点引起产业集群产生的因素。

第一，制度因素通过影响技术进步与扩散而推动产业集群发展。许多技术决定论的经济学家认为技术技能是社会经济发展最根本的原因。不可否认，技术进步使社会经济节约更多资源，提高生产效率，从而提高企业的经济利益，为企业、社会带来更多收入。但是以制度经济学的观点认为，技术进步“产生了许多新的收入流，是制度变迁的重要原因”。正是从技术创新中获得了更有效率、更经济的组织方式，从而获得制度变迁的利益，这也是推动市场主体进行制度变迁的动力。同时，技术进步也使一些制度变迁成为可能，因为技术进步使市场主体之间的联系、交易等方式发生了巨变，使原来不可能发生的交易在技术进步的帮助下成为可能，大大降低了制度运行成本，同时也提高了制度运行效率。

第二，制度因素通过影响生产要素相对价格的变化而推动产业集群的发展。“要素相对价格的变化可能是影响制度变迁的最直接、最有力、最常见的原因”，由于资源总体上是稀缺的，经济的发展、资源的消耗、人口的增减、资本的流动转移等原因使资源的丰裕程度产生相对变化，而反映到市场体系上，则会引起生产要素价格的升降。价格的升降会调节制度向多（少）生产这种要素（产品）的方向变迁，从而诱发制度的变迁。

第三，产业集群形成与发展也影响制度的变化。产业集群作为近 20 多年来国内外发展的一种经济现象，对国家间、区域间经济的竞争以及竞争优势的变化都有重要的影响。由于产业集群的发展，曾经因为区域产业结构趋同而困扰的经济发展格局有了新的变化趋势，不同区域间经济发展的差异性存在，并在经济发展过程中产生作用。区域间产业集群发展的差异，不仅影响地区间经济发展的水平和竞争优势，也影响地区的经济制度安排，甚至影响国内经济发展的制度。在我国经济发展中，各地区的产业集群政策越来越多的出现在地区发展规划等经济政策文件中，并体现在各地区经济发展的重点产业和产业发展的模式上。通过财政、科技、人才培养等一系列的政策强化产业集群的发展，而产业集群的发展使

得这些政策得到进一步的落实。这种影响是相互的。

新制度经济学认为制度就是规则，不是我们传统意义上所理解的政治或经济的制度。制度分为正式制度和非正式制度。正式制度是指人们有意识创造出来并通过国家等组织正式确立的成文规则，包括宪法、成文法、正式合约等。伴随着产业集群的发展，正式制度中越来越体现出推动产业集群的发展内容。正式制度具有强制性、间断性特点，而非正式制度具有自发性、非强制性、广泛性和持续性的特点，其变迁是缓慢渐进的，具有固定性。在生活中，正式制度只占整个社会约束的小部分，人们生活的大部分空间还是由非正式制度来约束的。作为制度的规则还包含着非正式制度，它指人们在长期的社会交往中逐步形成并得到社会认可的一系列约束性规则，包括价值信念、伦理道德、文化传统、风俗习惯、意识形态等。由于产业集群的发展，在某一领域从事经济活动的人在区域内的比例就会提高。这种非正式的制度因素会形成区域间的差异，如文化传统的发展与变化等。用非正式制度可以解释我国社会生活中的许多现象，因为我国传统上是一个伦理社会，缺乏契约传统，伦理文化因素在社会生活中起着十分重要的作用，渗透在社会生活的各个方面。我国产业集群发达的浙江、广东地区，家族式企业大量存在，它们在中小企业中占比很高并成为产业集群中的主要力量。

## 第三节 产业集群形成的社会资本条件

### 一、社会资本的一般理论

社会资本（Social Capital）是从新经济社会学演化而来的一个最有影响的理论。它将制度因素、价值判断和文化影响纳入经济学的分析框架中。社会资本的广泛应用使得许多未被考虑但事实上却影响经济发展的因素引入了人们的视野，拓宽了经济学的研究范畴。

社会资本是对应经济资本或人力资本的一种资本，是以情感性为目的，通过社会网络整合资源。社会资本广泛应用于经济学、组织行为学、管理学以及社会学等多学科领域，主要研究个人、群体、社会甚至国家间紧密联系的特征，具有网络性特点，体现在规范性、权威性、普遍性以及社会道德等多方面。

20 世纪 70 年代以前，学术上对社会资本论述有众多的研究者。这个时期主要代表人物有奥地利学派的庞巴维克（Eugen Bouml；hm-Bawerk）、《资本论》著者卡尔·马克思（Karl Marx）、19 世纪末期的功利主义代表人物亨利·西奇威克（Henry Sidgwick）、阿尔弗莱德·马歇尔（Alfred Marshall）等，以上学者主要是关注社会资本作为资本的特性的研究，如马歇尔（Marshall，1890）在他的《经济学原理》中用“社会资本”这一词来区分储存有形资本时的临时性与永久性，马歇尔认为社会资本是永久性储蓄有形资本的一种资本表现形式。法尔（Farr J.）认为，社会资本是一个广泛的概念，它不仅包括生产工具、科技发明、基础设施以及国家机关等，还包括人口素质、人员技能、历史文化、社会声誉、名望等很多范畴。

总之，社会资本是在生产活动中长期形成的，并随着社会发展而不断更新的具有区域网络特征的社会关系，它有助于整合经济资源，促进区域经济发展。它可以为每一个社会成员所用，具有公共物品的特性。然而，它不可以被模仿，因为社会资本更多地表现为历史文化的积淀，人们在生产生活中形成的并共同遵守的准则和规范、人与人之间的情感、企业家创新精神等价值观，决定了社会资本的形成很难通过外界干预而被复制和模仿。

20 世纪 70 年代以来，社会资本的研究涌现出众多的成果，形成了众多的理论，主要可以概括为以下一些理论流派。

第一，以普特南、科尔曼、福山为代表的社会资本的社会规范学派（School of Social Norm）。普特南（Hilary Putnam，2000）认为，社会资本是个体之间的联系、社会网络以及在此基础上形成的互惠和信赖的价值规范。福山（Fukuyama）认为，“社会资本有助于社会多个个体间相互合作、可用实例说明的非正式规范……”。他认为社会成员之间所拥有非正式的价值观念、道德规范可以促进他们之间的相互合作，因为他们之间存在着信任关系，如果全体的成员与其他人采取可靠和诚实的行动，那么他们就会逐渐相互信任。而信任就像是润滑剂，可以使人和群体或组织更高效的运作。以福山的理论为基础，将其应用于产业集群的分析非常重要。产业集群生产网络系统形成的基础之一就是集群内成员的信任，而且也正是依赖于信任，使得集群内的学习和溢出效应促进了产业集群的技术创新。因此，许多学者在研究产业集群的社会资本因素时往往首先从福山的观点出发，研究社会资本理论对产业集群理论的影响。

第二，以卡尔·博兰尼、格兰诺维特、伯特等学者为代表的社会资本网络镶嵌学派（School of Network Embededness）。博兰尼认为，经济体系就是制度化的社会过程，其经济活动存在于社会习俗、政治制度与法律法规之中，市场经济的活动也依赖于构成国家财产的私人财产。格兰诺维特（Granovette，1985）指出，在社会发展过程中，社会关系影响着人们之间的行为，并且，经济社会发展的过程中始终受到社会关系的影响。伯特（Ronald Burt，1997）认为，社会资本存在于学缘、地缘等社会关系中，并通过这种关系创造私人财富和社会财富。

第三，以罗瑞、布迪厄、林南等为代表人物的社会资源学派（School of Social Resources）。罗瑞（Loury，1977）将社会资本的概念引申，应用社会资本来阐述种族之间的不平等的问题。布迪厄（Bourdieu，1986）认为，社会资本是社会全体成员相互联系的所有资源的集合，也就是说，它可以为每一个社会成员提供资源的支持。林南（Lin Nan，2001）认为，社会资本是存在于社会网络之中的各种资源的总和，社会成员在采取行动时都可以使用这些资源，其一方面表现为公共物品，即内嵌于社会网络中，属于全体社会成员所有；另一方面又表现为私人物品，即一旦社会成员获得和使用它，这种资源就属于个人所有。

以上是关于三个学派的简要介绍，下面就社会资本理论中具有代表性的观点加以评述。

第一，布迪厄对社会资本的研究具有先驱性开拓作用。皮埃尔·布迪厄（Pierre Bourdieu）被认为是最早开始研究社会资本的学者之一。他认为每一个社会成员在不同的位置都可以获得不同的社会资源。社会资本是推动区域内各个要素所形成的关系网络的动态演变动力。他将资本划分成三种类型：经济资本、文化资本和社会资本，通过分析资本之间的区别以及相互作用，他认为三种资本之间是可以相互转换的。布迪厄进一步指出，“所谓社会资本就是实际或潜在资源的集合体，他们与或多或少制度化了的相互认识与认知的持续关系网络联系在一起……通过集体拥有的资本的支持提供给他的每一个成员”。从布迪厄的阐述中可以得到社会资本的两个特征，一是社会资本是与社会网络共存的资源；二是它们是以相互认知为基础的。在社会发展过程中，社会成员之间的相互信任形成了社会关系网络，这些社会网络能够用来提高不同领域中行动者的社会地位。社会资本决定了社会成员获得资源的能力，影响着社会成员的活动范围；反过来，社会资本又受到社会网络的限制，正如布迪厄所言，“某一主体拥有的社会资本量取决于他能有效动员的关系网络的规模”。

第二，科尔曼对社会资本进行了比较系统的研究。詹姆斯·科尔曼（James S. Coleman）从微观和宏观的视角对社会资本做了较系统的研究。他通过研究社会资本，系统地阐述了社会结构问题。科尔曼指出：“蕴涵某些行动者利益的事件，部分或全部处于其他行动者的控制之下。行动者为了实现自身利益，相互进行各种交换……其结果，形成了持续存在的社会关系，这些社会关系不仅被视为社会结构的组成部分，而且是一种社会资源”。由此可以看出，社会资本是存在于社会关系网络中的一种社会资源，即社会资本不是某种独立的实体，而是具有不同形式的相互关联的实体。它具有以下特征：①它们是由社会结构的某一方面组成；②它们为社会内部的行动者提供便利条件，社会成员中无论是个人还是组织都可以享有社会资源。社会资本与物质资本、人力资本一样，具有生产性，它是经济活动中不可缺少的要素，如果是有利于行动的社会资本形式，则可以促进目标变成现实，相反，则阻碍或制约行动达成目标。科尔曼认为，每个人生来就具有物质资本、人力资本和社会资本，其中物质资本是有形的，社会资本和人力资本是无形的，它们三者之间可以转换。

第三，林南发展了社会资本研究。林南从社会资源的视角研究社会网络，并在此基础上提出了社会资本理论。林南认为，资源就是指“在一个社会或群体中，经过某些程序而被群体认为是有价值的东西，占有这些东西的会增加占有者的生存机遇”。他把资源分为个人资源和社会资源。林南所指的个人资源是个人可以支配的个人财富、个人的体魄、自己所掌握的知识以及个人所处的地位等。林南所指的社会资源是指嵌入于个人社会关系网络中的资源，这些资源包括个人所获得的其在社会中的权利、社会关系中的声望等，是存在于与社会中他人交往关系中。

林南的这些观点实质上是社会资源理论，在此基础上，他又提出社会资本理论。他认为“投资在社会关系中并希望在市场上得到回报的一种资源，是一种镶嵌在社会结构之中并且可以通过有目的的行动来获得或流动的资源”，这就是社会资本。人通过有目的的行动可以获得社会资本。

第四，基于信任的社会资本理论是著名学者福山提出的。弗朗西斯·福山对社会资本理论的研究有十分重要的影响，他认为：社会资本是促进两个或更多个人之间合作的一种非正式规范。从福山的观点看，社会资本是可以增加的，如果一个组织的成员遵守共同规范的能力强，则他们的社会资本增加，相反，如果一个组织的成员不遵守规范，就会因此而受到组织的处罚，就会减少他的社会资本。因此，社会的信任度高、遵守行为规范，则社会资本也会不断增加。

通过以上对社会资本文献的梳理可以看出，社会资本存在于社会关系的网络中，并随着社会关系的变化而变化。我国学者对社会资本也做过系统研究，概括地讲，社会资本就是存在于一个共同体内的个人或组织在长期交往过程中所形成的一种认同感，而这种认同感是人们在生产生活中积淀下来的历史传统、价值观念、信仰、行为规范等基础上形成的。依据社会资本的形成路径可知，不同的地域文化、价值观、个人道德行为规范、知识背景等所形成的社会资本也不同，当个人或组织的社会关系（家庭关系、同学、同事关系、信仰等）发生改变，则存在于社会关系中的社会资本也发生改变。社会资本与物质资本和人力资本一样具有生产性，他们相互配合、相互促进，协调发展，提高了彼此的经济效应，从而推动了经济社会的协调发展。

产业集群是大量的相关企业、相关机构以及支持性机构在某个地域的集中而形成的生产网络系统，社会资本在产业集群的形成与发展过程中起到非常重要的作用，社会资本通过其社会关系网络为产业集群进行知识传播、激发创新能力提供条件，促进产业集群的形成，同时产业集群的生产、社会网络的发展又带动了社会资本的进步，进而优化了社会资本。

## 二、社会资本的特点及促进产业集群发展的实现途径

### （一）社会资本的特点

从社会资本的分析看，虽然社会资本如其他资本一样具有生产性且有规模的变化，但社会资本与金融资本、物质资本等有不同的特性。

社会资本可以为个人所拥有，也可以为社会组织所拥有，因而不具有可转让性，由于社会资本的拥有者不同，所以表现出不同的特性。一般来说，社会资本与其所拥有者是共同的。

社会资本构成内在要素的特点具有积累性，越是利用得好，社会资本就越会增加。不仅如此，社会资本还具有再生性的特点，社会资本与金融资本、物质资本不同，甚至与人力资本也不同，具有再生性的特征。它不会因使用而消耗，反

而会因为使用而增值，具备其他资本所不具备的再生性特征。

社会资本由于产生的过程具有长期性，表现为社会文化历史的一种长期沉淀，从而使得人们具有同样的行为规范和社会关系网络。因此，形成了一种区域内大多数人所共同遵守的价值体系，并形成具有传承性的文化传统。这种特性使得社会资本在短期内很难因外界因素而改变，即便是区域内主观的努力，也很难在短期内有所改变。这使得社会资本具有较强的稳定性。

社会资本的形成是一个"较缓慢"的过程，这里的"较缓慢"主要是针对金融资本、物质资本等实物资本的变化而言。但社会资本并非一成不变，按照福山"信用"的社会资本观点，如果个人或组织不守信用，则社会资本也会丧失。与形成过程的缓慢相比，其丧失的速度显得更迅速。

社会资本与其他资本一样会给拥有者带来收益，但社会资本带来的收益与金融资本、物质资本、人力资本所具备的排他性不同，并不具备明确的排他性，而体现出其既有私人资本的一面也有公共资本的一面。其流动性并不像金融资本那样具备极强的、大尺度的转移性，也不像人力资本有广泛的流动性。甚至更多的时候，往往让人感受到其公共物品的特征。社会资本的社会性更强，体现在社会的生产价值上，也体现在收益的共享方面。

**（二）区域内知识的学习、技术的溢出效应是产业集群发展形成的重要因素**

（1）社会资本提供着产业集群知识创造的机会。由于作为产业集群组成部分的众多企业，共同生产同类产品，在生产的过程中不仅存在彼此的竞争，更存在彼此之间的合作，需要彼此之间有关生产技术的交流和知识的学习，这就需要彼此信任，而信任的加深正是社会资本积累的过程。这种积累又表现为社会资本给区域内的生产组织带来共同收益。

（2）社会资本激发产业集群知识创造的动机。产业集群的形成与发展，不仅需要区域内的集群企业共同掌握同类生产的知识、技能，并使得这种技能能够在集群内依据社会资本而流动，还需要能够激发共同的知识创造能力。作为社会资本重要内容的信任、社会联系、共同认知等不仅为集群企业知识创造带来机会，而且也使产业集群内的企业产生了知识创新动机。例如在硅谷，信息技术在区域内通过朋友和同事之间的接触和联系而传播，同时还增加了由于获得新的信息、知识的启发，而获得了创新的可能。创新的知识很快又在集群内获得了传播以及促进了新产品的推出。这种情况恰恰使得社会资本积累和增加。硅谷的这种情况

不仅增加了接近新信息或资源的机会，也增强了硅谷企业合作的欲望，进而促进了硅谷企业间的知识传播和技术创新。这样也就可以解释，为什么信息产业的高技术集群在硅谷获得了长期的竞争优势，也能够解释产业集群为什么会在不同的区域产生不同类型的、不同产业特点的产业集群。

（3）社会资本所具备的特点，具备提高产业集群知识创造的能力。产业集群是否能够长期具有竞争优势，很大程度上取决于其持续的知识创造能力。社会资本丰富以及积累增值良好的区域，其产业集群知识的创造能力也强。日本在汽车工业中就表现出这种持续的知识创造能力。日本的汽车工业得益于众多生产厂家的合作共赢，这些汽车供应商集群通过建立有效、紧密的社会联系，同时利用这种组织间关系进行知识创造以获取竞争优势。这种以集群模式存在的产业集群，不仅获得了生产成本上的节约，还取得了创新上的互助。

社会资本对于产业集群的促进作用也可以从我国浙江广泛存在的日用百货类小商品产业集群的发展中得到验证。浙江众多产业集群的社会资本基础十分丰富。但社会资本也存在流失的可能性，使得如果知识的创新不够，则产业集群衰退的可能性也是存在的。

## 三、产业集群发展可以优化社会资本

### （一）促进社会资本的扩张

产业集群的发展加强了集群企业间以及相关机构的合作，这种生产网络扩散促进社会资本的扩张。产业集群的合作有企业间的分工合作以及企业与支撑机构的合作。一方面，企业间基于信任基础的分工协作，表现为上下游企业间或者制造商与供应商之间的交易行为，交易的本质促进了企业间知识和人才的流动；另一方面，集群内企业与大学、科研机构等合作，不仅获得了新技术、新知识，而且促进显性知识和隐性知识的扩散与传播，这对产业集群的发展尤其是产业集群形成初期是至关重要的，而知识的传播过程有利于社会资本的扩张。此外，产业集群的发展在促进社会资本扩张的同时产生了自我强化的机制，社会资本的扩散可能引起产业集群在区域间或国家间的分工合作，这种跨区域的合作使集群得到更好的经济效益，例如，微软、苹果等集群的跨地区合作收到了很好的经济效益。因此，产业集群的区域间合作进一步促进了社会资本在区域间扩张。

## （二）增强社会资本的积累

波特（Porter）对产业集群的研究发现，竞争是促进产业集群发展的动力。他认为，竞争力是衡量产业集群众多企业的地理集聚的尺度，也是区域或国家的产业集群区域竞争优势的体现。集群内企业的合作是基于信任的合作和无私行为，是以社会资本为前提的竞争力形成过程，因为，集群竞争能力的强弱是合作方决定是否与之合作的关键因素。只有当集群内企业通过激烈竞争而创新出新技术、新工艺时，才会有企业与之合作，他们合作后为了打败竞争对手而主动去变革和创新，竞争对手相靠近的集群企业能够获得溢出效应而进行创新活动，从而也具有了竞争能力，正如波特所言“集群中的竞争压力和持续比较推动创新的发生”。因此，集群的竞争能力越强，企业间的合作越多，而且创新过程在竞争的压力下会不断地自我发展下去。集群的创新过程也是社会资本积累的过程，同时也是社会资本发展和更新的过程，只有在更高信任感、信誉、商誉以及创新精神的基础上才能实现产业集群的发展，产业集群的发展过程就是社会资本更新和积累的过程。

## （三）产业集群发展推进社会资本的优化提高

产业集群发展的实践证明，产业集群发展过程中，集群企业间以及相关性、支持性企业之间会产生劳动力的流动。这种合理的流动既是产业集群形成过程中必要的条件，也是社会资本优化提高的内容。产业集群通过人力流动性和集群企业社会性产生的“溢出效应”而创造知识，这是社会资本优化提高的表现。具有竞争优势的产业集群往往也表现出高频率的企业间劳动力流动。这种高频流动的结果推进了产业的多样化。一般来讲，专门化是产业集群获得竞争优势的重要途径，但过于专门化，在获得专门化并强调专门化收益的同时，往往淡化了多样化能够带来潜在收益的可能。专门化的发展往往会使得区域经济的发展过分依赖某一特定产业，而这种产业结构缺乏长期的稳定性。产品单一的产业集群虽然在短期内推进了区域的增长，但过分单一的产业会难以适应外部环境的变化。产业多样性能够更加主动地与动态外部性相联系，提高区域的技术创新能力，使得区域经济增长的稳定性得到提高。这里重要的是创新对产业多样化的推动。产业集群的发展而带来相关产业以及支持性产业的发展，以及由此带来人员的高频流动，使得技术创新的可能增加。不仅如此，社会资本带来的收益非排他性以及公共物品的特性，降低了人员高频流动中的技术创新以及学习过程中的迁移成本。趋向于相关产业和支持性产业共同发展而构造的产业集群，推动大量的人员流动，使得知识扩散、技术流动、学习成本较低成为产业集群的常态。这种产业多样化的趋势中，社会资本也得到优化并提高，更进一步使得产业集群的稳定性提高。

## 第四节　本章小结

本章阐述产业集群形成的条件主要从两个角度分析：

（1）以“钻石模型”为基础，从产业集群形成的基础要素（劳动力、技术、地理位置、资源禀赋等）、市场规模（国内外需求）、制度安排等要素阐述产业集群形成的条件以及各要素对产业集群形成过程的影响。

（2）从社会资本的视角考察产业集群与社会资本的互动关系。首先，对社会资本理论进行梳理，通过文献的研究发现，社会资本是人们长期生产生活中形成的内嵌于各种社会关系之中的网络系统，它是在生产活动中形成并随之不断发展的网络关系。它与物质资本和人力资本一样具有生产性，对经济活动影响巨大。其次，产业集群本身就是一个生产、社会的巨大网络体系，集群内部企业间以及企业与相关机构之间的合作网络发展以社会资本为前提，社会资本的规模制约着产业集群的发展，因此，产业集群的竞争机制激发集群发展的同时也使得社会资本不断扩张和积累。最后，产业集群的发展促进社会资本的优化，产业集群的发展对社会资本提出更高的要求，使得社会资本不断更新和发展，因此，产业集群的发展过程也是社会资本结构不断优化的过程。

# 第五章　区域经济发展中产业集群演进的动力机制

产业集群这种产业组织形式已经成为区域经济发展中重要的驱动力，那么，研究产业集群在区域经济发展中的演进动力机制具有重要意义。产业集群的区域竞争优势来源于其演进过程中的动力机制，包括产业集群的生成条件与发展动力。集群的生产条件包括市场规模（需求与供给）、相关支持性产业的发展、政府政策、制度安排以及社会资本等多方面因素。产业集群的动力机制主要是指产业集群在区域经济发展过程中一切有利于集群发展和演化的因素，如规模报酬递增、专业化分工、外部经济。

## 第一节　规模经济视角的产业集群演进的动力机制

### 一、规模经济的一般理论

在经济学理论中，通常把规模经济（Economies of Scale）定义为一定的技术水平和要素价格下投入与产出的变动关系。如果产出的增长率大于增加相同比例的投入要素，则每增加1单位产出所带来的平均成本是下降的，此时，存在规模报酬递增，也称为规模经济；如果产出的增长率等于投入要素的增长率，则称为规模报酬不变；如果产出的增长率小于投入要素的增长率，则称为规模报酬递减。还有学者提出了规模经济的含义，如若阿金·西尔韦斯特（Joaquim Silvestre）指出："在既定的（不变的）技术条件下，生产1单位单一的或复合产品的成本，如果在某一区间生产的平均成本递减（或递增），那么，就可以说这里有规模经济（或规模不经济）”。施蒂格勒认为，规模经济是反映企业规模与生产成本之间的关系，用每一单位产品的最低成本所在的长期平均成本曲线表示。曼昆认为，规模经济就是长期平均总成本随着产量增加而减少，规模不经济则是长期平均总成本随着产量的增加而增加。

在企业的长期生产过程中，规模经济能否获得取决于生产规模的大小。因为，如果投入的生产要素是可以分割的，则生产每一单位产品所需的投入要素就没有最优比例组合。此时，产量、生产要素使用量与生产规模之间就没有关系了，规模经济也不可能实现。如果要素是不可分割的，那么，单位产品的各种投入要素之间有一个最佳组合比例，只有大规模生产才能使生产成本随着产出的增加而递减，实现规模经济。关于要素的不可分性，学者们已经做过研究，如威廉·J.鲍莫尔（William J. Baumol）指出，“如果一种商品具有一个最小单位，在此单位之下其质量仍保持不变是不可能的，那么我们称其商品是不可分（Indivisibilities）”。如一张桌子、一台电脑、一架飞机、一套机器设备等，如果分割就失去了其本质的意义，这也就是资产的专属性。生产要素也一样，生产中投入的各种生产要素相互配合才能顺利生产，否则，生产就毫无意义。

由自然属性决定的不可分割的投入产生了规模经济和范围经济。也就是说，厂商在生产时，即使生产产量较少也要投入大量的生产要素，因为要素是不可分割的，所以，生产中一部分生产能力得到利用，而未被利用的部分将会在扩大生产规模时被利用。此时，产出增加还不会造成成本的上升，这就是规模经济，用公式表示为：$C(nx)/n > C(x)$，其中：$0 < n < 1$。

范围经济是指生产相同产量下几个厂商生产的联合成本大于一个公司生产的成本，用公式表示为：$C(x) < C(x_1) + C(x_2) + C(x_3)$。

需要指出的是，范围经济是规模经济的扩展，规模经济是范围经济的特例，虽然他们都能够带来收益递增，但是范围经济和规模经济可能导致垄断，而垄断有可能带来规模经济的效率损失。因此，在一定条件下，规模经济的实现受到市场需求、产业政策、区域环境等条件的制约。

## 二、规模经济促进产业集群发展，带动区域经济增长

从产业集群生产的整体规模上看，由于集群内企业间的分工、专业化生产以及要素流动带来的知识溢出等效应，使得企业的生产成本以及交易费用不断降

低，劳动生产率水平提高；而且，产业集群内部是相互依存、相互信任的网络体系，他们不仅分工合作，而且通过中介机构、行业协会、商会等组织协调各企业的生产关系，并统一行动，在集群内部可以有效避免恶性竞争。因此，产业集群的生产组织方式能够实现规模经济。

经济学家克鲁格曼（P.Krugman）认为，企业为了获得更高的收益而聚集在一起，这种"本地市场效应"促进了经济的集聚。他进一步指出，企业的集聚可以降低运输成本，随之而来的是生产成本的节省，这吸引了大批的企业在该地集中，生产规模的扩大造成了规模经济的产生。当然，如果运输成本接近零，表明企业在哪里生产的成本都一样，这时企业就会选择分散生产，没有集聚现象出现。这也就是说，运输成本的节约是造成产业集群的动因。

产业集群形成以后，集群内企业通过横向规模的扩张和纵向规模的扩张提高了集群的总产出水平，纵向规模的扩张是指企业的生产环节数目变大，即企业的每一个生产环节都由自己完成，很少与其他企业与之配合，没有分工协作和专业化生产，这时，规模经济是不可能产生的。例如，企业进行原材料采购、零部件的组装、推销产品等都是自己完成，并且在物流、市场信息、管理经验等方面也没有学习的条件，这时，企业的生产仅仅是在"小而全"的规模下生产，不可能获得规模经济的利益。横向规模的扩张则可以实现规模报酬递增。因为，横向规模扩张与分工和市场规模有关。当市场需求增加时，集群内的厂商会在产业链上的某个生产环节应用新技术、新工艺来扩大专业化生产规模，这样在原有产业链上的生产环节就会分离出来新的部门，它们分工合作，提高了劳动效率，降低了生产成本。与此同时，这种企业间的横向联系又使得分工深化，进一步增加了市场需求。所以，通过企业间的横向规模的扩大使市场需求与专业化分工形成了良性循环，由此，市场规模的扩大带来了规模经济，促进了区域经济的发展。

## 第二节　专业化分工视角的产业集群演化的动力机制

1776年，亚当·斯密（Adam Smith）在《国民财富的性质和原因的研究》（也称《国富论》）中首次系统地阐述分工可以提高劳动生产率，且对国民经济增长作用巨大的观点，分工理论伴随着经济发展不断地丰富、完善。分工理论起源于以亚当·斯密为代表人物的古典经济学，马歇尔、杨格等人进行了内容丰富，后经以杨小凯、罗森（Rosen）、贝克尔（Becker）、博兰（Borland）和黄有光等人为代表的新古典经济学家进行了完善。

## 一、专业化分工的理论研究

### （一）亚当·斯密的分工理论

亚当·斯密在1776年发表的著作《国富论》的研究中首次提出了“分工”的思想，他认为劳动生产率的提高增加了国民收入，而分工是劳动生产率提高的基础。因为“劳动生产率上最大的增进，以及使用劳动是表现的更大的熟练、技巧和判断力，似乎都是分工的结果”。斯密用简短的言语给出了劳动生产率提高原因的经典解释：其一，劳动者拥有熟能生巧的劳动技能以后可以节省工种转换的时间以及因操作不熟练的工种造成的生产效率的低下，也就是说，劳动者的生产操作技能因专业化分工而进步，从而，劳动时间的节约带来了劳动生产率水平的提高。其二，机器的使用。机器的发明使得复杂劳动简单化，由于简化了操作流程，一个工人可以同时操作几台机器设备，正如斯密所言，“由于分工，每个人的全部注意力自然而然地集中在某个非常简单的目标上”。

斯密认为，专业化分工是规模报酬递增的根本原因。分工带来了专业化生产，节约了劳动时间，提高了生产效率，促进了创新活动，从而实现了规模报酬递增。然而，分工受到市场范围的制约，市场范围的大小制约分工的能力，如果，市场范围比较大，市场交换能力较强，则分工将更加专业化，劳动生产率水平就更高。因此，专业化分工是以市场范围为基础的，市场的扩大又会促进分工的深化，由此带来更高的劳动生产率。

斯密将分工划分为企业内分工、产业间分工以及区域间分工三类。企业内分工主要是指同一个企业内部生产流程上的分工协作关系，如各工种之间的配合、协调。产业间的分工主要是指同一个产业（行业内部）不同企业之间的相互协作关系，如上、下游企业。这种分工协作可能是处于产业链上的纵向分工关系，也可能是企业间的横向分工关系。区域间的分工指的是跨区域的产业间或企业间的分工协作关系，如同一个战略联盟中不同产业的专业化分工协作。本书认为，产业集群的专业化分工方式主要有产业间分工和区域间分工两种。我国的产业集群

主要是产业间的分工形式，即区域内集聚的大量产业、支持性产业以及相关机构之间分工合作的生产关系。也正是这种分工的存在使得产业集群获得了较高的生产效率，从而具有区域竞争优势。与此同时，分工与专业化的深化反过来进一步推动产业集群的发展。在世界经济全球化、一体化的背景下，区域间的分工出现在跨区域或跨国性的产业集群，即以集群内核心企业为中心，配套生产延伸到周边地区或有资源优势的国外生产，采取生产外包或研发外包的形式进行分工合作生产，如微软、苹果等产业集群。

总之，斯密提出的分工理论在古典经济学中占有重要地位，他全面地阐述了分工产生的原因以及三种类型等，并指出分工和专业化提高了生产效率，并带来了规模报酬递增，是国民经济增长的重要途径，但是，分工与专业化的程度受到市场范围的约束。

**（二）马歇尔的分工理论**

马歇尔在 1890 年出版的《经济学原理》中有关于分工、专业化的论述，他首先肯定了亚当·斯密的分工理论，即效率因为分工大大提高。但是，他认为，分工带来的效率提高是有条件的，正如他所言，“在低级工作上，极端专门化能增大效率，而在高级工作上，则不然”。例如，有两个医师，一个专门从事某种疾病的研究工作，另一个则具有广泛的实践经验，同时也从事研究，当某地方出现越来越多的这种疾病的时候，后者可以因为分工得到效率的提高，前者则不能。因此，分工只有在手工技能的操作中才会有效地提高劳动生产率，在脑力工作中是无效的。

马歇尔在其著作中描述了地方性产业的原始形态，并阐述了工业组织的集聚原因。他把生产规模分为内部规模经济和外部规模经济，内部规模经济取决于从事工业的个别企业的资源、组织和经营管理等。外部规模经济则有赖于工业区域分布，他进一步指出，工业区域就是具有分工性质的大量小企业在某个特定地方的集聚。也就是说，集聚的企业为了获得外部规模经济所带来的地方性工业的利益、辅助行业的发展、专业化的服务、劳动力的本地化需求等利益而产生了集聚。产业的集聚有利于专业化的服务行业以及相关企业的出现，增加对有专业技能的劳动力市场的需求，促进辅助性工业的发展。此外，产业集聚有助于技术、信息、管理方法等在企业之间传播和扩散，促进区域经济的发展。

**（三）阿林·杨格的分工理论**

英国经济学家阿林·杨格（Allyn A.Young）在 1928 年发表的文章《规模报酬

与经济进步》中拓展了斯密的分工理论，他认为分工不仅受到市场范围的限制，而且还能够扩展市场范围，通过市场与分工之间的循环机制，在产业间分工的相互作用下，实现循环生产的自我演进式的发展，从而促进经济的增长。在文中他强调了两个问题：第一，迂回的生产方式取决于市场规模，即只有在市场大规模的经营和成批生产条件下，产业的分工和专业化才能实现。迂回的生产指的是在生产过程中从原材料供应到销售产品的各个环节中会有许多的从事中间产品生产的企业加入，这样不仅使得分工和专业化深化，同时市场规模也随之扩大。第二，规模报酬递增不是由规模经济创造的，而是由现代形式的劳动分工相同的迂回生产方式决定的，也就是说，规模报酬递增是由产业的分工和专业化创造的。原因：①研究规模报酬的机制不能只看单个企业的生产规模，要分析全社会的劳动分工状况，将产业间生产活动的相互交错过程看做一个整体，在此基础上产业的分工和专业化带来了规模报酬递增；②规模报酬递增依赖于产业间劳动分工的发展程度，因为现代形式的劳动分工是以迂回或间接方式使用劳动所获得的经济方式。综上所述，劳动分工和专业化带来规模经济报酬递增，同时，分工与专业化也依赖于市场的规模。他还指出，经济进步依赖于专业化分工、迂回生产方式、中间产品生产的增加、技术进步以及分工带来的生产成本下降而带来的市场需求的增加（市场规模的扩大）。他详细阐述了迂回生产—规模报酬递增—分工深化—经济进步的循环动态演变过程，将斯密的分工理论进行拓展。

可以看出，从亚当·斯密提出分工和专业化是规模报酬递增的根本原因，到马歇尔指出，只有在低级劳动过程中的分工能得到规模报酬递增，高级劳动中的分工则没有报酬递增现象，再到杨格将分工演化过程与规模报酬递增的循环机制进行动态化研究，分工与专业化的理论研究已趋完善。但是，分工理论真正成为主流经济学的内容始于新古典经济学家对分工和专业化理论的模型化研究。

**（四）新古典经济学关于分工理论的解释**

以杨小凯、罗森（Rosen）、贝克尔（Becker）、博兰（Borland）和黄有光等为代表的一批新古典经济学家用超边际分析方法，将斯密和杨格提出的分工和专业化的思想转化为经济数学模型，并将其拓展到经济学的各个分支，如贸易理论、企业理论和产权经济学等领域。他们继承了以斯密、杨格为代表的古典经济学家关于分工和专业化的思想，从专业化水平和程度入手，导出需求和供给，使供给和需求分析不但包括资源分配问题，也包括经济组织问题。经济组织形式不但与个人专业化方向和程度有关，而且与社会分工模式、技术结构、产业结构、企业制度的设计、市场发育程度、市场容量的大小、宏观经济周期均有关系。

新古典经济学的核心命题就是分工与专业化。劳动生产率的提高促使人们选择较高专业化水平，较高的专业化水平反过来加速了经验积累和技能的改进，进一步提高了劳动生产率，加速分工的演化，进入一个良性循环过程。然而，分工是交换的产物，较高的分工和专业化水平能够加速知识积累，带来规模报酬递增，可是，交易过程需要支付成本（交易费用）。由此可知，分工的深化程度与交易费用相伴随存在，在分工的演进过程中，分工深化的程度依赖于交易费用与分工收益的权衡，呈现出一个自发演进的过程。

杨小凯等学者利用分工和专业化对经济集聚现象进行解释，他们将分工、交易成本纳入一般均衡的分析框架中，对分工因素进行内生化处理，从而揭示分工和专业化带来规模报酬递增形成了集聚，而经济集聚降低了交易费用，提高了劳动生产率，二者反过来又促进经济集聚程度的加深。新古典经济学不仅发展了经济增长的理论，还为解释经济集聚现象提供了理论依据。

## 二、专业化分工是产业集群形成的根本动因

产业集群是区域经济增长中具有持续发展动力的产业组织形式，是在一定区域的历史文化、产业基础、市场条件以及政府的支持下大批的相关企业和支撑性机构的地理集聚所形成的生产和社会网络系统，因此，它的形成与发展机制比较复杂。下面以分工理论为基础，对产业集群内的分工和专业化生产、规模报酬递增现象进行分析，从而进一步阐述产业集群与区域经济发展的关联性。

产业集群的地理集中首先表现为专业化分工，集群内的企业为了降低交易费用并获得规模经济而形成产业组织形式。也就是说，产业集群演化过程的自身增强机制动力来源于专业化分工和规模报酬递增。

随着分工的不断细化，交易次数增多，交易费用上升，交易的收益会逐渐下降，正如杨小凯、黄有光所言，“如果交易的效率极低时，因层系增加以及横向和纵向的分工所得到的收益不能弥补交易费用时，则每个人都会选择自给自足的生产方式，即自给所有的中间产品和消费品”，此时，就不会有产业的集聚现象产生，也就没有产业集群的形成。随着分工的扩大，企业为避免市场需求条件的变化、风险的不确定性等因素，产业将会在一个区域内集聚，从而减少运输成

本、增进市场信息沟通、节省公共设施资源等，当这样的分工专业化以后，因分工产生的交易费用小于交易收益时，产业集群便由此产生。分工和专业化程度越高，产业集群内企业的交易费用就越低，集群形成的向心力便会吸引更多的企业加入进来，因此将会产生集群的集聚效应和集群内企业间的溢出效应，这进一步提高了企业的劳动生产率，使产业集群具有更强的区域竞争力，推动了区域经济的发展。

产业集群是介于市场和层科等级制度之间的一种产业组织形式，其本身是一个分工协作的巨大网络系统，它既有产业链上的纵向分工，也有企业之间的横向分工，他们相互交错、相互作用，是以相互信任为基础而形成的学习网络。在集群的分工网络中，核心企业主要从事核心技术的研发、零部件的组装，小企业主要作为零部件的供应商，核心企业向小企业传授技术和管理经验，他们之间分工协作，避免了企业间的恶性竞争，有效地降低了交易成本，使规模报酬递增得以实现。总之，产业集群内企业间的分工和专业化程度越高，交易费用将会越低，产品的差异化程度也就越高，则市场的范围不断扩大，从而促进了产业集群的发展与演化，进而推动区域经济的增长。

## 三、产业集群促进专业化分工的深化

### （一）产业集群促进专业化分工的网络演进

产业集群本质上是一个分工与专业化不断演化的动态网络。正如克鲁格曼所言，专业化分工是产业集群的基础和起点。集群的生产过程是分工与专业化并存的生产活动，集群内部横向与纵向专业化分工的深化带来了规模经济，并为产品的多样化生产产生了范围经济。产业集群在地理上的集聚使得企业获得了集聚经济带来的好处：降低交易费用、便于信息沟通、知识和技术扩散变得容易。生产成本的下降，一方面促使原有企业分裂、演化，另一方面吸引新企业加入，集群内企业数目的不断增加，进一步促进了集群内专业化分工的深化。需要指出的是，专业化分工的深化程度是以交易费用为前提的，如杨小凯所言，“分工经济与交易费用是两难的困境”。分工与专业化的深化带来规模经济的同时也使交易费用上升。因此，在专业化分工演进过程中，只有在提高劳动生产率降低交易费用的情况下，产业演进才能通过专业化分工来实现，分工的深化才容易形成产业集群，此时，专业化的分工才能不断深化、演进下去。总之，产业集群的大批企

业以及相关机构集聚的生产方式，其本身为分工和专业化生产提供条件，在集群内部很容易获得分工的收益，同时促进了集群内部新的产业分工的出现，从而使集群内企业获得因分工和专业化生产带来的规模报酬递增，进而促进分工与专业化不断地深化。

**（二）产业集群的创新机制促进分工深化**

产业集群内的企业间存在着分工协作与相互竞争的双重关系，正是由于企业间的激烈竞争，才促进了企业的创新活动，而企业间的合作与信任，提高了产业集群的区域竞争力。许多的企业在一个区域内集聚，他们之间的分工合作、信息交流、生产网络以及服务网络等邻近，有利于营造一个良好的创新环境，使得企业内的经验交流、技术学习、管理方法的传授变得容易，知识的溢出带来的利益促进产业集群产出提高，拉动区域经济的增长。同时，集群内企业的灵活专业化分工，使熟练的技术工人能充分发挥其创造能力，不断地研发新产品、新技术和新工艺，从而促进产业集群的发展和集群内部分工以及专业化生产的深化。

## 第三节　外部性视角的产业集群演化动力

### 一、外部性的一般理论

外部性的思想最早是由18世纪经济学家亚当·斯密提出，他认为生产过程中实现的个人利益小于社会利益的部分就是外部性。1890年，马歇尔在其著作《经济学原理》中作了详细的研究，他认为经济的集聚现象的出现，外部性是重要的因素。他把外部性分成两类：一类是企业所在产业或行业生产环境的普遍发展，称为“外部经济”；另一类是企业内部生产效率和管理效率的提高，称为“内部经济”，至此，外部性理论得到了广泛的应用和发展。庇古（Pigou，1920）还定义了“外部不经济”的概念，即企业的生产活动中产生的私人成本小于社会成本时，私人受益大于社会收益，此时，私人生产带来的不利影响由社会成员分担，从社会资源的配置上看，该企业的生产所带来的是“外部不经济”。此后，有许多学者从不同角度对外部性问题进行研究，如杨格分析了外部性的动态过程，他认为外部性是在产业发展过程中，随着分工与专业化生产的加深，新厂商的出现引致一些服务的出现。再如，鲍莫尔（1952）认为，外部性体现在资源的配置上，如果一个厂商扩大生产规模时挤占了其他厂商生产所需资源而造成其他厂商生产成本的上升，外部不经济现象就会出现。

不仅如此，还有学者对解决外部性的问题进行研究，其中以科斯的研究较为全面，他提出的科斯定理为解决外部性问题提供了依据。科斯认为，在交易费用为零时，只要产权明确界定，就可以通过自愿协商解决外部性问题；在交易费用不为零时，则需要通过市场机制以及政府政策的手段解决，如对污染者收税、企业合并等。关于外部性的问题也有争议，张五常、杨小凯等学者认为外部性没有实际意义，其本质上是交易费用问题。至于说外部性的经济效应到底有多大，目前，并没有确定的结论。但是有一个大家都认同的观点，就是外部性的效应大小取决于区域范围大小以及产业的自然属性。如果产业所属的区域范围较大，运输成本、学习成本的上升以及对于公共资源分享难度加大，都会降低厂商的收益，厂商便选择分散经营，这时，产业集群就不存在了。就产业集群的实际活动过程而言，通常产业集群都会在某个特定区域集聚，集群内企业间有明显的交易成本节省、资源的共享以及技术溢出效应的存在，它们成为推动产业集群演进的动力。

## 二、外部性、产业集群与区域经济发展

从产业集群的形成与发展过程看，集群企业之间专业化分工与交易成本的降低是产业集群成为具有区域竞争力的一种有效产业组织方式，对区域经济增长起到巨大作用。

**（一）专业化分工降低交易成本，促进区域经济增长**

施蒂格勒曾经指出，“扩大产业规模是获得专业化利益的一种方式，若产业内那些相关的辅助性企业离中心很远，是不可能有效的工作”。产业集群正是这样一种产业组织形式，大量相关企业以及支撑性机构在某个区域集中，集群内部的企业相互分工合作，这种合作可能是由供应商、生产商到客户的产业链上的分工和专业化生产，也有可能是企业之间的战略联盟形式的分工与合作，它们因分工的细化提高了劳动生产率，降低了生产成本；与此同时，企业间的地理临近使得运输成本也随之降低，因此，产业集群总产出水平的增加带动了区域经济的增长。例如，深圳金饰产业集群的产业链，上游企业有原材料供应商、辅助材料供

应商、零配件供应商以及生产设备供应商等多个专业化厂商，中间环节包括专业设计部门和专业生产企业（起版、注蜡、倒模、执模、电镀等多道工序），下游企业有零售商、批发商、推销企业（广告公司、策划公司、包装公司等）、物流公司、鉴定机构、行业协会等，从其产业链的延伸可以看出，从原材料的供应到产品进入市场，最后到客户手中，中间经历了许多的专业化企业的生产环节，产业链上的企业高度分工合作、相互依赖，通过产业集群的组织形式形成了稳定的大规模生产的模式，这样会大大降低交易费用，以产业集群的发展带动整个区域产业的进步，从而实现区域经济的增长。

**（二）劳动力资源、公共资源共享**

（1）集群内劳动力资源自由流动，使得企业容易获得熟练技术工人以及企业中层、基层管理人才，节省了人才培养的费用和寻找人才的搜寻成本，同时，人员的流动成为信息和知识的传播、扩散的重要途径。产业集群的规模越大，集聚程度越高，集群内人员流动越容易。对厂商来说，拥有庞大的劳动力市场时他们可以弹性生产，而无须进行劳动力储备，节省大量的交易成本，从而提高劳动生产率水平；对劳动者而言，因为集群的大规模生产而对劳动力有巨大的需求，所以，劳动者将会有许多的就业机会，从而劳动者也节省了找工作的费用，提高了个人的收入水平。

（2）集群内每一个企业都共同分享着公共服务设施以及公共基础设施带来的利益。集群内研发机构的研究成果在核心企业转化为生产力，再向集群内的每个企业传播，提高了产业集群整体的生产力水平，集群内的中介机构、咨询机构等服务平台也同样为每个企业提供帮助；集群内的公共基础设施（如道路、电力设施、物流等）可以被所有企业共享，节省资金投入，获得规模经济的利益。因此，在垄断竞争和规模收益递增的条件下，货币的外部性提高了产业集群总产出水平，进而带动了区域经济的发展。

**（三）技术外部性促进集群的发展，提高区域创新能力**

技术创新能力的提高不仅促进产业集群的发展，而且是区域经济发展的内在动力。集群内部企业间的知识溢出效应，使得企业间在专业技能的学习、新技术和新工艺的使用、先进管理经验的传播方面变得比较容易。集群内知识的传播与扩散有两种渠道，正式和非正式传播。正式传播是通过公共学习或企业间正式沟通扩散，比较容易实现。非正式传播是通过个人传授操作经验，由于个人知识的排他性和竞争性特征，使得传播比较困难，并且，学习的效果还受到接受者接受能力的限制。因此，个人知识的传授只能通过实践活动中的“干中学”的方式实现，如 Kenneth Arrow 所言，“私人只是在生产活动中具有重要作用，其传播途径是边干边学的方式，并且，传播的效果是通过生产的联合产品或副产品表现出来”。

产业集群本身是一个知识易于扩散的网络系统，企业间的正式与非正式学习降低了集群的知识溢出成本，激发了企业的创新实践活动，产业集群创新平台的建立提高了区域创新能力与竞争能力。

总之，在货币外部性和技术外部性的推动下，产业集群通过分工、专业化、资源共享以及溢出效应获得了集聚带来的利益，在市场机制的驱动下，集群的规模收益将会吸引更多具有创新能力的企业和专业技术人才加入集群，产业集群可以获得持久性的创新能力，其区域竞争能力的增强会带动区域经济的发展，并且这种趋势将会循环往复下去，成为区域经济发展的持久动力。

## 第四节　本章小结

本章主要从规模经济、专业化分工和外部性的视角阐述了产业集群的演进动力，进而说明产业集群的不断发展对区域经济的影响。

首先，当运输成本极低时，企业就会发生集聚现象，集聚经济的效果与市场规模有关，若市场需求较大时，企业的横向联系规模扩张，专业化分工导致规模经济的产生；反过来，规模经济使企业集聚的向心力增强，不断有企业加入进来，这又使专业化分工深化，市场规模扩大，促进区域经济发展。

其次，从专业化分工理论看，分工不仅带来了规模报酬的递增，而且降低了交易成本。产业集群内部企业间的分工和不同区域间分工实现了规模报酬递增，提高了集群的总产出水平，促进分工的深化。

最后，产业集群中存在的外部性使集群内企业间通过人员的流动进行信息的沟通、知识的扩散，促进了集群的发展，集群内部的公共资源共享可节省生产成本，技术的外溢使产业集群获得了技术创新过程的自我强化。由此，产业集群增强了区域竞争能力，促进了区域经济发展。

# 第六章　区域经济发展的产业集群效应

本章讨论的是产业集群如何作用于区域经济发展，产业集群的经济效应如何发挥作用。首先，产业集群乘数效应如何作用于区域经济发展；其次，区域内的产业集群的地理集聚所产生的集聚效应如何影响区域竞争力，进而影响区域经济的发展；最后，溢出效应是产业集群区别于其他产业组织形式的重要特征，产业集群内形成的相互信任和学习氛围使得知识扩散成为可能，而知识的溢出不仅带来了技术进步，还促进了区域经济的增长。

## 第一节　区域经济发展中的产业集群的乘数效应

### 一、产业集群的区域效应的形成

#### （一）规模经济是产业集群形成的源泉

迈克尔·波特（Michael E. Porter）曾形象地描述，对于产业而言，地理集中就好像一个磁场，会把高级人才和其他关键要素吸引进来。王缉慈认为，产业的地理集中是市场垄断程度高低的反映，不同的产业，由于利用规模经济和范围经济的可能性不同，因此，产业集中程度有很大差异。产业通常会集中在特殊地区，如资源富集区、地理位置优势、历史文化优势或具有规模经济的区域，少数大企业以及相关的小企业在某个区域集中，形成比较高的集中度，即它们的产值占该产业的比重很大，或者该产业的就业人数占同行业的比重很大。地理集中就是产业集群的重要特征之一。

地理集中带来规模经济的效应。规模经济效应是指由于产业在某个区域集中所导致经济规模不断扩张而给区域经济活动主体带来的产出的变化，分为内部规模经济和外部规模经济，内部规模经济是指随企业自身的规模扩大而带来的产品成本不断地降低，后者是指企业生产的外部环境（产业政策、行业标准、技术进步等）发生改变而给企业带来的成本降低的经济效益。内部规模经济与外部规模经济并存于产业集群中。首先，大量的企业集中在某个区域中，企业间通过劳动力、技术以及配套设施等资源的共享，使得企业扩大生产规模使单位产品的生产成本降低，即产出的增长率大于投入相同比例的各种要素的增长率，用成本—产出弹性表示为（ΔC/C）/（ΔQ/Q）>1，此时就产生了规模报酬递增。其次，产业集群的竞争能力是其他产业组织形式无法复制的，通常被政府作为区域发展的有效政策工具。所以，为了拉动区域经济快速增长，促进集群发展的政策措施、优惠政策以及新技术等将会对区域内产业集群产生良性刺激，使集群内的企业所处的外部生产环境变好，从而得到外部规模经济的效应。

美国经济学家克鲁格曼（P. Krugman）认为，规模报酬递增是产业集群产生的主要原因。当大量的企业在某个区域集中而产生规模经济时，低价格的产品、低成本的运输、劳动力的分工协作、企业间相互信任和学习的网络等使得集聚的企业具有较强的竞争力，这些地区的经济活动的条件优于其他地区，同时还吸引了更多的企业加入，从而形成产业集群。

### （二）专业化分工促进产业集群区域效应的产生

#### 1. 分工与协作

自经济学诞生以来，分工与专业化问题一直是经济学研究的重点领域，早在1776年亚当·斯密就曾阐述，“劳动力生产上最大的增进，以及运用劳动时表现的更大的熟练、技巧和判断力，似乎都是分工的结果”。马克思的分工理论也阐述了分工与生产力的辩证关系，认为“一个民族的生产力发展水平明显表现于该民族分工的发展程度。任何新的生产力，只要它还不是迄今已知的生产力单纯的量的扩大（如开垦土地），都会引起分工的进一步发展，分工与生产力的不断发展，分工的自然性质将被社会性质代替”。随着新古典经济学的兴起，分工理论也得到了丰富和发展。杨格（Young）研究了分工、交易费用和市场范围的关系，他认为，分工水平的提高不仅带来了生产率的提高，而且带来了规模报酬递增。

新制度经济学的科斯、威廉姆森、诺斯等人则从企业性质、企业边界、制度

变迁等角度进行研究，如科斯指出了企业与市场的边界，并阐述了企业间分工与企业内部分工问题。威廉姆森从交易的不确定性、交易次数及资产专用性分析了经济组织结构问题，认为“在以完全竞争市场和一体化企业为两端，中间性体制组织介于其间的交易体制组织系列上，分布是两极化的”。产业集群正是一种介于市场和科层之间的中间性产业组织，这种组织比市场更有效、比企业更灵活地协调生产，如图 6-1 所示。

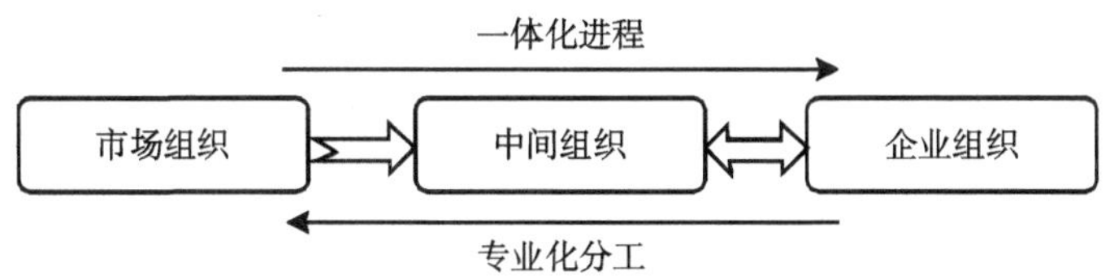


**图 6-1　市场组织、中间性组织和企业组织关系**

资料来源：吴德进. 产业集群论［M］. 北京：社会科学文献出版社，2003.

杨小凯、罗森（Rosen）、博兰（Borland）、黄有光等学者利用非线性超边际分析法将分工、交易费用结合在一起，并指出“分工的实现以及分工水平的提升，要以降低交易费用为前提，而降低交易费用则主要依靠提高劳动生产率和降低生产组织管理费用来实现”。杨小凯进一步指出，“动态的内生专业化均衡机制可以产生自发的内生化的比较优势，促进贸易和经济的增长”。

专业化分工是产业集群竞争力实现的重要前提。正如波特所述“建立在分工、专业化和产业链上的产业体系是构成产业集群竞争优势的重要条件”。从产业集群发展来看，一个缺乏分工协作和贸易网络的产业集群将会因为区域的技术锁定而变得僵化，甚至走向灭亡。从专业化分工的角度看，产业集群的空间集聚可以通过分工降低交易费用，并获得分工带来的规模经济，因此，产业集群的区域效应来源于专业化分工所产生的规模经济。阿林·杨格（Allyn Abbott Young，1928）指出，劳动分工是经济增长主要的内生源泉，因为劳动分工创造了外部规模经济的收益递增。显然，经济体的规模越大，分工越细，那么通过专业化的生产就可能实现规模报酬递增。不过，规模经济的实现是以降低交易费用为前提的，即大量紧密联系的企业通过贸易网络降低了交易费用才可能实现规模经济。

综上所述，产业集群内大量相关企业的地理集聚使得规模报酬递增成为可能，集群内企业的分工、专业化以及贸易网络降低了生产费用和交易费用，从而使产业集群的规模报酬递增得以实现。因此，专业化分工促进了产业集群区域效应的产生。

2. 资源共享

产业集群地理集中的收益是资源的共享，共享资源包括劳动力资源共享、研发等服务机构资源共享、基础设施等资源共享。

（1）劳动力资源共享。这些收益主要体现在：①减少搜寻成本。劳动力在地域上的集中可以减少劳资双方的搜寻成本，包括雇用双方搜寻信息所花费的时间成本和交通成本。经济活动集中度越高，劳动力市场就越大，资源越丰富，劳资双方向获得对方信息越容易，搜寻成本就越低。②降低风险。面对市场需求的不确定性，厂商的生产都是弹性的。在经济活动集中的地区有大量的劳动力储备，可以随时为区域内企业的生产活动提供充足的劳动力资源，避免因劳动力短缺影响生产活动。同时，面对巨大的市场，劳动力一旦失业也可以在短时间内找到工作。如果没有经济活动的地理集中，就无法克服市场不确定带来的风险。

（2）产业集群内存在着大量为生产企业服务的机构，如咨询机构、中介机构、研发机构等，这些机构所提供的服务及研发的成果，所有企业都可以共享，无须每个企业都有自己的管理咨询机构、研发中心、成果转换中心、中介机构等。

（3）产业集群内所有企业都可以共享基础设施资源，如集群内的物流公司、公路、铁路以及通信设施等，同时，区域内的生活设施也可以实现共享，如医疗、体育、卫生等设施的资源共享。

3. 知识溢出

知识外溢通常被视为经济活动趋于地理集中的又一个动力。早在 20 世纪初期，熊彼特就将技术创新与产业集群的发展结合在一起进行研究，认为产业集群内大量企业的地理集中为创新提供环境，创新是集群式的创新。Marshall（1920）认为，产业集群对创新具有积极的影响作用，知识溢出是产业集群技术创新的最主要条件。Scott & Storver 等（1991）认为，研发部门的成果表现为空间的集聚，并通过企业在集群内扩散。Ottaviano（2001）在 Romer 的内生增长模型基础上，建立了空间集聚与经济增长的自我强化模型，认为经济活动的空间集聚有利于创新成本的降低，进而推动区域经济的增长。之后有许多学者如 Michael & Grit（2004）、Mariano & Pilar（2005）等对集群的知识溢出进行研究，认为知识溢出

促进了集群企业的技术创新，进而成为集群所在区域竞争优势的基本保障。

产业集群内大量的地理临近的相关企业和机构，在相互信任和学习的氛围中促进技术进步，即通过知识外溢实现技术创新。知识的溢出包括公共知识溢出和私人知识溢出。公共知识具有公共物品特性，极易传播和扩散。私人知识的溢出并非简单的事情，它的扩散需要一个有效途径才能实现。正如肯尼思·阿罗（Kenneth Arrow，1994）指出，私人知识对经济活动作用明显。“干中学”是私人知识扩散的重要途径，扩散的结果不是通过直接的资源投入获得，而是作为生产副产品或联合产品形式存在。例如，一个新手要想变成一个熟练的技术工人，除了要学会技术工人传授的经验外，还要通过长时间的实践（干中学）才能获得娴熟的技能。

## 二、产业集群乘数效应的作用机制

约翰·梅纳德·凯恩斯（John Maynard Keynes）在他的《就业、利息和货币通论》中将乘数理论引入经济学分析体系中，使得乘数理论的应用范围不断扩大。一是将乘数分析引入开放经济条件下的财政、贸易等领域，如税收乘数、投资乘数、支出乘数、平衡预算乘数等；二是将乘数理论与加速数理论结合进行经济增长的长期分析——经济周期的分析；三是使用乘数理论分析经济增长的动态过程对经济政策、国民收入的影响，如财政政策效果乘数、货币政策效果乘数。

运用区域经济学的输出基础理论可以更好地诠释乘数效应。基础输出理论由美国经济学家道格拉斯·诺斯（Douglass North）于1955年首先提出，后来经过蒂博特（Charles M. Tiebout）、罗曼斯（Romans）、博尔顿（Bolton）等人发展完善。它的基本思想是：区域经济增长的主要动力是区域外生产需求的扩大，区域外生产需求来源于输出产业的增长。因此，增加区域所有的输出产业和服务将会促进区域经济增长，这个增长的过程将是乘数过程，其乘数值等于区域输出产业与非输出活动的收入或就业量之比。他认为，区域外生产需求的扩大引起的区域输出的增长所产生的乘数效应，不仅会导致输出产业的投资增长，而且还会因输出产业对其他相关产业的引致需求所产生的投资增长。也就是说，一方面，一个区域对外输出产业的总额越大，其输出产业的收入就越多，这部分收入除了弥补输出产业所需的生产费用外，还可以用于满足区域内需要的产品生产和服务业，也就是非输出产业的发展；另一方面，输出产业的生产活动需要许多区域非输出产业的配合和协作，区域外输出产业越发达，区域内的生产和服务业发展的速度也越快。因此，区域外输出生产的规模越大，区域经济的增长规模（即收入）就越大，这个增长的系数就是乘数。

产业集群无论作为产业组织形式还是作为产业政策，其本质都是促进经济增长的手段、工具，如同消费、投资、税收、贸易等经济变量一样，因此，应将产业集群纳入经济分析框架中，作为影响国民收入的重要内生变量之一。在生产过程中，产业集群的演进过程表现为地理集中的大量相关企业以及与之配套的服务机构生产规模的扩张，大量的资本、劳动力等生产要素投入生产过程中，生产的产出也是各种生产要素的收入，之后，经过消费、投资领域又会进入下一次生产过程中，从而创造出更大的产出，这就是产业集群乘数的形成过程。

区域经济增长的产业集群乘数效应可能发生在两个或多个区域之间，也可能发生在一个区域内的不同经济体之间。其作用机理如图 6–2 所示。

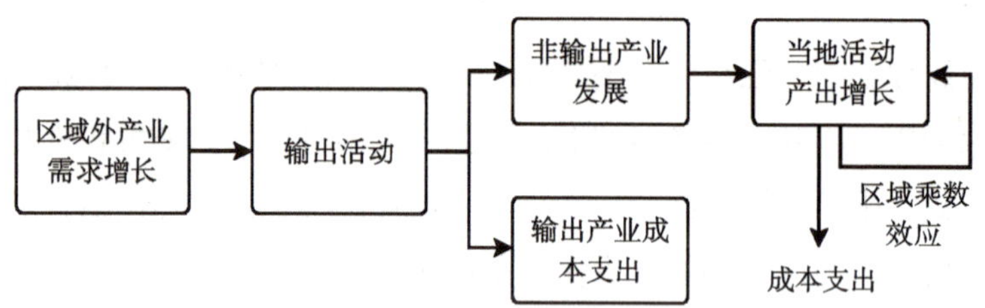


**图 6–2　区域经济增长的产业集群乘数效应**

## 三、区域经济发展中产业集群的乘数效应的分析

产业集群的乘数效应是指集群内的企业在产出、就业等方面增长（或降低）对其他相关企业的产出的影响，进而引起区域经济活动的变化。集群的乘数效应的实现过程：当市场需求增长，集群内核心企业的实际生产投入增加，导致集群内外的相关企业和机构的劳动就业人数的增加，由此带来了区域经济的增长。集群乘数效应的经济含义：在市场经济活动中，区域内任何一个产业集群或集群内任何一个企业的扩张（或收缩）均可引起区域内各个相关的经济部门的连锁反应，其结果将会导致区域经济总量的增长（或衰退），形成新的经济门槛。如图6–3 所示。

使用投入—产出表分析产业集群内各个企业间的内在联系。如表 6–1 所示。

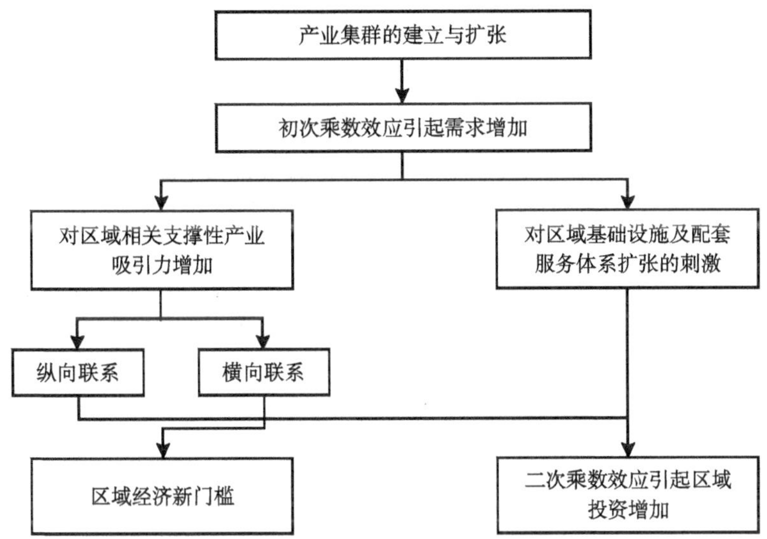


**图 6-3　产业集群的乘数效应**

**表 6-1　假定的投入—产出系数表**

单位：美元

| 产出 | 投　入 | | | | | |
|---|---|---|---|---|---|---|
| | A | B | C | D | E | F |
| A | 6 | 16 | 3 | 5 | 13 | 15 |
| B | 12 | 5 | 9 | 3 | 8 | 18 |
| C | 18 | 8 | 10 | 6 | 5 | 13 |
| D | 26 | 2 | 11 | 34 | 9 | 21 |
| E | 7 | 0 | 21 | 17 | 15 | 26 |
| F | 4 | 34 | 30 | 15 | 18 | 17 |

资料来源：Lloyd P.E.Dicken P.Location in space［M］. New York.Harper & Row Publishers，1977.

由表 6-1 可以看出，如果 A 产业生产 1 美元的产品，他需要从该产业其他厂商那里购买 6 美元的投入品，并且，还要分别从 B、C、D、E、F 产业购买 12、18、26、7、4 美元的投入品，证明产业 A 的生产过程与其他相关产业的直接投入有联系。同理，如果 B 产业生产 1 美元的产品，他需要从该产业其他厂商处购买 5 美元的投入品，还需要从 A、C、D、E、F 产业购买投入品 16、8、2、0、34 美元，表明区域内产业间直接投入的关联性。

从表面上看，各个产业的生产与投入品之间并无直接联系，如 B 产业的生产无需从 E 产业购买投资品，其实不然，B 产业虽与 E 产业无直接联系，但是，

A、C、D、F 产业均与 E 产业有关联，如 C 产业要生产 1 美元的产品需要从 E 产业那里购买 21 美元的投资品，而 B 产业与 C 产业是有关联的，所以，E 产业的发展间接地影响 B 产业生产，B 产业的扩张也会间接地影响到 E 产业的发展。因此，产业的扩张所产生的直接和间接影响的总效果在本质上就是乘数效应。

## 第二节　区域经济发展中的产业集群的集聚效应

区域内产业集群中大量的企业及相关机构的地理集中产生了聚集经济效应，通过企业间的分工合作、共享资源，使得集群内每个企业的生产成本降低、劳动效率提高、应对市场变化能力增强、容易形成区域品牌等。

### 一、产业集群集聚效应的一般理论

#### （一）“区位论”是产业集群的集聚效应的理论基础

早在 18 世纪初，亚当·斯密等古典经济学家就提出了区位论的思想，认为工业的集聚与分散主要受到运输成本、运输距离和原材料等因素的影响。德国学者 W. G. F.罗舍尔（1868）提出，工业在区位的集聚就是为了获得生产上的利益，它受到原料、劳动力、资本等因素的制约。现代工业区位理论的奠基者是德国经济学家 A.韦伯，他于 1909 年出版《工业区位论》，建立了比较完整的工业区位理论体系，并提出了严密的研究方法，中心思想是生产场所是由区位因素决定的，即将企业吸引到生产费用最小、节约费用最大的地点。他认为，如果集聚（或分散）获得的利益大于工业企业从运输费用最小点迁出而增加的运费额，企业可以进行集聚（或分散）。廖什（August Losch，1940）在他的著作《经济的空间秩序》中提出了生产的区位因子受到市场的影响，认为商品在市场上销售都有一个最大的销售半径，由于分散力和集聚力的相互作用，市场圈就会扩张和收缩，因此，企业选址应尽量靠近市场，使得企业布局符合利润最大化原则。佩鲁（1955）提出了增长极理论，认为经济活动如同一个“力场”的网络，网络中存在着推进性的增长极，增长极推进主导产业部门以及与之高度联系的一组产业在某地集聚，形成集聚经济，不仅它自身能迅速增长，而且通过乘数效应推动其他企业的增长。缪尔达尔（1957）提出累积循环因果理论，厂商通常会选择在企业数目多的地方设厂，由此又会吸引更多的厂商加入，地理集中现象就出现。艾萨德（1975）认为，经济活动的空间分布具有均质性和集聚性，集聚力将会导致规模经济和城市化经济，因为各种经济活动的集中使得区域的规模扩大（如就业人数、产出、收入等），从而获得区域经济的增长。

总的来说，学者们关于区位理论的研究主要是阐述经济活动区域集中的原因以及集聚效应与区域经济活动关系。运用区位理论能够解释产业集群的活动中有大量的产业及相互联系的机构在区域内集中，是因为产业的集聚效应可以带来运输成本的降低、获得当地资源优势、共享劳动力资源及获得“政策租”，从而产生规模经济、城市化经济的收益。但是，区位理论的研究在集聚效应的形成机理以及数学建模方面留有遗憾。

**（二）垄断竞争模型能够更好地诠释产业集群的集聚效应理论**

学术界对完全竞争条件下的一般均衡模型关于区位问题的解释一直有争议。首先，一般均衡理论的学者认为，区位问题能够通过界定商品的物理属性以及确定制造商品的地点和时间加以处理，一旦商品进行了标准化，经济学理论中就可以忘记区位和时间。正如藤田昌久指出的：“他们假设消费者偏好、消费集合和企业生产集合为凸性，并且单位价格为常数，意味着消费者的预算是线性的。这些假定是相互限制的，但在一个空间经济的情形中却几乎是站不住脚的。”其次，空间经济学家如廖什（Losch）、伊萨德（Isdar）认为，如果考虑经济规模的不可分性以及规模报酬递增，那么，在研究区位问题时就必须建立新的模型，它与建立在一般均衡基础之上的模型有着根本的区别。正如 Koopmans（1957）所述，“如果不能认识到存在于人类、居住区、工厂、设备和运输之中的不可分割性，那么，城市区位问题，甚至是乡村区位问题都不可能得到真正的理解”。经济集聚的生成机理本质上是价格机制竞争问题，解决这个问题最好的思路是，如果经济活动的空间是均质的，那么区域内的经济主体就可以自由选择他们的区位；如果经济活动集聚的话，则必然是由内生动力推动的。正如斯塔雷特（Starrett，1978）证明的那样，如果是均质的空间，且有运输成本，那么按照一般均衡模型的结果都是经济体退化分离，呈现出孤立地自给自足的经济活动状态，区域间没有贸易的存在。但事实并非如此，因此，完全竞争下的价格机制无法解释集聚以及区域间的贸易问题，应该考虑经济活动空间的垄断机制，即对于经济集聚的分析，应将垄断竞争模型引入一般均衡模型。

克鲁格曼在《空间经济学》中建立的三个模型：中心—外围模型、历史与预期模型以及区域专业化模型以搭建新经济地理的理论框架，它们分别回答了规模报酬递增、空间集聚以及经济集聚的路径依赖问题，使人们又开始了专业化分工、经济集聚与区域工业化的研究。克鲁格曼将资金的外部性、劳动力市场和产品市场放在垄断竞争条件下的一般均衡模型中研究，通常把这种模型称之为“中心—外围”模型。1991 年，克鲁格曼采用迪克西与斯蒂格利茨的垄断竞争假设，在报酬递增、运输成本和要素流动下，建立了两地区、两部门、两要素的一般均衡区位模型，即“中心—外围”模型，该模型的中心思想：在外部条件相同的两个区域，存在规模报酬、人口流动和运输成本的相互作用下，制造业为什么会集中在发达地区。事实上，规模报酬递增与运输成本的权衡是制造业为什么集聚的本质问题，在此，利用“中心—外围”模型简要解释产业集群的集聚效应的形成机理。

1. 假设条件

（1）两个区域：具有相同的初始条件，技术和偏好相同。

（2）两个部门：产业 1 和产业 2，产业 1 具有完全竞争的、规模不变的特性，产业 2 具有不完全竞争、规模报酬递增的特性。

（3）两个要素：消费者和厂商：消费者均匀分布在两个区域，是同质的，且完全不能流动。厂商则可以在区域间自由流动，并且生产的产品在区域间进行贸易而产生冰山成本，同时，厂商对区位的选择是为了追求利润最大化的。

2. 消费者行为

由于消费者偏好相同，对于两个产业的两种产品而言，消费者的效应函数用柯布—道格拉斯（Cobb-Douglas）生产函数表示为：

$$U = N^{\alpha}Z^{1-\alpha} \tag{6-1}$$

考虑到消费者可能会消费 n 种同质的和有差异化的产品，所以，将上述公式扩展为 n 个种类产品的集合形式：

$$U = Z_0^{\alpha}\left\{\int_0^n [z(\upsilon)^{\rho}d\upsilon]\right\}^{(1-\alpha)/\rho} \tag{6-2}$$

式中，N 符合不变替代弹性函数（CES）。

$$N = \left[ \int_0^n z(\upsilon)^{\rho} d\upsilon \right]^{1/\rho}, \ 0 < \rho < 1 \tag{6-3}$$

式 6-3 中，参数 ρ 为消费者对差异化产品的偏好程度，ρ 越接近 1，说明产品几乎可以完全替代，产品的差异性较低；ρ 越接近 0，说明差异化的产品替代程度越低，弹性小，消费者可以购买差异化产品的种类越多，此时，消费者得到的效用水平越高。

式 6-2 中表示的消费者的总效用由两部分组成，一部分是消费者购买的产业1部门的同质的产品而得到的规模报酬不变，另一部分是消费者购买的产业 2 部门的多样性、差异化的产品集合 Z（υ）而获得规模报酬递增，因为消费的产品的种类越多，产品的价格就会下降，那么获得效用的成本会降低。

3. 生产者行为

假定：两个区域的产业 1 和产业 2 拥有相同的技术水平，固定投入为 F，E 为边际劳动投入，生产中只有劳动力一种要素投入 L，不考虑范围经济和协同效应。

由于规模经济、产品的差异化以及消费者偏好的作用，厂商都不会选择生产相同的产品，因此，区域内专业化厂商只能生产一种产品，厂商的数目就等于差异化产品的数目，则区域内厂商的规模报酬递增生产函数为：

$$L(\upsilon) = F + EZ(\upsilon) \tag{6-4}$$

4. 均能价格

假定厂商支付工人工资为 ω，产品价格为 P，依据利润最大化条件：

$$\pi = PZ(\upsilon) - \omega\left[F + E(Z(\upsilon))\right] \tag{6-5}$$

根据张伯伦的定价模型，一个可以自由进出的行业以及产品在区域间流动过程中因有一部分消耗而产生（冰山）运输成本，这样就会使产品的价格上升，消费者对于差异化的产品的需求下降，但是，由于需求弹性不变的假设，因此，消费者的空间分布与需求弹性无关，则对于 x 地区的厂商来说，其产品的均衡价格为：$P^*(x) = E\omega(x)/\rho$，含义是区域内产品的垄断价格等于产品的边际成本 $E\omega(x)$ 乘以 $1/\rho$。

根据上述分析可知，在两区域、两部门和两要素的经济活动中，经济的聚集是因为消费者对差异化产品的需求以及厂商对多样性的投入品需求引起的。例如产业 1，在劳动力不可流动的情况下会产生离心力，如某地区的厂商对其差异化的产品具有定价权，为了节约运输成本，厂商会选择较低的价格指数；产业 2 的劳动力可以自由流动，在低价差异化商品的吸引下，将会涌入该地并增加消费需求，这反过来又促进厂商扩大生产规模，提供更多的差异化产品。这种集聚效应就是向前联系和向后联系而出现的自我持续的结果。

“中心—外围”模型阐述了集聚的几个关键因素：运输成本、规模经济、产品的市场份额等，当它们发生微小的变化时，会引起经济演化过程的倾斜，微弱优势的积累导致了产业区的出现。运输成本、规模经济和产品市场份额的相互牵制力决定了集聚与分散的结果。当运输成本较高时，规模经济和产品的低消费份额无法吸引厂商靠近市场生产，此时产业均匀分布在两个区域；当运输成本降到足够低时，在规模经济、价格指数效应以及循环因果积累效应的作用下，运输成本降低→产品价格指数下降→劳动力工资上涨→外地工人进入该区域→市场需求扩大→吸引越来越多的企业加入该区域（规模报酬递增）→中心—外围结构形成，产业在一个区域内集聚。但是，当运输成本趋近于零时，企业没有必要在接近市场的地方生产，产业就会出现分散。

## 二、产业集群集聚效应的影响因素

产业集群是在一定区域内大量相关企业及相关机构的地理集中的现象，具有生产和社会的网络化特征，是区域经济发展中竞争力提升的有效的产业空间组织形式。也就是说，产业集群集聚效应的大小直接影响着区域经济的发展。下面依据“中心—外围”理论提出的关键因素分析影响产业集群的集聚效应大小的因素，这些因素也是影响产业集群发展的内在动力。

### （一）规模经济

关于规模生产是否一定能带来规模经济是有争议的。张五常（2001）认为，交易成本的高低不取决于企业的生产规模，交易过程中形成的不同交易成本决定了不同合约安排，合约安排才是企业的本质，企业就是这种合约安排的一种形式。张五常还指出了生产规模是个含糊的概念，对于企业来讲，规模大小并不重要，重要的是合约安排。杨小凯（1998）在《经济学原理》中就曾提到，规模报酬递增是由分工创造的，不是由扩大生产规模产生，因此，规模经济是一个容易引起错觉的命题。张永生（2003）认为，厂商规模大小是一个无关紧要的问题，企业的分工水平是影响规模报酬的重要因素。

产业集群的集聚效应大小取决于产业集群企业的规模报酬递增，集群内企业的横向联系能够带来规模经济，而纵向联系只能带来规模不经济。企业的横向扩张能够因交易费用的节约、资源的共享、分工的深化以及学习曲线效应而产生规模经济，企业的纵向扩张只会因生产链条的延长而增加管理成本，从而降低经济绩效，并且产业链过长将导致企业失去“核心产品”及“核心技术”，从而失去市场竞争力，进而产生了规模不经济。

所谓规模报酬递增，即产量增加的比例大于各种生产要素增加的比例。影响产业集群规模报酬的因素有两个：一个是集群内企业数目；另一个是集群的企业的横向联系能力。

首先，集群内厂商的数目越多，越有可能得到规模报酬递增。集群内大量企业及相关支持性产业共享劳动力、基础设施等资源，节约了大量的生产成本和交易成本，这样就会吸引更多的厂商加入，产业集群的生产规模也随之扩大，当达到一定的生产规模后，促进集群内各个企业的专业化分工协作网络的建立、建立区域品牌，扩大集群内企业产品的市场份额、吸引科技人才流入，加快集群的创新，从而实现规模报酬递增。

其次，集群内的企业加强横向联系，扩大生产规模促进分工更加细化、专业化程度更高，有助于集群内企业提高效率和产量，从而获得规模报酬递增。因为：①集群内企业内部的研发投入、机器设备及公共资源是不可分割的，边际成本将随着产量的递增而下降；②加强企业联系可以促进分工的深化，如新工种、新部门的出现，而每一个新生产环节的出现就可能产生一个独立的专业化企业，促使新老部门相互合作，共同提高劳动生产率；③学习效应，企业的横向扩张吸收了许多的新劳动力，专业技能工人的经验传授能提高劳动效率。

总之，产业集群内的众多企业的横向联系加强，使得分工深化、交易成本降低，从而带来了规模报酬递增，由此产业集群的集聚效应扩大，通过区域乘数效应可促进区域经济的发展。

**（二）产品的市场占有率**

如克鲁格曼所言，产品的产出份额占区域国民经济中的比重越大，说明该产业的产品在经济中越占有主导地位，则“中心—外围”结构越容易产生。产业集群内企业通过扩大横向联系而带来的新产品、新企业、新技术的出现扩大了产业集群的生产规模，集群内的企业产出增加，由于规模报酬递增以及运输成本的节省，降低了集群内的劳动力成本、中间产品和最终产品的价格，从而使产业集群的总价格指数下降。一方面，使得企业以及整个集群具有较强的竞争能力；另一方面，低成本和低价格的优势吸引了更多的企业加入集群，这种循环因果效应促进集群的集聚效应的扩散，进而促进产业集群的进一步的发展。因此，集群产品的市场占有率越大，吸引企业加入产业集群中越多，产业集群规模报酬递增所导致的集聚效应就越大，对区域经济的作用也就越大。

**（三）产品的差异化**

克鲁格曼（Krugman，1991）将规模报酬递增引入不完全竞争条件下的一般均衡模型，分析了经济集聚是由规模报酬递增带来的，并且构建了一个规模报酬递增的产业内贸易模型，从市场需求的角度阐述了经济集聚源于“本地市场效应”，即由于存在运输成本，厂商选址的时候总是要选择市场规模大、需求旺盛的地方建厂，那么，当有投资欲望的厂商选择相同的区位时，市场规模优势积累得越来越多，从而形成本地的市场效应。Ethier（1982）在克鲁格曼的产业内贸易模型的基础上建立中间产品差异化模型，Gilles Duranton（2004）还分析了产品的差异化、劳动力配对与集聚效应的关系。

产品的差异化，一方面满足了人们的多样化的偏好，另一方面促进了技术创新，进而推动经济的集聚。首先，厂商为了满足消费者的多样化偏好总是尽可能地提供差异化的产品，这就需要扩大生产规模、雇用劳动力等，从而增加了人们的收入水平。高收入情况下，消费者会产生对产品多样性的更高要求，在高需求的情况下，会吸引生产不同产品的厂商加入进来，因此带来了经济集聚。对差异化产品的需求越多，经济集聚程度越高，集聚的效应也越大。其次，产品的多样性及差异性与企业技术创新存在内在关联。产品差异化程度不同的产业集群，其技术创新效率也明显有差别。产品的差异化程度越高，集群内企业的技术外溢及技术创新能力越强。如果是一个产品差异化程度较高的产业集群，那么集群内一个企业的创新将会被其他企业模仿而产生学习效应，并且还可能激励其他企业的创新冲动，进而导致整个集群技术创新水平的提高。产品的差异化程度受到研发投入和技术溢出效应的影响，它们是正相关的关系。

除此之外，还有其他因素也影响产业集群的集聚效应，如集群内相关支持性机构（如大学、研发机构、咨询机构、中介机构、培训机构、物流公司以及市场营销等机构）的发展水平。相关的支持性机构和社会网络系统不仅是产业集群的重要组成部分，而且是产业集群区别于其他产业组织形式的主要特征。如果产业集群拥有发达的支撑机构，那么它就具有整合集群内的各种资源的能力，这样才能使集群内具有技术创新能力、人才培养能力、市场信息服务能力、市场开拓能力等充分发挥出来，进而使集群的集聚效应增强。

## 三、产业集群集聚效应与区域经济发展

一个区域内大量的生产企业向某个地方集中，形成了产业集聚，聚集大量生产企业以及与其相关的支持性产业及机构的空间集中而形成的生产和社会网络系统就是产业集群。在产业集群的形成过程中产生的集聚效应具有吸引其他区域经济活动加入该地区的向心力，并且，集聚水平越高，向心力越大，则集群的劳动生产率水平也越高，集群对区域经济增长的影响也越大。然而，集聚水平过高，将导致集群的企业间恶性竞争，削弱分工协作的优势，企业为了生存而减少利润，是集群逐渐向灭亡的方向发展。产业集群是否能持续发展下去呢？从规模经济角度看，集群的发展取决于集聚过程中产生的向心力和离心力的相互作用力，当集聚效应（向心力）带来的区域经济增长大于集聚过程中产生的成本（离心力）时，产业集群就可以不断地发展下去；从外部经济角度看，如果区域发展环境是有利于集群发展的，则可以推动产业集群的发展，反之则阻碍集群的发展。

### （一）规模经济的角度

规模经济报酬递增是产业集群产生和发展的基础，集群内大量企业的集聚同时也是各种生产要素的集聚。因此，产业集群的集聚效应是通过各种生产要素与集群外的经济活动发生作用的，通过劳动力的集聚、技术的溢出、吸引投资等对集群外的经济环境产生影响，并且区域发展环境的优劣同样影响着产业集群的发展。

首先，产业集群的集聚效应使得集群加强了分工协作，专业化的分工要求有专业化人才，除了集群内的培训机构对技术工人的培训以外，还需要集群外相关的高校和科研院所进行科技人才的培养。因此，邻近产业集群的区域内会建立一些相关的科研机构进行产学研的综合研究，为集群内的企业输送高科技人才、先进的生产技术和生产工艺，从而促进集群创新能力的提高。与此同时，由于对科研机构的需求增加带动了区域内相关产业的发展。

其次，众多的企业在集群内集聚后，占有核心地位的大型企业所拥有的新生产工艺、新产品的研发以及技术创新能力会对集群内的小企业产生溢出效应。小企业通过学习、模仿节省了研发的费用，降低生产成本，同时，小企业的利润增加又刺激了集群内企业的合作热情以及与集群外部的科研机构进行合作，从而提升了产业集群的整体竞争力，进而为区域经济的增长做出更大贡献。

再次，产业集群的集聚效应需要有良好的区域发展环境，除了完善的道路、通信、电力等基础设施以外，更重要的是良好的金融服务设施以及投资环境。产业集群的集聚效应所产生的生产成本节约将会吸引大批企业不断加入集群，新企业生产能力的提高又需要有金融机构的资金支持，例如加大对企业的贷款额度、拓宽融资渠道等。企业的发展过程中要有严格的法律法规制度，以保障企业生产的各环节正常有序的进行。因此，区域内的法律制度环境、资金环境等是产业集群集聚效应顺利发挥作用的重要保障。

最后，产业集聚效应使产业集群具有较强的向心力，产业的复杂性和多变性使产业分工不断深化，这就要求市场提供完善的配套设施，如市场信息服务中心、物流运输中心、营销网络体系等，以增强产业集群市场潜在吸引力，使产业集群的规模不断扩大，其产出在区域经济发展中占有重要地位。

### （二）外部经济的角度

产业集群的集聚效应产生的外在经济性是指集群的专业化分工所带动的周边地区经济发展。首先，集群对专业化人才的需求将会拉动周边地区对人才的供给。例如，北京的中关村高科技园区设立在大学云集的海淀区，周边数所著名高校、研究机构不仅拥有专业技术人才提供相关领域的技术指导以及为企业培养人才，同时，高科技产业集群中的科技人才也带动了临近地区的科研机构在相关学术领域中的发展，为集群的创新活动提供了保障。其次，产业集群的发展需要有相关支撑机构，包括公共服务基础设施和硬件基础设施。随着集群的发展，大量的咨询机构、中间机构、信息中心、成果转换中心等基础设施应运而生，公共服务产业的发展带动了就业增长、产出的增加；集群的发展需要有配套的物流公司、道路建设、电力设施等硬件设施，这些基础设施的建设同样带动区域经济的增长。

产业集群的发展有时还会带来负外部性，即整个集群的产量增加使得集群内单个厂商的生产成本增加。例如，资源型产业集群的过度开发资源、集群生产过程中对生态环境的破坏等。对于产生负外部性的产业集群，要积极引导进行产业集群的绿色升级，减少能源消耗，提高生态承载能力，实现产业集群的可持续发展。例如，浙江长兴铅酸蓄电池产业集群的绿色创新升级就是一个成功的案例。

## 第三节 产业集群的知识溢出效应与区域经济发展

作为一个空间动态化演变的组织网络系统，产业集群区域竞争优势的形成，一方面，源于大批的集聚企业带来的规模报酬递增，正如赫希曼（Hirschman，1958）所述，不可能同时出现多地方的经济快速增长，只要有一个区域经济起飞，就会有一种强大的推动力促使周边地区向快速增长区域集中。规模报酬递增是经济集聚的原动力所在，这种集聚动力会不断增强并持续下去，与此同时，带来区域间经济发展的不平衡。另一方面，竞争的优势来源于知识的溢出效应。知识的溢出可以通过集群内的研究机构、高等教育机构的研发成果向企业提供新知识，即内部溢出效应；也可以通过集群外部的研究机构、信息服务机构、中间机构等提供信息、技术，即外部溢出效应。内部溢出效应促进产业集群自身发展，进而对区域经济发展产生拉动作用；外部溢出效应是产业集群所在区域的生产环境发展改变，为集群发展提供了良好的发展基础。本书主要研究内部溢出效应对区域经济增长的影响。

### 一、知识溢出效应的理论研究

#### （一）知识溢出的一般理论

溢出（Spillover）概念的提出最早由 Marshall（1890）在《经济学原理》中提出，他认为知识就是“弥漫在空气中”的公共物品，技术的外部性促进了知识的扩散，可见，他认为知识溢出等于技术的外部性。萨缪尔森（Samuelson，1992）也提出了这样的观点，认为溢出就是外部性，溢出的结果是经济体之间的福利水平转移，它不能由货币或者市场交易产生。知识溢出理论起源于外部性理论。知识溢出（Knowledge Spillover）概念是由 Mac.Dougall（1960）提出的，他在研究外商直接投资（FDI）的收益时，发现 FDI 的收益就是带来了知识溢出效应。

Arrow（1962）提出“干中学”和“学习曲线”的概念，认为知识溢出效应具有公共物品的特性，并解释了知识溢出与经济增长的关联性。随着知识溢出理论研究的不断发展，罗默（Romer，2009）提出了知识溢出模型，他认为知识可以促进劳动生产率的提高，由于知识具有溢出效应，则资本的边际生产率不会随着固定投入生产要素而降低，他把知识和技术看作是经济增长的内生变量，是促进经济增长的源泉。罗默之后还有许多学者也都指出了知识溢出对提高经济增长的重要，如Lucas，Krugman等。意大利学者Bellandi（1989）利用马歇尔的外部性理论，阐述了产业集群的知识扩散问题，他认为产业集群是一个中间组织，由于地方性的知识溢出（Localised Knowledge Spillovers）促进了集群的创新，知识通过人才流动和知识溢出在“空气中扩散”。

20世纪90年代以后，学者们开始从事产业集群的内部技术学习以及学习效应的地域问题，例如劳森和洛伦茨（Lawson，Lorenz，1999）指出，集群的技术学习是企业内部的知识在时间和空间上转移而形成区域产业集群的学习组织。Camagni（1991）指出，由于学习技术环境的多变，企业为了应对所面临的不确定性而形成区域性的学习组织，这就是集群的技术学习，企业间的知识和技术学习是一种非正式的交流。不同的企业在学习、理解和利用知识上是有差别的，这种差异造成了产业集群发展的差异，为了克服这种缺陷，集群组织努力进行技术学习。由于地理位置、相互信任度以及地域文化的社会同一性等原因，使得知识在区域性的学习组织扩散变得容易，表现为地区性企业间的知识积累和转移。正如弗里德曼（1991）所述，“在一定程度上，知识溢出的效果受到地域的影响”，不同地方的产业集群的构成、种类及生命周期等因素不同，因此，地方化对创新活动有重要作用。不仅如此，不同集群对知识溢出的吸收能力也不同，同样影响知识溢出的效果。卡佩罗（Capello，1999）将产业集群的学习理解为“一系列集群共享的规则和程序构成的知识积累的社会化过程，而这些规则和程序是鼓励企业寻找问题解决方法而进行的合作”。也就是说，产业集群中企业可以通过这些规则和程序进行知识积累和转移。

总之，产业集群的技术学习过程，从企业层面看，它是技术创新过程中自我强化和进化的过程，从空间层面上看，它是集群创新环境随着知识学习和创新潜力的进化而形成的创新进化的模式，具有企业知识学习行为的内部性、学习规制的内部性以及学习结果的地域性等特征。

国内外学者关于知识溢出的实证研究也做了大量研究，如 Koizumi & Kopecy（1977）利用资本流动模型分析了 FDI 对一个国家经济增长的溢出效应。Jaffe（1989）将专利数引入溢出模型，利用与产业相关的研究机构的地域一致性指数度量了知识溢出效应。1996 年，Basant & Fikkert（1996）研究了 1974~1982 年国际性的技术溢出对印度的经济影响。此后，还有许多研究者做过类似的研究，如 Bart Verspagen & No deloo（1999）、Sarah & Yueting Tong（2001）、Keiko Ito（2004）等。我国学者对溢出效应也做了大量的实证研究，如李平（1999）、郑绍濂（2000）、谢伟（2001）、冼国明和严兵（2005）分别从技术扩散、技术转移和技术创新的角度阐述了溢出效应对经济的贡献率。

**（二）知识溢出的类型**

根据不同的划分标准，学者们对知识溢出类型的划分各不相同。Griliches（1979）把知识溢出分为两种：产品输出型知识溢出和纯粹的知识溢出，前者知识溢出的成本体现在产品价格上，后者知识溢出是一种信息交流，一般不用付费。Verspagen（1991）将知识溢出分为租金溢出（Rent-Spillovers）和纯知识溢出（Pure Knowledge Spillovers），按照 Verspagen 的思想，我们可以理解，租金溢出是指被创新出来的新产品进入生产过程后所创造出来的产品质量提高部分。由于企业竞争的压力，促使企业不断研发新产品，从而具有创新知识的新产品被创造出来，当新产品进入生产环节后提升了产品的质量，此时，知识的溢出效应也随之表现出来，产品质量提高的部分被称为租金成本。纯知识溢出是指通过专利信息的传播、研究人员在企业间的流动等使新知识、新技术流动而被其他企业模仿，所形成的大量的非商业化途径知识的传播和扩散。知识的溢出源于企业自身研发能力的自我强化过程，当一个企业的新知识被其他企业以低于新知识研发成本使用的时候，技术模仿企业的劳动生产率将会提高。因此，纯知识溢出没有直接与商品生产关联。

以霍伊特、格罗斯曼、赫尔普曼等为代表人物的新熊彼特主义将知识分为隐性知识与显性知识。隐性知识是人们从事专业化生产的能力，例如专业技能、同事、同学、同乡关系、历史文化背景、地域特征以及人们的认知水平等。显性知识是易于整理、编码，具有单一含义和内容的知识，并能明晰表达的正式和规范知识，如定律、原理等。知识的创新过程是隐性知识和编码知识的相互配合、共同完成的产物。从本质上说，知识的溢出过程就是知识的传播、扩散过程，只是在流动过程中需要支付成本，因此，并非所有企业都能获得知识的溢出。马歇尔所言“知识是弥漫在空气中的公共物品”的解释是有缺陷的，他忽视了企业对于创新知识的接受能力是不同的这个前提条件。特别是隐性知识具有高度异质性特征，它是企业的文化、历史、社会关系、生产关系以及生产能力长期积累的结果，且难以模仿和复制。正如 Belussi 和 Gottardi（2000）指出，“企业知识可视为一种地方化的不能完全传递的产品，在特定地理环境下的企业生产知识的积累是地方产业系统演变模式的基础”。显性知识易于扩散、模仿和复制，隐性知识是企业边界范围内长期积累的结果，企业是隐性知识的存储器，不易于传播。正如 Belussi 和 Pilotti（2001）指出，根植于本地企业的隐性知识构成了企业层面和区域层面的竞争优势。但是，显性知识和隐性知识并不矛盾，他们是相互补充的，本地化隐性知识的扩散和利用以显性知识为基础，他们组合在一起才能实现集群的动态演变过程，即集群的知识创新过程。此外，地方化的知识系统要与全球化知识系统衔接，从而克服技术锁定，这有利于确保产业集群的成长，也是产业集群知识创新的外部环境条件。

### （三）产业集群内企业间溢出效应的原因

产业集群的空间积聚使得集群内企业关联度更高，聚集经济产生了规模报酬递增，而生产费用的降低使集群的向心力增强，将会吸引越来越多企业加入集群中。同时，集群内企业间知识的溢出提高了企业的劳动生产率，促进了集群的创新活动。因为产业集群内企业间的知识溢出效应节省了企业学习成本，使集群内企业生产产品的成本小于企业分散生产时产生的生产成本，即产业集群集聚经济带来的社会效益大于单个企业生产时产生的收益。下面利用生产函数说明产业集群溢出效应的原因。

假设集群内有 2 个企业 $E_A$、$E_b$，生产的产品分别为 $Q_a$、$Q_b$。它们投入的生产要素均为 $x_1$，$x_2$，$x_3$，…，$x_n$，如果 A 企业的生产使用的是它自己的要素 $E_{ax}$，则说明 A 企业的生产没有来自 B 企业的知识溢出，此时不存在溢出效应；如果 A 企业的生产所使用的生产要素中有一部分来自 B 企业的支援，说明 B 企业对 A 企业有溢出效应，此时，A 企业的生产函数为：

$$Q_a = E_a(x_1, x_2, x_3, \cdots, x_n, E_b) \tag{6-6}$$

$\partial E_a/\partial E_b$ 表示 B 企业对 A 企业的溢出效应所产生的边际生产率，若 $\partial E_a/\partial E_b > 0$，说明 B 企业对 A 企业的经济活动产生的溢出效应是有好处的，产生了正外部性；

如果$\partial E_a/\partial E_b<0$，说明B企业对A企业的经济活动产生不良影响，使得A企业有效率的损失，带来了负外部性。

同理，如果A企业也对B企业有溢出效应，则B企业的生产函数为：

$$Q_B = E_b(x_1, x_2, x_3, \cdots, x_n, E_a) \tag{6-7}$$

$\partial E_b/\partial E_a > 0$表示A企业对B企业有正的溢出效应，边际生产率提高；若$\partial E_b/\partial E_a < 0$，表示A企业对B企业有负的溢出效应，此时，边际生产率下降。

由于企业生产过程中使用有形的生产要素如劳动力、资本、土地等，以及无形的生产要素如技术、信息、管理方法、制度安排等，需将生产要素划分类别，无形生产要素用$x_a$表示，其他要素用$x_{b1}$，$x_{b2}$，$x_{b3}$，…，$x_{bn}$表示。如果该区域没有经济集聚现象存在，则A企业的生产函数为$Q_A = E_A$（$x_a$，$x_{b1}$，$x_{b2}$，$x_{b3}$，…，$x_{bn}$），如果该区域有经济集聚现象存在，则集群内企业间就是有溢出效应，假设知识溢出的总效应为$X_A$，集群内有n家企业，则，总溢出效应为$X_A = n \cdot x_a$，其中，$X_A$不等于n家企业的无形生产要素$x_a$的简单加总。因为，集群内多家企业的溢出效应是相互作用的，产生的溢出效应通过生产过程将会导致乘数效应，所以，多家企业的总溢出效应大于分散生产时单个企业的溢出效应。用$\sum x_b$代表所有有形生产要素的总和，则在投入的要素、规模报酬不变的情况下，集群内没有溢出效应时，企业仅仅受到$X_A$作用下的生产函数为：

$$Q_A = E_A(x_a, X_A, \sum X_{bn}) \tag{6-8}$$

式中，$X_A$、$x_a$是收益递增函数，且$X_A$对产出的贡献可以表示为无形要素如信息、管理和技术等带来的正外部经济效果。

根据罗默增长模型，对单个企业来说，无形生产要素（信息、技术、管理、制度）的私人边际产品是：$\partial Q(x_a, X_A)/\partial x_a$；而在产业集群产生积极溢出的条件下，信息、管理和技术等的社会边际产品是：$[\partial Q(x_a, X_A)/\partial x_A] + [n \cdot \partial Q(x_a, X_A)/X_A]$，很明显，产业集群内企业有知识溢出所产生的社会边际产品大于分散生产企业的边际产品，也就是说，产业集群的溢出效应带来的社会效益大于单个企业生产时产生的收益，这也正是产业集群溢出效应产生的原因。

## 二、产业集群溢出效应的实现途径

产业集群的技术溢出是产业集群创新系统的核心内容，技术的溢出分为两个层次。

第一，知识的获得和应用。产业集群内大量的企业以及相关研究机构、服务机构所构成的网络系统为产业集群的技术学习提供了平台。知识的获得是指集群内的企业所获得的识别各自特殊环境下的机会。知识的应用是指对新知识的利用。产业集群内的企业通过对现有知识的甄别、组合研发出新产品、新工艺的动态演变过程就是获取知识、利用知识的过程。

第二，知识在溢出方和获取方之间的流动。知识在溢出方和获取方之间的流动过程即是溢出效应的实现过程，实现的途径是指知识溢出的渠道，这个渠道有很多，如人才流动、企业的合作、员工培训、正式和非正式沟通等。通常情况下，知识溢出方与知识获取方有技术差距，这会造成知识从高势能企业向低势能企业的流动，这种知识的溢出过程是单向的，并且，低势能企业获得知识具有滞后性。

**（一）知识的获取和应用**

产业集群中积聚了大量的关联企业、供应商、研发机构以及服务机构所构成的网络系统为集群的创新提供了平台，集群内各个要素之间相互关联的结构降低了集群成员的知识搜集和知识学习、利用成本。同时，集群创新系统的不断完善，激励着企业不断丰富集群内现有知识，以提高集群成员的应变能力。产业集群进行知识搜集和利用的过程分为两个层次，如图 6-4 所示。

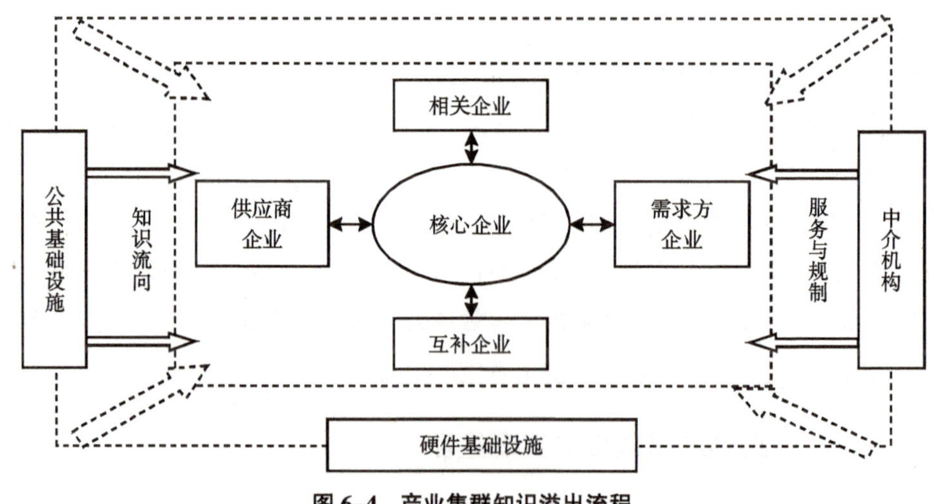


**图 6-4　产业集群知识溢出流程**

第一层次是产业集群内部成员之间的相互学习，以集群的核心企业为中心，在相关产业、供应商、互补企业以及需求企业之间进行知识的学习和相互交流。例如，核心企业与相关企业之间通过人才交流、信息交流、技术交流、知识交流、管理经验交流等相互学习，以获取新知识、新工艺并投入实践活动中，从而实现了集群内部的创新。

第二层次是集群内的公共服务机构以及中介机构向集群内的核心网络（第一层次）提供技术信息、技术知识以及管理服务等，促进新知识的交流和利用。例如，公共服务机构中的大学或研发机构将成果（新工艺、新技术、新材料）提供给集群的核心层，集群内的相关企业获得的新技术在实践活动中得到了应用，提高了劳动生产率，同时，通过第一层次各个成员之间的相互渗透建立了知识学习机制。

### （二）知识溢出的实现途径

产业集群知识的获得和应用是促进知识流动的机制，产业集群的地理集中特性使知识的流动成本难易度降低，那么，知识流动的渠道有哪些？第一层次的知识流动发生在集群内核心企业之间，通过人力资源流动、企业间的合作、非正式沟通等渠道实现；第二层次的知识流动发生在集群网络系统内的公共服务机构和中介机构之间，通过劳动力培训、正式沟通、管理服务、基础设施建设等渠道实现。

#### 1. 人力资源的流动

人力资本是以物化资本形式存在的，表现为人所具有的知识、技能、经验等综合素质。人力资本的流动被认为是知识溢出的重要途径。集群内企业之间劳动力的流动促进新知识在集群的扩散和传播，集群外部劳动力流入引进了新知识，并促进对原有的知识进行重新组合。因此，劳动力的流动性越高，技术流动的速度就越快。

集群内部企业之间的劳动力流动是系统内部的互动。第一，横向流动。核心企业与相关企业之间的人才流动。通常情况下，人才移出的知识溢出方具有丰富的劳动力资源，对知识的溢出起到重要作用。例如，生产相同或相关产品的不同企业，由于人才的流动可能带来产品的趋同、生产工艺的趋同、生产流程的趋同以及管理服务的趋同，从而使知识接受方获得新知识而提高劳动生产率水平。第二，纵向流动。产业链上的企业与供应商、销售商、客户之间的人才流动，通过产业链上各个生产要素之间的信息流、经验流、技术流、物流流等渠道实现知识的溢出和传播。第三，服务层次的流动。集群的核心层次与公共服务机构和中介组织之间的流动。大学、研究机构为企业提供的专业性、技术性较强人才，中介组织为企业招聘的高素质人才、管理人才、本地人才培训以及跨区域人才招聘等，都将促进知识的溢出和扩散。

由于企业内部人力资源与其他生产要素的刚性配比，所以，劳动力一定比例的流动有助于知识溢出，流动比例过高，反而会阻碍知识的扩散。因为，人力资源从知识溢出方移出过量将会破坏供给方的知识资源，从而失去新技术的创新能力。此外，具有专业性和特殊性的技术人才具有“本地化”特征，在一定程度上阻碍了人才的移出。

2. 企业间合作

产业集群内企业间的合作主要是通过技术创新、产品流动、要素互动及市场共享实现的。由于大量的企业地理临近、产业关联、历史文化相同形成了企业间合作的基础，以集群的核心企业为中心，大量相关企业及机构形成了紧密联系的合作网络。

首先，技术创新。集群内的企业通过知识的垂直扩散和水平扩散实现知识的创新。例如：纵向扩散，从供应商—生产商—客户的产业链上的互动来实现知识的扩散，如生产的外包、研发的外包等。总之，集群内的企业通过横向和纵向的交错形成创新网络，提高了企业学习的机会，使新技术、新知识在地理临近的企业间容易传播。

其次，产品流动。知识溢出固化在产品中，产品是知识的载体。在有序的市场经济运行中，产品的流动促使企业间进行模仿和复制产品的创新，从而实现了知识的流动，使知识的获得方节省了研发成本，提高了经济效益。

再次，要素互动。集群内企业间的互动过程也是生产要素的互动过程，即人才要素、资金要素、中间产品以及管理要素的互动等。集群内企业对于特殊技术人才的需求增加时，可以从相关企业得到支援，即节省培养科技人才的成本，实现劳动力资源共享。资金要素的互动是指集群内的企业可以通过拆借获得资金支持，保证创新性生产的顺利进行。中间产品的互动是指集群内产业链上具有上下游关系的企业存在商品交换关系。上游企业生产的产品是下游企业的生产原材料，在中间产品买卖时知识、技术也随之发生转移，这种转移就是知识溢出。管

理要素的互动是指集群成员在管理经验、管理信息及管理模式上的共享，企业间通过学习先进管理经验，提高管理水平，实现了管理知识的溢出。

最后，市场共享。产业集群的共生性使得集群容易打造市场品牌，品牌的建立使得企业不需要推销产品、做广告等宣传就可以顺利销售出去，也不需要建立许多的分销机构，客户也省掉了搜寻成本，使集群内企业和客户及相关机构得到了市场共享的利益。

3. 正式与非正式沟通

产业集群内企业通过正式或非正式沟通可以得到知识的分享（Eillson et al., 1997）。

首先，非正式沟通对于产业集群的知识溢出作用明显，员工之间的非正式信息沟通影响着企业的发展。例如，不同企业的中高层和基层管理人员以及技术研发人员通过工作之余的交谈、娱乐、休闲、健身等活动增进彼此企业经营管理的“透明度”，这种高频率非正式交流促进了企业内部的管理知识和信息的流动，实现了知识溢出效应。

其次，正式沟通。正式沟通是指产业集群组织安排的，并由集群内成员参加的学术论坛、市场分析报告、产品推介会等。此外还有行业协会、企业家协会或者由政府组织新技术研讨会、新产品展示会等，使集群内企业能够及时了解市场需求动态、新技术研发动向。例如，浙江诸暨大唐袜业集群，通过展销会、订货会、产品推广会、国际博览会等使集群企业了解市场信息，掌握新技术动向，促进信息知识、管理知识的新技术的扩散和传播。

4. 人才培训

人力资源是产业集群知识溢出的重要途径，人力资源主要来源于高等教育、技校、科研院所或者国内外专门的培训机构，通过委托培养、联合培养等形式为集群输送专业化技术人才。此外，产业集群内部还可以建立专门的研究机构或博士后流动站的形式进行研发和培养人才。我国的产业集群有的是采取联合培养、长期合作的技术联盟形式，有的是采取集群内独立培养人才和开发新技术、新工艺的形式，还有的集群采取的是与高等院所的长期合作培养人才与自己独立研发新产品相结合的共同发展的思路。无论是哪种形式，人才的培养和教育是知识溢出的重要渠道。

5. 技术和管理服务

产业集群内核心企业的实验室、研发中心为小企业提供技术支持，从而使小企业的技术创新活动成为可能。中小企业通过产品模仿、技术复制生产出新产品。知识的溢出为中小企业创新创造了良好的条件。同时，大企业间的技术学习也是知识溢出的有效途径，不过要考虑研发成本的分担问题。

管理知识的溢出是产业集群发展中的重要内容。集群内专门化的管理服务机构具有管理人员与企业家之间桥梁的作用。由于管理咨询服务不像科学技术那样可以直接应用于生产活动且产生直接经济效益，因此，在我国的产业集群发展中缺乏专门的管理咨询服务机构，即使有的集群有这样的机构，他们也普遍缺乏现代化管理思想，管理知识的溢出效应很小，政府应给与足够的重视。

6. 知识型基础设施建设

高等院校及科研机构等公共服务设施是产业集群发展的技术基础设施和管理基础设施，不仅提供人才培养，还向集群提供技术支持和管理支持。公共服务机构是产业集群技术溢出的渠道和技术创新的知识基础结构。他们通过向集群直接提供研发成果或者将科研成果以出版物的形式传播和扩散知识，公共服务机构还为集群成员提供交流与沟通的场所创造条件，因此，这些知识型的公共服务设施建设对于集群的创新系统以及集群内部知识的溢出具有重要作用。

## 三、产业集群溢出效应与区域经济发展

### （一）降低集群创新成本，提升区域竞争能力

产业集群中大量企业、相关企业以及支持性机构在长期生产中形成了相互交错的网络系统，他们凭借地理临近、相互信任和相互合作的学习氛围，通过非正式沟通传播知识，集群在相互的学习中实现了创新。集群内的企业通过非正式的信息沟通，如员工间的同学、同乡、同事等关系网络以及集群内专业技术人员的流动等进行知识的扩散和传播，降低集群内企业的创新成本。同时，产业集群所形成的创新平台激励集群内企业不断研发新产品、新技术、新工艺等新知识的出现，从而又刺激了集群内企业的新一轮的知识溢出活动。此外，产业集群内建立的创新平台对于应对市场和技术的不确定性也具有重要意义。因此，产业集群的环境基础加速了集群内企业间的知识溢出，使集群内落后企业能以低成本获得知识溢出方的新知识，从而提高企业的创新产出，提升整个集群的创新能力，使产

业集群成为区域经济增长的动力，进而增强了整个区域的竞争能力。这种类型的产业集群知识溢出在高技术产业集群中的表现尤为突出。例如美国生物制药业的九大产业集群（见表6-2），他们选择地区集中的条件除了在容易获得风险投资、社会交流氛围轻松、商业气氛浓厚和富有企业家精神的地区之外，还有更重要的条件是临近大学和专业性的科研机构，以便于低成本获得知识的溢出。

**表 6-2　美国生物制药集群与周围大学和专业研究机构**

| 生物制药集群 | 周围的大学 |
|---|---|
| 波士顿—渥斯特—劳伦斯 | 哈佛大学、麻省理工学院 |
| 旧金山—奥克兰—圣何塞 | 加利福尼亚大学旧金山分校、斯坦福大学等 |
| 圣迭哥 | 加利福尼亚大学圣迭哥分校 |
| 洛丽—杜郎 | 杜克大学、北卡罗来纳州立大学罗利分校等 |
| 纽约—北新泽西—长岛 | 纽约州立大学、哥伦比亚大学 |
| 费城—威明顿—大西洋城 | 宾夕法尼亚州立大学 |
| 洛杉矶—河滨—桔县 | 加利福尼亚大学洛杉矶分校 |
| 西雅图—塔柯玛—布雷默顿 | 华盛顿州立大学 |
| 华盛顿—巴尔的摩 | 美国国家卫生研究院、霍华德休斯医学院实验室等 |

资料来源：根据《美国生物技术产业发展现状及对我国的启示》，http://zdw.nel/article/sort015/sort020/info-65999_2.html 整理。

### （二）有利于建立集群创新平台，提升产业集群的创新能力

产业集群内企业的知识溢出提高了集群内企业的知识积累水平，促进搭建产业集群创新平台。产业集群内企业通过正式和非正式沟通实现了集群成员的知识共享，由于节省搜寻成本使群内企业获得知识变得容易，知识积累水平也不断提高。随着集群内企业对新知识的吸收和应用，又促使集群进行知识的更新与发展，这种知识的溢出和新旧知识的更替促进了集群创新平台的建立。建立在创新平台上的企业不断地进行知识创新、制度创新、管理方法创新，并在集群内各企业间溢出，以达到资源的共享目的，从而实现产业集群的创新能力的提高。

此外，产业集群的地理集聚不仅是生产活动的集聚，也是知识溢出活动的地理集聚。知识溢出引致的创新活动总是倾向于经济集聚的地方。因此，产业集群内部的知识溢出机制及组织内部的非正式交流强化了创新活动，同时也是对知识资源的整合，从而激励着集群内部的创新活动循环往复的进行下去。

### （三）有利于激活隐性知识，形成区域性的产业集群竞争优势

隐性知识通常是无法复制和模仿的，是企业专有的、根植于经济主体内部的

影响企业发展的重要战略资源。产业集群内企业的隐性知识有地域文化特征、历史文化、企业成员之间形成的各种社会关系、企业家的创新精神等，甚至还包括用文字符号不能清晰表达或直接传递的知识，如技巧、鉴别力、判断力等。产业集群的发展是综合知识溢出的结果，集群内的技术知识、管理知识溢出的同时也激发着隐性知识的溢出，只有当所有的知识溢出时，产业集群才能获得持续的竞争优势。集群内成员间相互交错的关系形成了集群特有的知识系统，为成员提供一种默会理解的游戏规则，并成为集群企业可以共同分享的公共物品。只有产业集群内的技术知识、管理知识和制度安排等实现了知识溢出的同时而激发集群内成员隐性知识的理解和吸收能力同步溢出，产业集群的创新才能够实现，区域性产业集群的竞争优势才能体现出来。

## 第四节　本章小结

本章主要分析了产业集群对区域经济发展的效应，分别从三个方面阐述：产业集群的区域乘数效应、集聚效应和溢出效应。

产业集群的区域乘数效应是将产业集群看做是区域经济增长中的一个内生变量，如资本、技术、人力资源等生产要素，将产业集群纳入经济模型中分析其产出对区域经济发展的影响。研究中使用了投入—产出表作为分析工具，研究了集群内的企业将大量的资本、劳动力等生产要素投入到生产过程，生产的产出也是各种生产要素的收入，经消费、投资领域进入下一次生产过程中所创造的产出增量，以此来说明产业集群对区域经济增长的带动作用。

产业集群的集聚效应和溢出效应主要分析了产业集群内部企业间的经济行为对区域经济产生的影响。

(1) 产业集群的地理集中所带来的专业化分工、差异化产品以及规模报酬对区域经济发展的影响。①产业集群的集聚效应产生专业化分工引致区域专业化人才需求，那么对人才的培养不仅提升了集群竞争能力，同时扩大了就业，促进区域经济的增长；②集聚经济带来规模报酬递增，降低生产成本，拉动区域经济发展；③产业集群是一个动态演变过程，其发展需要有完善的基础设施与之配套，

基础设施的建设带动了区域投资的增长，进而推动了区域经济的发展。

（2）产业集群的溢出效应主要分析了集群内企业之间知识的溢出效应。①产业集群内部企业间之所以有溢出效应，是因为集群内部企业间知识的溢出产生的社会收益大于分散生产企业的收益；②产业集群的技术、管理等知识溢出促使产业集群创新平台的建立，同时也激发隐性知识的溢出，从而形成了区域性的产业集群的发展。

# 第七章 区域经济发展差异与产业集群相关性的实证研究

本章首先对产业集群在我国的分布特征以及产业集群对区域经济发展的贡献做一般性的经验观察，从经济活动的实践中观察了二者的关联。然后从产业集群构成的重要因素入手，在现有的集群数据条件下，就构成要素与区域经济发展的关联性进行实证研究并分析结果，从理论上证明了影响产业集群发展的差异是造成区域经济发展差异的重要原因，从而为制定相关政策奠定基础。最后把东部发展最快的浙江省的产业集群与西部发展较慢的内蒙古自治区的产业集群发展作对比分析，进一步说明产业集群发展与区域经济发展的正相关性命题。

## 第一节 我国产业集群发展与区域经济增长的经验观察

改革开放 30 多年来，我国经济高速、持续增长的背后是区域经济发展的不均衡。造成经济不均衡因素很多，不仅有技术进步、人力资本、外商直接投资、人口迁移、市场一体化、城市化、发展战略等经济因素，而且有产业集聚与产业集群这种产业组织形式的出现。特别是 20 世纪 90 年代以后，产业集群在我国蓬勃发展，迅速成为各区域经济发展的重要力量，但由于各区域的产业集群类型、形成与发展条件各不相同，因此，产业集群发展的不均衡现状与区域经济发展的差异存在必然的联系，有必要深入探讨。

本书采用变差系数、加权变异系数对我国改革开放 30 多年区域经济发展差异的总体趋势做出判断，然后利用我国的产业集群相关数据对我国各区域的产业集群与区域经济发展差异的关联性做初步判断。

## 一、我国产业集群发展的区域格局

我国的产业集群地域分布广泛，但集群发展规模不平衡。广东、浙江、福建、江苏、山东等地的集群数量较多、规模大，而西北、西南地区的产业集群分布则正好相反。从产业集群与区域经济发展水平看，长三角地区、珠三角地区、东北地区以及环渤海地区的产业集群发展状况较好，这些省市的经济发展水平也较高，产业集群与区域经济发展之间的良性互动机制已经形成。

### （一）长三角地区

长三角地区的产业集群是以当地的产业园区为基础而发展起来的，以上海为中心向苏州、宁波以及周边地区扩散、辐射，具有形成时间早、发展速度快、规模大、经济基础比较好等特点。20 世纪 90 年代以后，大批的工业园区出现，在当地政府扶持和市场经济规律作用下，形成了许多具有区域竞争优势的产业集群，例如浙江义乌的小商品、温州的低压电器、苏州的高科技、宁波的服装等许多产业集群。

#### 1. 浙江

浙江的产业集群是依托本地的地理条件、产业基础和经商传统文化由中小民营企业发展形成的自发式的产业集群，主要以纺织、五金、服装、制鞋业为主。改革开放初期，浙江就形成了以家庭生产经营为主的专业化市场程度高的小商品生产的经济发展模式，例如，诸暨大唐袜业，分布在大唐、草塔、五泄、城关等 12 个县镇，共有 10000 多户农村家庭，超过 20 万人从事织袜及相关产业的生产活动，2010 年实现产值 440 多亿元，年产量近 200 亿双，产量占全国的 65%、全球的 1/3，拥有多个品牌，其中中国驰名品牌就有 11 个，被誉为“中国袜子名镇”、“国际袜都”。目前，诸暨大唐袜业已经形成了发达的专业化市场、强大的销售队伍及旺盛的市场需求为一体的产业区，并极大地带动了相关产业的发展且规模大的产业集群，并且 2011 年已经被浙江省列为第二批现代产业集群转型升级示范区，为诸暨大唐袜业的产业集群升级和快速发展提供基础。此外，绍兴的轻纺业、海宁的皮革产业、嵊州的领带产业、永康的五金产业、义务的小商品等都在不断发展、壮大，已经成为浙江经济发展的重要依托。

2. 江苏

江苏省是古代吴越文化的发源地，旅游资源丰富，市场化程度高，是我国重要的商品粮棉基地，被誉为“鱼米之乡”。基于产业特点和传统文化的条件，江苏省的产业集群比较有代表性的集群发展模式：一类是以集体企业、中小型企业为主的自发成长型的发展模式，如常熟的服装产业集群，常州的纺织、建材产业集群，无锡的电动车产业集群等，称为“苏南模式”；另一类是以工业园区、高新技术开发区为主的规划引导型的产业集群发展模式，如苏州的新加坡工业园、无锡高新技术开发区以及常州的高新技术开发区等。产业集群、产业园已经成为江苏省经济发展的重要支撑，年产值占全省总产出的60%以上。不仅如此，江苏省在2011年中国城市竞争力排名第一，被称为“一枝独秀”，其经济规模、经济增长率、产业层次、收入水平、发展成本及幸福感等综合指数评价最高，产业集群的发展对经济的快速增长起到了举足轻重的作用。

3. 上海

上海是长三角地区的经济中心，有大批的跨国公司和强大的研发能力，对苏州、宁波、无锡、常州等地具有极强地辐射作用。在优惠政策、发展战略、区域发展的优势条件下，以工业园区、经济技术开发区等进行招商引资而形成规划引导型的产业集群模式。如石油化工、精品钢材、汽车制造、生物制药及造船业等产业集群，已经成为全国具有竞争优势的支柱产业，每年创造的产值占上海总产值的60%左右，产业集群成为了上海经济发展的主要动力。

**（二）珠三角地区**

珠三角地区是我国产业集群发展最早的地区。产业集群主要是依靠区位优势、低廉的劳动力成本以及吸引大量外商直接投资，大批企业在外商投资的地方或相关的外资企业“扎堆”集聚逐渐形成了产业转移型的产业集群。

1. 广东

广东靠近香港，凭借着区位优势和政策的优惠，承接了国外产业转移，通过“三来一补”的方式使得产业集群得到了迅速的发展。例如，广州花都狮岭皮革皮具产业集群、佛山禅城陶瓷产业集群、顺德家电产业集群、惠州惠东女鞋产业集群、东莞长安五金模具产业集群、中山古镇灯饰产业集群等。数据显示，广东作为我国产业集群的主要经济带，目前已经形成了300多个各具特色的产业集群，覆盖从珠三角到粤东西、两翼以及粤北山区等地；涵盖产业涉及从陶瓷、纺织、家具、家用电器等轻纺工业到汽车配件、石化生产、钢铁制造等重化工业。自 2007 年以来，广东省已经建立了产业集群升级示范区 77 个，可见，产业集群已成为该省经济发展的重要力量。

2. 福建

福建是以乡镇企业和外向型“三资”企业为主的产业发展模式，集群在地方经济发展中占有重要地位，2006 年底统计范围的数据显示，产业集群实现的销售收入占全省的 59%，省级以上品牌占全省的 79%，所属行业比较多，如显示器、计算机、纺织、服装、建材、机电等。其中，石狮市的休闲服装产业集群、晋江的纺织产业集群、泉州的工艺美术产业集群等在全国都是极具竞争力的集群，为地方经济发展做出了巨大贡献。

**（三）环渤海地区**

环渤海地区的产业集群主要是指北京、天津、河北及山东等地的集群，如中关村的高科技产业集群、天津武清的自行车产业集群、河北清河的羊绒产业集群、辛集的皮革产业集群、山东寿光蔬菜水果产业集群等。目前，京津冀已经形成了区域分工、协作的关系，即北京为研发中心、天津为工业基地、河北的生产要素为优势共同发展，相互依存，这将对三地经济、社会的发展起到更加积极的作用。

**（四）东北及中、西部地区**

我国的产业集群主要分布在东南沿海地区，尤其是长三角、珠三角地区的集群占全国总量的 70%，但是近 10 年来，在中、西部地区也有许多的产业集群出现并发展起来。

东北地区是我国的重工业基地，有比较好的工业基础和丰富的自然资源，产业集群主要以资源型和重工业为主，如敦化市林业产业集群、长春朝阳汽车零部件产业集群、吉林龙潭工业产业集群、辽宁海城纺织服装产业集群、本溪农副产品加工产业集群、大连软件开发产业集群等。

中部地区有：湖北武汉的光电子产业集群，曾都区专用汽车及零部件产业集群，仙桃市无纺布产业集群，宜昌的装备制造、食品加工、医药产业集群等，湖南的浏阳花炮产业集群、湖南烟草产业集群、长沙工程机械产业集群等。

西部地区产业集群主要分布在陕西、四川和重庆，涉及的行业有制造业、轻纺业、食品加工业、医药、电子业等，与沿海地区相比，集群的规模较小，创新能力差，区域竞争优势没有充分发挥出来，甚至有些产业还处于集群形成的雏形期，如重庆的摩托车产业。

总体看，东北、中部、西部地区的产业集群数量少、规模小，产业集群的经济潜力没有充分发挥出来。

## 二、区域经济发展的差异趋势的判断

国内外许多学者对我国区域经济差异的趋势的分析很多，大体上分为两类，一类观点认为，区域间差异存在条件收敛的学者有 Chen，Jian & Fleisher，M. Belton（1996），魏后凯（1997），刘强（2001），许召元、李善同（2006），刘树成、张晓晶（2007）。沈坤荣、马俊（2002），彭国华（2008），潘文卿（2010）认为改革开放以来，中国的经济增长不仅存在“俱乐部收敛”，而且还存在着条件收敛的特征。另一类观点认为，区域间的差异不断扩大，但区域内的差异呈现“俱乐部收敛”，如 K. Y. Tsui（1991），S. Rozelle（1994），Masahisa Fujita & Dapeng Hu（1999），Peter Pedroni & James Yudong Yao（2006），杨永恒、胡鞍钢等（2006），彭文斌、刘友金（2010）。盖文启等（2010）认为，改革开放以来，1978~2008 年我国经济发展总体趋势是趋异的，预测我国未来 20 年（2009~2028 年）的经济发展差异态势是收敛的。国内外学者从时间尺度和空间尺度对我国区域经济发展趋势的分析比较全面，但是没有形成统一的结论，这是由于分析方法、计量工具、区域的划分不同造成的。因此，有必要判断我国区域经济发展差异是趋同的还是趋异的，以此作为后面研究的论据。

### （一）区域经济发展差异的观察

改革开放以来，中国经济持续高速增长，与此同时，地区差距也在不断扩大。1999~2009 年，人均 GDP 增长率最快的是天津，10 年间 GDP 增加 3.06 倍，北京和上海分别是 2.29 倍和 1.98 倍。以 2009 年底数据为例，全国人均 GDP 高于 3 万元的 10 个省（市）中，东部地区占 7 个。人均 GDP 低于 2 万元的共有 11 个省（市），其中 9 个分布在中西部地区，这表明东部与中西部地区的差距不断扩大。下面根据 1999~2009 年四大区域的人均 GDP，绘制了四大区域人均 GDP 变化，如图 7-1 所示。

由图 7-1 可以看出，从 1999~2009 年，四大区域的人均 GDP 差异较大，东部地区人均 GDP 处于最高水平，人均 GDP 达到 45614 元；东北地区的人均 GDP 为

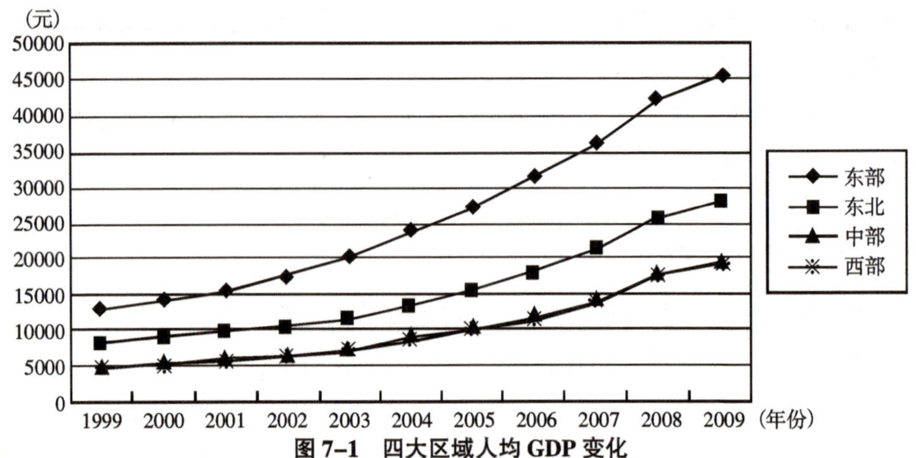


**图 7-1　四大区域人均 GDP 变化**

28094 元，而中西部地区之间的差异不大，分别为 19828 元、19289 元（2009 年底数据）。由此可见，四大经济区经济持续增长，但区域间经济增长差异不断拉大。

**（二）研究方法及数据说明**

描述区域经济差距的方法很多，常见的有基尼系数、变异系数、加权变异系数和加权离均差、方差系数等，由于它们的原理基本相同，为了计算简捷，结果准确，这里采用变异系数及加权变异系数对我国 1978~2010 年的三大经济地带的区域经济差异趋势进行判断。

数据来源于《中国统计年鉴（1979~2011）》，区域划分按照行政区域划分为东部、中部、西部。

1. 变异系数计算公式

$$V = \frac{\sqrt{\sum (Y_i - Y)^2 / N}}{Y}$$

式中，V 为变异系数；N 为区域数；$Y_i$ 为 i 区人均收入；Y 为全国人均收入。V 反映了各地区人均 GDP 相对于该指标平均值的整体离散状况，V 值越大，表明人均 GDP 的区域间差异越大。

2. 加权变异系数计算公式

$$V_W = \frac{\sqrt{\sum_i (Y_i - Y)^2 \cdot (f_i / n)}}{Y}$$

式中，$V_W$ 为各区域间人均国民收入的加权变异系数，$f_i$ 为 i 区的人口数，n 为全国人口总数。$V_W$ 值越大，表示区域间人均收入差异越大。

3. 我国区域经济发展差异的变动特征

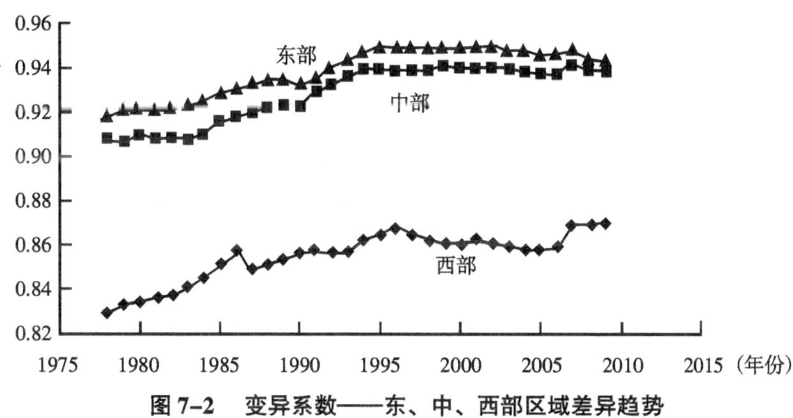


**图 7-2 变异系数——东、中、西部区域差异趋势**

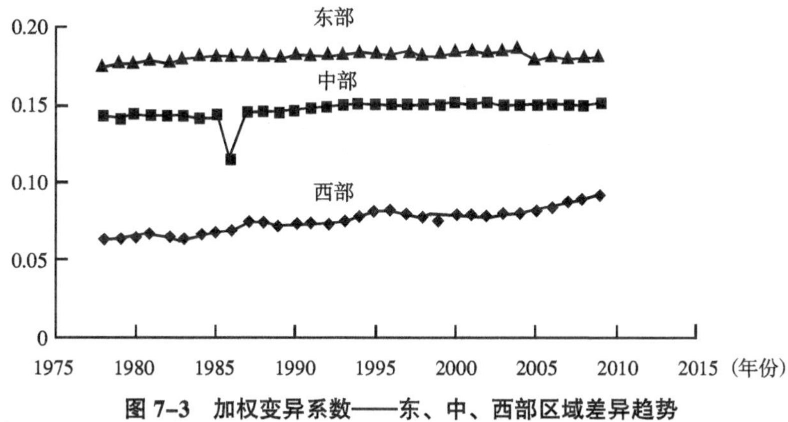


**图 7-3 加权变异系数——东、中、西部区域差异趋势**

从图 7-2 中得出，改革开放 30 多年来，我国区域经济发展差异总体上是缩小的，特别是东部与中部地区之间的差异不断地缩小，2005 年以后尤为明显，这是由于中部的产业层次提高，推进工业化和城镇化、中部承接东部产业转移等中部崛起计划；2006 年后，西部与东中部的区域经济差异表现出一定的趋同现象，但差异仍然很大，特别是 1995~2006 年区域经济差异扩大，这是由多种原因造成的，主要是由制度上和地域上的差异造成。

首先，改革开放后，我国实施了“向东倾斜，梯度推进”的发展战略，经济发展的重点转移到了东部地区，为了“非均衡”发展战略的顺利实施，我国制定了一系列的促进东部沿海地区快速发展的优惠政策，如投资政策、税收豁免、财政自主权等。这些政策极大地提高了东部地区吸引国外直接投资和国内的优质要素的流入，由此奠定了东部地区高速增长的制度基础。

其次，东部地区的地域优势明显，东部地区面对的改革开放对象是发达的国家或地区，这对东部地区经济的快速增长起到了带动作用，而中西部地区面对的大都是比较落后国家或地区，进行经济交流和合作的层次较低，主要进行的是边境贸易，这对中西部地区经济的带动作用十分有限。

从图 7-3 中得出，我国的东中西部的区域经济差异趋势也表现为趋同，2000 年后趋同的速度加快，2006 年后，东部地区的经济增长速度放慢，与中部地区的差异进一步缩小，这是由于东部地区是出口依赖型的经济增长模式导致，全球金融危机首先冲击了沿海地区的出口企业，出口额大幅度下降，失业率急剧上升，大批的企业倒闭。此外，利用加权变异系数计算的东中部的差异明显大于变异系数的计算结果，这是因为在计算公式中加入人口权重后，使得人均收入水平下降，加权变异系数的数值变小。

总之，经过变异系数和加权变异系数的计算表明，我国的区域间经济发展的差异有缩小的趋势。但是，这种发展差异的缩小是由东部地区的经济增长速度减缓而造成的相对缩小，并不是由中西部地区的经济增长的净增长率超过了东部地区所致，这种现象在 2006 年以后尤为明显。所以，探索影响我国区域经济发展差异的因素不仅可以为制定区域经济协调发展的政策提供理论依据，而且可以促进探寻我国三大区域经济共同增长的实现途径。

## 三、产业集群与区域经济发展差异关联性的经验观察

产业集群已经是全球经济发展中普遍存在的经济现象。一大批具有产业联系的相关企业在地理上的集中形成了产业集群。与其他产业组织形式相比，产业集群具有更高的区域竞争力、区域创新能力，对经济增长具有巨大的拉动作用。从国外的经验看，美国的 380 多个产业集群创造出了全国总产出的 60%、意大利的制造业产业集群产出占该行业总产出的 70%，集群就业人数占总就业人口的 30%，出口贸易总额的 40%是由产业集群创造的，印度出口额的 60%来自 350 多个产业集群等。从国内的经验看，我国的浙江、江苏、福建的总产出的一半以上都是由产业集群创造的，由此，产业集群在就业、销售收入、出口方面对 GDP 的贡献越来越大。

改革开放以来，我国的经济实现的持续、高速的增长，同时也表现出了区域

经济发展的不平衡现象。特别是 20 世纪 90 年代以后，产业集群在我国迅速成长，作为一种新型的产业组织形式和发展战略成为区域经济发展驱动力，同时，也是区域经济发展差异的重要因素。

### （一）产业集群的区域分布

根据《中国产业集群发展报告》提供的 2006 年底的数据，东部地区 9 个省市拥有集群 1366 个，主要分布在长三角地区的浙江、江苏和上海，珠三角地区的广东和福建以及环渤海地区的北京、天津、河北、山东和辽宁等地，所涉及的重点行业有纺织、服装、轻工业、五金、电子信息、生物制药、建材等几十个行业；中部 6 个省有 521 个产业集群，主要分布在安徽、湖南、湖北、江西等地，所属行业主要是汽车及零部件、食品加工、电子信息、冶金、化工及建材等；西部 7 个省市拥有 73 个集群，集中分布在四川、重庆和陕西等地，所属行业为汽车、摩托车、装备制造、医药化工、轻纺业等。由此可知，东部的产业集群的数量占全国总量的 70%，中部的占比为 26%，西部只有 4%，我国的产业集群分布具有地域集中、行业集中的特点，即我国大部分集群集中在东、中部地区，所属行业主要集中在第二产业（制造业、采矿业、建筑业等）及轻工工业，区域间的集群发展不均衡。

### （二）产业集群与区域经济增长

产业集群对区域经济的贡献率各不相同。以 2006 年为例，东部地区 9 个省市（北京、上海除外）26.5%的国内生产总值是由东部的 1366 个产业集群创造的，中部地区 6 个省（山西、湖南除外）521 个产业集群创造了占中部 GDP 总额的 11.4%，西部 7 个省市的 73 个产业集群创造了西部 GDP 总额的 12.7%，不仅如此，东部的产业集群的就业人数、销售收入也远高于中、西部地区（见图 7-4）。由此可以看出，产业集群对区域经济增长的贡献是显而易见的，同时，产业集群发展的差异与区域经济发展差异是正相关的。

总而言之，产业集群这种新型的产业组织在我国经济发展中的地位不可忽视，实践证明，它在区域经济发展中具有巨大的潜力，是区域经济持续发展的重要驱动力。

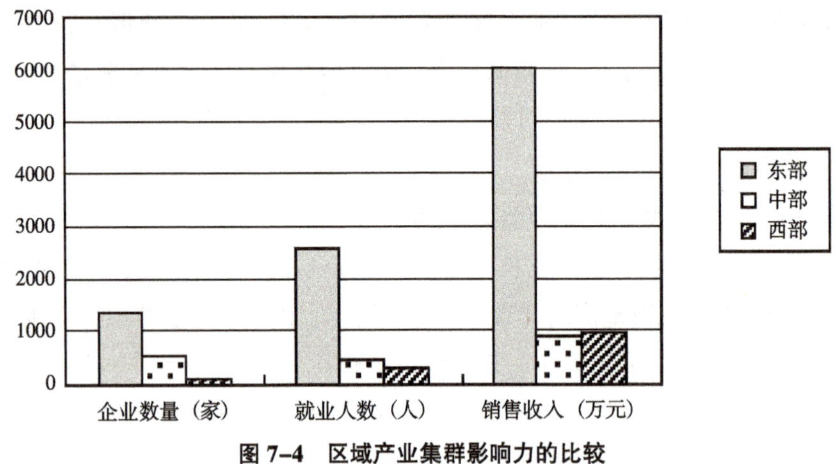


**图 7-4　区域产业集群影响力的比较**

## 第二节　我国产业集群与区域经济发展差异的实证研究

20 世纪 90 年代以来，产业集群作为富有竞争力的产业组织形式在我国迅速发展，已经成为区域经济发展的重要驱动力。本节采用 1999~2010 年的省级面板数据对构成产业集群的几个重要因素与区域经济增长的作用机制进行实证分析，进而说明产业集群与区域经济差异关联性。

产业集群与区域经济差异的定性研究比较多，主要是基于产业集群的区域竞争力评价及其影响因素、区域技术创新、知识溢出、专业化等角度分析产业集群如何推动区域经济的发展，如美国学者波特于 1990 年最早使用规范分析方法阐述了产业集群区域竞争力并构建了钻石模型，阐述了区域竞争力受到四个要素和两个变量影响。随后，Vernon Henderson et al.（1995），Maryann P. Feldman et al.（1999）认为，集群的区域竞争力更能促进创新活动，从而拉动区域经济增长。柏斯特（Best，2001）认为，产业集群的专业化、知识外溢、技术多样化和水平整合等对区域经济发展产生作用。Christian H.M. Ketels（2008）从经济全球化和全球价值链角度阐述了集群内部的技术溢出效应对区域经济发展具有重要作用。王缉慈等（2010）提出了超越产业集群的构想，即通过产业集群的自主创新能力

实现集群的绿色创新，即区域内的产业集群因地制宜，通过知识交流、产业融合等促使新产品、新企业出现，从而带动区域经济的可持续发展。

产业集群与区域经济增长的定量分析比较少。Glaeser Edward L.、Hedi D. Kallal（1992）采用1956~1987年美国170个城市两位数产业的工资、就业率等数据进行实证分析，证明了通过提高就业率促进区域经济增长。魏守华（2002）以浙江嵊州领带产业集群为例，对产业集群的区域经济效应进行了实证分析，认为产业集群的区域竞争力来源于社会资本的地域分工、外部经济、合作效率以及技术创新与扩散。Michael E. Porter（2003）采用美国1990~2000年的统计数据，对172个经济区域的贸易型（Traded Cluster）、本地型和资源型三类产业集群进行实证，发现产业集群的工资增长、就业增长和专利对区域经济发展的推动作用。Goldstein（2008）对美国2001~2002年406个地区的高技术产业集群的集群化与区域经济发展做了实证分析，认为随着高新技术产业集群化的不断发展而促进区域经济发展。Elizabeth Currid & Kevin Stolarick（2010）基于波特的聚类分析模型阐述了专业性集群与区域经济增长的关系，并以洛杉矶IT产业为例，证明了专业性集群对区域经济增长的显著作用。Mercedes Delgado、Michael. E. Porter & Scott Stern（2011）分析产业集群的构成在区域经济活动中的作用。他们利用美国集群测绘项目（Cluster Mapping Project）所提供的四位数产业的非农部门就业率、企业数、工资率等面板数据进行实证分析，结果发现，产业集群水平的不断发展可以增强区域内相关集群及相邻区域的相似产业集群的集群力，这种集群环境促进了区域内其他相关或支持产业的发展，进而对区域经济发展具有重大作用。

由此可知，研究者关于产业集群的研究多数是关于产业集群的竞争力、创新能力、知识溢出以及分工协作等定性分析，关于产业集群构成要素与区域经济增长的实证研究比较少，本节利用我国31个省、市、区可识别的产业集群的数据，对1999个产业集群与区域经济增长的相关性进行实证分析。

## 一、指标原则与数据说明

### （一）指标原则

（1）针对性原则。指标体系要针对产业集群与区域经济发展系统，能够综合反映产业集群特性的各项重要指标与经济增长之间的相互关系。

（2）科学性原则。要客观地反映产业集群的本质，必须建立在科学研究的基础上。

（3）层次性原则。区域经济发展系统由一系列的子系统组成，各子系统之间具有一定的层次性，产业集群的各项特征指标属于反应因子，区域经济发展的差异属于目标。

（4）可操作性原则。所选指标应该是可以量化的，数据是可获得且准确的，并应该尽量选取具有代表性的综合指标。

**（二）数据说明**

模型中涉及六个经济变量，即劳动投入量（L）、资本（K）、产业集聚度（Agglo）、集群内企业数量（Ent）、区域创新能力（Res 和 Pat），除了劳动投入量和资本以外，其他四个变量是产业集群最具有代表性的特征值。本书试图通过这些变量与经济增长的相互作用阐述产业集群对区域经济发展的作用，进而推导出产业集群与区域经济差异的关系。

## 二、构建模型

将生产函数设为：

$$Y_i = AL_i^{\alpha}K_i^{\beta} \tag{7-1}$$

式中，$Y_i$ 表示人均产出，A 表示技术水平，$L_i$ 表示劳动投入，$K_i$ 表示资本投入，α、β 分别表示劳动和资本的产出弹性。

为了准确反映产业集群对区域经济增长的作用，必须控制影响经济增长的其他重要变量。本书在式（7–1）中引入各省市规模以上工业企业产业集聚度（Agglomeration）、各省规模以上制造业工业企业数（Enterprise）、各省科学研究与实验发展活动经费支出（Research）、各省三项申请专利受理数（Patent）四变量，得到：

$$Y_i = AL_i^{\alpha}K_i^{\beta}Agglo_i^{\delta}Ent_i^{\gamma}Res_i^{\varphi}Pat_i^{\vartheta} \tag{7-2}$$

其中，$Y_i$ 为第 i 个区域的人均产出，$Agglo_i$ 表示第 i 区域规模以上工业企业产业集聚度。本书用这个解释变量说明某区域产业集群的区域集聚程度，原因有两个：其一，我国产业集群的区域特征表现为区域性产业集聚，并且各省的产业集群所属的行业多数是以制造业为主；其二，由于产业集群的边界识别没有清晰界定，但产业集群地理集中的特性与产业集聚相同。因此，使用区域产业集聚的集聚度可以说明产业集群的区域集聚的程度。$Agglo_i$ 的值越大，区域内产业集群的数目越多。$Ent_i$ 表示区域内规模以上制造业工业新增的企业数目，该值越大，说明该区域内的产业集群带动了区域内的许多相关和支持性企业的发展，从而区域内的产业集群的企业的就业人数也多。$Res_i$ 和 $Pat_i$ 表示产业集群的区域创新能力。δ、γ、φ、ϑ 分别表示上述各变量的产出弹性。

将式（7–2）整理得到：

$$\ln Y_{it} = A + \alpha \ln L_{it} + \beta \ln K_{it} + \delta \ln Agglo_{it} + \gamma \ln Ent_{it} + \varphi Res_{it} + \vartheta \ln Pat_{it} + \varepsilon_{it} \quad (7\text{–}3)$$

式中，A 表示常数项，$\varepsilon_{it}$ 表示残差。

地域划分是按照我国的行政区域划分的，选取 1999~2009 年的 31 个省、市、区的面板数据。以下分别对变量做简要说明。

（1）经济增长（GDP）。选取人均国内生产总值，原因是人均值可以消除四大经济区域在人口、土地面积等方面存在差异，比经济总量更能精确反映区域内的实际经济增长率。

（2）劳动投入（L）。用劳动力素质指标表示，以各省市人力资本的数据作为代理变量。其计算公式为：平均受教育年限 = 小学文化程度就业人员比重 × 6 年 + 初中文化程度就业人员比重 × 9 年 + 高中文化程度就业人员比重 × 12 年 + 大专文化程度就业人员比重 × 15 年 + 本科文化程度就业人员比重 × 16 年 + 研究生文化程度就业人员比重 × 19 年。其中，研究生文化程度就业人员中含有博士文化程度就业人员，没有细分。

（3）资本投入（K）。由于各省市产业集群的实际投资额的数据难以获得，所以本书选取各省市固定资产原值作为其代理变量。

（4）企业数（E）为各省市规模以上国有及非国有工业企业数。在区域 i 时期 t 内，新增企业数越多，表示区域内产业集群带动相关产业的发展越快，区域内的就业人数越多。这是产业集群这种产业组织形式具有的重要特征之一。

（5）科学研究与实验发展活动经费支出（R）和申请专利受理件数（P）代表区域内与产业集群相关支持性机构活动情况，如大学、研究机构，知识密集的商业服务机构、中介机构、咨询机构等。这两个变量越大，说明区域内产业集群的创新能力越强，对区域经济的作用也越大，这是产业集群与其他产业组织形式的重要区别。

（6）产业聚集指数（Agglo），区位熵是衡量产业聚集的一种常用方法，它能较好反映区域的产业聚集程度。t 时刻地区 i 的制造业聚集指数 $Agglo_{it}$ 为：

$$Agglo_{it} = (M_{it}/M_t)/(P_{it}/P_t) \quad (7-4)$$

式中，$M_{it}$ 为区域 i 在 t 时刻的制造业人口，$P_{it}$ 为区域 i 在 t 时刻的就业人口数，$M_t$、$P_t$ 分别为 t 时刻的我国制造业人口数和我国就业人口总数。通常情况下，这一指标的数值越大，表明制造业在该地区的聚集程度越高。由计算结果得出，我国的制造业聚集度存在着明显的地区差异（见表 7-1）。东部各省份的聚集程度最高，10 个省市中有 8 个省的集聚度大于 1，其中，上海的产业集聚度最高达到 3.394，天津、浙江的集聚度都大于或接近 2，但是，海南省的集聚度小于 1，特别是海南的集聚度低于 0.5。东北三省中，辽宁的集聚度大于 1，其他两省也接近于 1。中部及西部地区各省的制造业聚集程度相对较低，几乎所有省市的产业集聚度都小于 1，中部比西部地区略高一些。

**表 7-1　我国 31 个省市规模以上制造业集聚指数（1999~2009 年）**

| 年份 | 1999 | 2000 | 2001 | 2002 | 2003 | 2004 | 2005 | 2006 | 2007 | 2008 | 2009 |
|---|---|---|---|---|---|---|---|---|---|---|---|
| 北京 | 1.726 | 1.638 | 1.614 | 1.492 | 2.637 | 1.782 | 1.658 | 1.370 | 1.166 | 1.063 | 0.999 |
| 天津 | 2.441 | 2.514 | 2.401 | 2.347 | 2.974 | 2.783 | 2.678 | 2.525 | 2.387 | 2.343 | 2.301 |
| 河北 | 1.329 | 1.335 | 1.314 | 1.341 | 1.017 | 0.903 | 0.873 | 0.885 | 0.841 | 0.819 | 0.684 |
| 上海 | 2.991 | 2.915 | 2.813 | 2.831 | 3.394 | 3.194 | 2.937 | 2.732 | 2.839 | 2.943 | 2.784 |
| 江苏 | 1.621 | 1.629 | 1.633 | 1.665 | 1.798 | 2.108 | 2.357 | 2.452 | 2.543 | 2.723 | 2.706 |
| 浙江 | 1.818 | 1.925 | 2.020 | 2.157 | 2.059 | 2.272 | 2.159 | 2.233 | 2.419 | 2.381 | 2.366 |
| 福建 | 1.311 | 1.368 | 1.409 | 1.486 | 1.443 | 1.439 | 1.457 | 1.456 | 1.527 | 1.500 | 1.501 |
| 山东 | 1.134 | 1.163 | 1.166 | 1.225 | 1.313 | 1.294 | 1.334 | 1.312 | 1.247 | 1.131 | 1.137 |
| 广东 | 1.445 | 1.485 | 1.569 | 1.542 | 1.399 | 1.458 | 1.469 | 1.594 | 1.630 | 1.608 | 1.682 |
| 海南 | 0.366 | 0.375 | 0.366 | 0.367 | 0.339 | 0.344 | 0.364 | 0.328 | 0.291 | 0.314 | 0.315 |
| **均值** | **1.6182** | **1.6347** | **1.6305** | **1.6453** | **1.8373** | **1.7577** | **1.7286** | **1.6887** | **1.689** | **1.6825** | **1.6475** |
| 辽宁 | 1.431 | 1.389 | 1.304 | 1.261 | 1.649 | 1.669 | 1.587 | 1.421 | 1.339 | 1.291 | 1.348 |
| 吉林 | 0.944 | 0.897 | 0.848 | 0.787 | 1.016 | 0.869 | 1.039 | 0.883 | 0.821 | 0.839 | 0.863 |
| 黑龙江 | 0.920 | 0.889 | 0.868 | 0.075 | 1.164 | 1.020 | 0.974 | 0.901 | 0.864 | 0.831 | 0.803 |
| **均值** | **1.0983** | **1.058** | **1.007** | **0.708** | **1.277** | **1.186** | **1.200** | **1.068** | **1.008** | **0.987** | **1.005** |
| 山西 | 1.183 | 1.192 | 1.163 | 1.148 | 0.851 | 0.769 | 0.719 | 0.289 | 0.693 | 0.675 | 0.596 |
| 安徽 | 0.678 | 0.683 | 0.689 | 0.722 | 0.569 | 0.567 | 0.549 | 0.554 | 0.535 | 0.443 | 0.428 |
| 江西 | 0.757 | 0.725 | 0.709 | 0.785 | 0.748 | 0.870 | 0.834 | 0.832 | 0.839 | 0.860 | 0.863 |
| 河南 | 0.803 | 0.804 | 0.818 | 0.838 | 0.496 | 0.457 | 0.446 | 0.459 | 0.447 | 0.445 | 0.475 |
| 湖南 | 0.731 | 0.733 | 0.705 | 0.739 | 0.468 | 0.478 | 0.500 | 0.479 | 0.435 | 0.407 | 0.417 |
| 湖北 | 0.997 | 0.932 | 0.908 | 0.906 | 1.026 | 0.989 | 0.906 | 0.885 | 0.739 | 0.773 | 0.796 |
| **均值** | **0.858** | **0.845** | **0.832** | **0.856** | **0.693** | **0.688** | **0.659** | **0.583** | **0.615** | **0.601** | **0.596** |

续表

| 年份 | 1999 | 2000 | 2001 | 2002 | 2003 | 2004 | 2005 | 2006 | 2007 | 2008 | 2009 |
|---|---|---|---|---|---|---|---|---|---|---|---|
| 内蒙古 | 0.717 | 0.693 | 0.667 | 0.633 | 0.817 | 0.758 | 0.731 | 0.677 | 0.647 | 0.636 | 0.626 |
| 广西 | 0.450 | 0.444 | 0.438 | 0.435 | 0.410 | 0.410 | 0.407 | 0.388 | 0.403 | 0.427 | 0.432 |
| 重庆 | 0.648 | 0.644 | 0.607 | 0.661 | 0.676 | 0.647 | 0.621 | 0.495 | 0.536 | 0.549 | 0.572 |
| 四川 | 0.589 | 0.592 | 0.575 | 0.603 | 0.520 | 0.514 | 0.499 | 0.482 | 0.480 | 0.559 | 0.519 |
| 贵州 | 0.469 | 0.454 | 0.454 | 0.455 | 0.328 | 0.314 | 0.288 | 0.278 | 0.2728 | 0.255 | 0.252 |
| 云南 | 0.409 | 0.403 | 0.391 | 0.385 | 0.401 | 0.395 | 0.391 | 0.381 | 0.407 | 0.447 | 0.471 |
| 西藏 | 0.158 | 0.174 | 0.179 | 0.170 | 0.140 | 0.173 | 0.159 | 0.168 | 0.177 | 0.203 | 0.207 |
| 陕西 | 0.777 | 0.744 | 0.735 | 0.710 | 0.825 | 0.735 | 0.740 | 0.686 | 0.651 | 0.613 | 0.639 |
| 甘肃 | 0.630 | 0.596 | 0.569 | 0.549 | 0.584 | 0.529 | 0.461 | 0.428 | 0.397 | 0.376 | 0.395 |
| 青海 | 0.602 | 0.558 | 0.528 | 0.548 | 0.651 | 0.730 | 0.725 | 0.795 | 0.759 | 0.687 | 0.676 |
| 宁夏 | 0.683 | 0.711 | 0.703 | 0.715 | 0.7669 | 0.7439 | 0.6599 | 0.6689 | 0.8949 | 0.589 | 0.628 |
| 新疆 | 0.582 | 0.557 | 0.542 | 0.527 | 0.724 | 0.761 | 0.705 | 0.647 | 0.622 | 0.634 | 0.646 |
| **均值** | **0.559** | **0.548** | **0.532** | **0.533** | **0.570** | **0.559** | **0.532** | **0.508** | **0.521** | **0.498** | **0.505** |

数据来源：《中国统计年鉴（2000~2011）》，经笔者整理，其中，2006 年按三次产业分的就业人口数据缺失，以相邻两年均值替代。

## 三、实证检验与回归结果分析

### （一）实证检验

采用面板数据有可能带来序列相关性和异方差问题，而且，如果数据不符合模型回归的前提条件，则容易出现伪回归。为了消除上述影响，本书采用广义最小二乘法（Generalized Least Squared，GLS）进行估计。此外，在对面板数据方程估计权重时使用的是时期残差协方差矩阵，因为，截面成员有 31 个地区，大于时期数 11 年。表 7-2 中分别列出了各项解释变量的估计值。

**表 7-2　面板数据 GLS 回归结果**

| 解释变量 | 方程 1 | 方程 2 | 方程 3 | 方程 4 |
|---|---|---|---|---|
| 常数项 | 9.145*** | 8.759*** | 3.096*** | 9.254*** |
| | 37.595 | 94.499 | 4.211 | 16.639 |
| lnL | 0.055** | 0.417*** | 0.265** | 0.227 |
| | 0.956 | 8.106 | 3.927 | 1.445 |
| lnK | 0.255*** | −0.202** | 0.336*** | 0.946*** |
| | 2.796 | −2.059 | 3.275 | 5.012 |
| lnP | 0.569*** | 0.288*** | 0.197* | 0.126 |
| | 5.019 | 2.636 | 1.833 | 0.634 |

续表

| 解释变量 | 方程 1 | 方程 2 | 方程 3 | 方程 4 |
|---|---|---|---|---|
| lnE | –0.682** | –0.137* | –0.041 | –1.039** |
| | –7.881 | –1.652 | –0.430 | –7.382 |
| lnR | 0.413*** | 0.740*** | 0.493*** | 0.481*** |
| | 8.971 | 13.058 | 5.115 | 3.353 |
| lnAgglo | 0.299*** | 0.183*** | –0.123** | –0.196* |
| | 6.772 | 2.710 | –1.467 | –2.172 |
| OBS | 341 | 143 | 66 | 132 |

注：①系数下面的数据均为 t 值；②***、**、* 分别表示变量系数通过了 1%、5%、10%的显著性检验；③OBS 为样本个数。

### （二）回归结果分析

通过观察方程 1 各解释变量估计值可知，就全国而言，首先，产业集群的资本投入、专利的申请量、研发以及集群的区域集聚程度都通过了 1%的显著性检验，这表明通过加大投资和研发力度、开发新技术以及集群的区域集聚等可以促使产业集群的成长，进而使产业集群成为推动区域经济增长的重要动力。其次，人力资本通过了 5%的显著性检验，说明人力资本仍然是我国经济增长的重要变量，这与内生增长理论及我国的现实相符。最后，产业集群的企业数量未能通过显著性检验，且为负值，这说明总体上我国的产业集群发展不成熟，不能通过与产业集群有关的相关产业以及相关支持性产业的发展带动经济增长。

表 7–2 中的方程 2、方程 3、方程 4 分别表示我国的东部（包括东北）、中部和西部的系数估计值和对应的指标，由回归结果可知：

第一，我国的东部（包括东北）地区的产业集群发育良好，是东部区域经济增长的主要驱动力之一。因为，代表产业集群的几个重要指标：人力资本、专利申请数量、R&D 及区域集聚程度的估计值均通过了 1%的显著性检验。这说明，东部地区产业集群的区域创新能力较好，为东部的区域经济发展提供了持续动力。但是，东部区域产业集群的资金投入不足和新企业数目少，说明东部地区产业集群对于相关产业及相关支持性产业的拉动作用不大，这将会影响区域经济的可持续发展。

第二，我国中部地区产业集群对经济增长的影响比东部地区小。因为中部的产业集群发展主要依靠物质资本和 R&D 的投入，而人力资本和专利申请数量比较少（其估计值分别通过了 5%和 10%的显著性检验），说明中部地区产业集群的

创新能力比较低，导致中部地区的产业集群发展缓慢，从而使中部区域经济增长速度远远低于东部地区。

第三，我国西部地区的产业集群的发育程度在三个区域中最低，产业集群的发展主要依靠大量资金投入，而人力资本及专利申请均未通过显著性检验，说明西部地区的人力资本、区域创新能力比较低，西部地区的产业集群基本上处在“高投入、低产出”的阶段。这不仅制约西部区域经济的发展，同时造成与东部区域经济发展的差异将会越来越大。

## 第三节　产业集群与区域经济发展差异的原因分析

产业集群的发展对区域经济发展具有明显的影响，产业集群快速发展能够对区域经济发展起到明显的推动作用，而对于产业集群发展相对比较缓慢的地区而言，经济发展的速度以及方式也会表现出与产业集群发展良好的地区有明显的差异。本节以两个比较具有典型的地区（浙江省、内蒙古自治区）为例做实例分析，剖析产业集群与区域经济发展差异的原因。

### 一、产业集群快速发展带动经济高速增长的原因——以浙江省为例

众所周知，浙江是我国产业集群发展最早的地区之一，也是因产业集群发展推动经济发展的典型地区。

#### （一）浙江经济发展在我国具有举足轻重的地位

2012 年 1 月 17 日，国家统计局公布，全国 2011 年 CDP 总量达 471564 亿元，增长速度为 9.2%，增速虽与 2010 年相比有所下滑，但在欧债危机、新兴经济体增速回落和物价上涨的背景下，中国的增速依然十分令人瞩目。从 GDP 总量看，浙江排在全国的第 4 位，是我国（GDP）较早跨入万亿元的省份。

#### （二）浙江的产业集群发展在我国十分突出

中国社会科学联合研究中心、中国社会科学院工业经济研究所 2007~2009 年连续三年，根据产业集群发展的百余项指标，经深入研究和广泛征求意见后，在全国近千个具有一定规模的产业集群中遴选产生了中国内地“百佳产业集群”，

在这份名单中，2007 年浙江有 36 个集群入选，2008 年有 29 个集群入选，2009 年有 24 个集群入选。从这份名单中看，虽然浙江的入选产业集群数量在减少，但浙江的产业集群总数始终保持在全国的第一位。

### （三）浙江产业集群主要分布在生活日用品产品领域

浙江入选全国百佳的产业集群有一个基本认识：

**表 7–3 浙江省 2007 年入选全国百佳产业集群名录**

| | | |
|---|---|---|
| 中国皮鞋产业集群 | 中国毛衫产业集群 | 中国小商品产业集群 |
| 中国打火机产业集群 | 中国光机电产业集群 | 中国木雕产业集群 |
| 中国人造革产业集群 | 中国紧固件产业集群 | 中国五金产业集群 |
| 中国汽车摩托车配件产业集群 | 中国童装产业集群 | 中国制袜产业集群 |
| 中国休闲鞋产业集群 | 中国竹加工产业集群 | 中国中低压阀门产业集群 |
| 中国印刷产业集群 | 中国金属固废处理产业集群 | 中国钢结构产业集群 |
| 中国锁具产业集群 | 中国制笔产业集群 | 中国注塑鞋产业集群 |
| 中国中低压电器产业集群 | 中国白板纸产业集群 | 中国塑料模具产业集群 |
| 中国拉链产业集群 | 中国西服衬衣产业集群 | 中国缝纫机产业集群 |
| 中国塑编包装产业集群 | 中国模具产业集群 | 中国轻纺产业集群 |
| 中国木业及家具产业集群 | 中国家用小电器产业集群 | 中国领带产业集群 |
| 中国皮革加工产业集群 | 中国文具产业集群 | 中国渔业加工产业集群 |

**表 7–4 浙江省 2008 年入选全国百佳产业集群名录**

| | | |
|---|---|---|
| 中国杭州萧山钢结构产业集群 | 中国海宁皮革产业集群 | 中国永康五金产业集群 |
| 中国桐庐制笔产业集群 | 中国海宁经编产业集群 | 中国东阳木雕产业集群 |
| 中国温州鹿城皮鞋产业集群 | 中国平湖出口服装产业集群 | 中国绍兴轻纺产业集群 |
| 中国温州鹿城打火机产业集群 | 中国海盐紧固件产业集群 | 中国诸暨制袜产业集群 |
| 中国温州瓯海锁具产业集群 | 中国宁波服装产业集群 | 中国嵊州领带产业集群 |
| 中国瑞安汽摩配产业集群 | 中国宁波塑料机械产业集群 | 中国湖州织里童装集群 |
| 中国苍南印刷产业集群 | 中国余姚模具产业集群 | 中国黄岩塑料模具集群 |
| 中国乐清中低压电器产业集群 | 中国慈溪家用小电器集群 | 中国温岭塑鞋产业集群 |
| 中国桐乡濮院羊毛衫产业集群 | 中国宁海文具产业集群 | 中国玉环五金水暖集群 |
| 中国桐乡崇福皮草产业集群 | 中国义乌小商品产业集群 | |

**表 7–5 浙江省 2009 年入选全国百佳产业集群名录**

| | | |
|---|---|---|
| 中国温岭塑鞋产业集群 | 中国慈溪小家电产业集群 | 中国瓯海锁具产业集群 |
| 中国嵊州领带产业集群 | 中国义乌小商品产业集群 | 中国诸暨袜业产业集群 |
| 中国绍兴轻纺产业集群 | 中国安吉竹制品产业集群 | 中国永康五金产业集群 |
| 中国绍兴印染产业集群 | 中国鹿城打火机产业集群 | 中国宁海文具产业集群 |
| 中国海宁皮革产业集群 | 中国永康电动工具产业集群 | 中国余姚模具产业集群 |

续表

| 中国海宁经编产业集群 | 中国平阳塑编包装产业集群 | 中国龙湾阀门产业集群 |
|---|---|---|
| 中国崇福皮草产业集群 | 中国路桥固废利用产业集群 | 中国诸暨珍珠产业集群 |
| 中国萧山化纤产业集群 | 中国乐清中低压电器产业集群 | 中国平湖光机电产业集群 |

从上面 2007~2009 年浙江产业集群的产业类型我们可以看到，浙江的这些产业集群集中在以生活消费产品为主的领域，产业集群始终在国内有重要的影响作用。这些产业以传统产业为主，涉及制造业、纺织服装、农副产品行业。从产业集群分布来看，主要是大型机械及成套设备、电子通信、家用电器、医药、服装、石化、纺织、印染、医药、化工化纤、皮革皮件、建材、水产品加工、海洋医药产业集群。

**（四）浙江省重商的历史文化传统是产业集群形成和发展的主要原因之一**

从历史上看，浙江就是一个重视商业、专业分工细致、市场较为发达、商业资本气氛浓重的地区，浙江人在经商中也逐步形成了讲究实际、重视工商、不讳言利、敢于冒险、勇于创新的商业发展所需的人格内在品质，浙江社会发展中的血缘、亲缘和地缘是构成产业集群的黏合剂。

**（五）以日用百货为主的专业市场的发展推进了浙江产业集群的发展**

20 世纪 90 年代以来，以浙江义乌为代表的一些地区发展起来的专业市场，积极推进产业集群的形成与发展。一般而言，专业市场是一种以现货批发为主，集中交易某一类商品或者若干类具有较强互补性或替代性商品的场所，是一种大规模集中交易的坐商式市场制度安排。从其市场的形态看是一种有形的市场，从其经营的特点看是以批发为主同时也兼做商品零售，从经营者的数量看由于集中交易，买卖者的数量都很多，其市场结构类似于完全竞争的市场结构，从结算方式看是以现货交易为主，其他结算方式相对较少采用。以义乌中国小商品城为例，其中经营品种类齐全，汇集了 28 个大类近 32 万种商品。义乌市场的这种扩张不仅集中在浙江，而且在全国 20 多个省市建立了 30 多个分市场，在南非、乌克兰等国家设立了 5 个分市场。经商的人数多达 12 万，其中 5 万人分布在全国各地。

浙江省温州打火机产业集群，温州拥有打火机生产企业达 300 余家，生产近万种打火机款式，年产金属外壳打火机 5 亿只。其中，出口占总量的 80%左右，约占全球金属外壳打火机市场份额的 70%，占国内金属外壳打火机市场份额的

95%。可以看到这种小产品、大市场、集群化、多品种对某些产业集群化发展的影响。

这种专业市场大量集中某类或某几类互补或替代性产品，这需要这类产品的大量生产，于是市场带动了生产，生产推进了市场建设、推进了市场的扩张。大批量、多品种的生产在浙江地区产生了大量小型生产企业，这些企业直接与专业化的市场相联系。浙江的产业集群往往就是由生产加工类企业、专业化市场等构成，并且由于地域上的集中、生产上的互补、生产技术的扩散、技术创新的促进、熟练生产工人在区域内的流动等，所形成产业集群在浙江大量出现。这种集群化的发展充分发挥了浙江产业发展的社会资本优势，通过产业集群的发展降低了产品的生产成本，多样化的产品使得浙江经济发展更具竞争力。

**（六）大量产业集群的产生与发展推动了浙江经济的发展**

各种统计数据证明，浙江在21世纪的第一个10年中，涉及包括上述产业集群在内的浙江产业集群的产值基本占到浙江GDP 60%以上，浙江产业集群对浙江经济的发展具有积极的推动作用。这对浙江的GDP在全国排在前几位做出了极其重要的贡献。这种基于专业化市场和专业化生产驱动的产业集群的积极发展使得浙江省作为资源相对匮乏，人力、能源等方面都不占优势的地区，在经济发展中始终走在全国的前列。产业集群的发展中，大量民营企业的发展既造就了产业集群的形成壮大，也推进了民营企业的快速发展，这些民营企业的发展对我国民营企业的发展起到了积极的推动作用，也成为推动我国经济持续快速发展的重要力量。浙江产业集群在发展过程中一直保持着较大的对外依存。

**（七）浙江产业集群发展中存在的问题和对经济发展的影响**

从前面2007~2009年全国产业集群百佳的分布情况看，浙江进入百佳的产业集群数量在减少，2007年进入产业集群百佳的有36个，2008年是29个，2009年是24个，浙江产业集群入选百佳的数量几乎减少了1/3。这种变化十分明显，整个沿海地区入选数量也明显减少，而环渤海地区和中西部地区则获得了较快的增长。这也说明，随着沿海地区传统产业承载能力的减弱，实现区域经济的梯度转移是必然趋势，而内需经济的快速发展，也为非沿海地区创造了更大的发展空间，这也是中西部地区入选“中国百佳”逐年增多的主要原因。

浙江产业集群入选百佳数量的减少还说明浙江产业集群的这种以日用百货类为主要产品的产业集群结构，其产业是比较容易移植的，核心竞争力并不十分

强，一旦市场需求发生变化或趋于饱和，就会影响产业集群的发展。另外，浙江的产业集群中的企业以中、小型企业为主，甚至存在大量小型、微型企业，这些企业融资能力弱，抵御风险的能力弱。

企业规模普遍偏小、集群内企业组织形式以家族式居多、技术层次偏低、产品的品牌形象不强、自主创新能力不强。由于存在这样一些问题，2008 年美国金融危机后，浙江地区受到的影响比较大。2011 年以来，由于控制通货膨胀、房地产调控的一系列因素，使得浙江地区的企业资金链十分紧张。这也从一个侧面看到，这种以加工为主的“专业生产—专业市场”的产业集群存在着发展的风险，产业集群中企业转型的途径也不多，明显的趋势是从生产领域转向了房地产、民间金融等风险更大的行业。

## 二、产业集群发展缓慢是制约区域经济增长的重要原因——以内蒙古为例

与浙江各方面条件存在较大差距，内蒙古自治区也是我国近年来经济增长较快的地区，2003 年起，内蒙古自治区 GDP 的增速多年排在全国第一位。随着内蒙古经济的发展，也先后出现了一些特色的产业集群，这些产业集群主要依托特定的资源和当地的产业环境形成，已经成为内蒙古自治区经济中不可忽视的力量。但是与浙江、福建、江苏等发达地区相比，无论是产业集群的发育程度、市场需求条件、相关政策等方面都还处于初级水平，如果不改变这种现状，将会造成与东、中部地区经济发展更大的差异。

### （一）经济的高速发展造就了“内蒙古现象”

进入 21 世纪以来，中国经济发生了较大的变化，中国工业化水平进一步提高，中国经济在投资、出口、内需等因素的推动下持续稳定高速的发展，经济总量规模进一步扩大。世界范围内经济的持续发展对资源品的需求持续增加，能源、矿产品等需求增加的同时价格也持续升温。2002 年以来，内蒙古经济的高速发展主要表现在 GDP 的持续高速增长，2009 年，内蒙古自治区实现 GDP 9725.78 亿元，距“万亿”只有一步之遥，增速更是达到 16.9%，比全国平均增速高 8.2 个百分点，连续八年保持全国各省区市第一位。2010 年，全区生产总值达 11620 亿元，突破万亿元大关，相当于“十一五”末的 3 倍。

内蒙古的经济发展方式属于投资带动型，投资的贡献不言而喻。从投资的方

向看，内蒙古属于工业主导型的经济，投资主要集中在煤炭等资源、能源方面，是一个典型的重工业化阶段的过程。但又表现出区域的集中的特色，内蒙古的呼包鄂（呼和浩特、包头、鄂尔多斯）经济发展速度较快，占据全区 GDP 的半数，对自治区经济增长带动作用巨大，甚至在鄂尔多斯出现了经济学者所提出的“鄂尔多斯现象”。

**（二）在内蒙古的经济发展中呈现出集群化发展的特征**

内蒙古经济发展的区域集中表现出集群化的特征。20 世纪 80 年代以来，内蒙古的稀土、羊绒一直是特色的资源，造就了特色的产业，进而在 20 世纪 90 年代后这种发展开始呈现出集群化的发展特征。21 世纪初，原来并不十分突出的乳业在内蒙古，主要是呼和浩特地区高速发展起来，并迅速成长为乳业集群，出现了老牌上市公司伊利股份和高成长的乳品企业蒙牛股份两大乳品企业，并带动了奶牛养殖、饲料加工、疫病防治、原料奶收购、包装材料生产、市场销售、冷链物流等相关产业，同时使得原本基础良好的农业畜牧类的高等教育发挥了更加突出的作用，形成了乳品产业集群。内蒙古呼和浩特的乳品产业集群分别于 2007 年、2008 年入选全国百佳产业集群。

**（三）内蒙古的产业集群主要集中在资源型产业领域**

与浙江产业集群的类型不同，内蒙古的产业集群主要集中在资源型产业领域，产业集群形成的基础是自然资源，以及以资源为基础长期以来形成的生产基地。根据波特的钻石体系，一旦生产要素、需求发生改变或产业成长的机会出现或政府的政策对产业的发展基于推动，则可能出现产业集群，这种情况下还会出现相关产业的支持，当然企业层面的战略、企业间的竞争合作关系也会影响产业集群的发展。不仅如此，不同产业的全球价值链分布，也会对产业集群的发展形成不可低估的影响。

内蒙古产业集群发展中，影响比较大的产业集群有乳品产业集群、羊绒产业集群、稀土产业集群、煤炭及能源、化工产业集群等。这些产业集群都集中在资源型产业领域。对于这些产业集群的分析如下：

1. 乳业产业集群的形成发展推动地方经济的发展

随着生活与消费水平的改善，20 世纪 90 年代，我国对于液态奶消费需求的改善，为乳品业的高速成长和集群化发展创造了机会。地方政府对于乳业产业的发展高度重视，积极推动。呼和浩特于 2000 年初开始实施“奶业兴市”的战略，

并于 2002 年提出打造“中国乳都”的构想。凭借优越的地理位置和自然环境，以及大胆的建设思路，呼和浩特乳业在几年内发展迅猛。截至 2004 年底，全市奶牛存栏量达到 50.4 万头，鲜奶产量 159 万吨，人均鲜奶占有量 615 公斤，在全国省会城市和直辖市中均位居第一位。

内蒙古传统的乳品产业随着液态奶产品推出，得到了快速发展并进一步发展成为产业集群，推动了内蒙古乃至全国乳品业的发展。

乳品产业集群的发展不仅仅使液态奶的生产规模扩大，更在于构建了一个地方产业集群，形成了产业的价值链，而且这种价值链的构建也含着乳业全球发展的价值链，内蒙古呼和浩特乳业产业集群、区域价值链与全球乳业的联系如图7–5 所示。

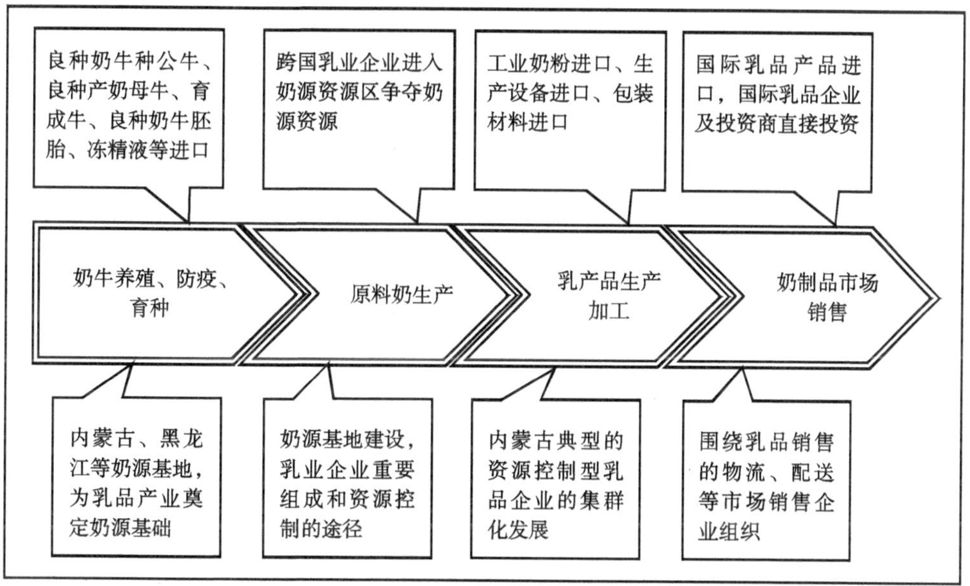


图 7–5　内蒙古呼和浩特乳业产业集群、区域价值链与全球乳业的联系

### 2. 内蒙古羊绒产业集群的形成发展及影响

与内蒙古的乳品产业集群有类似的情况，内蒙古的羊绒产业也有其发展的资源基础和产业基础，从 20 世纪 80 年代开始，内蒙古鄂尔多斯地区开始基于当地优质的山羊绒资源生产羊绒衫，并形成了区域性品牌。随着羊绒产业的快速成长，形成了山羊养殖、羊绒梳纺、纺纱、织衫、销售（国内、国际市场）等羊绒产业的各个生产环节的发展，并形成了以鄂尔多斯、包头、呼和浩特、巴彦淖尔

为核心区域的羊绒产业集群，与乳品集群不同，羊绒产业集群在市场方面直接进入了国际市场。

羊绒产业集群的发展，成为推动鄂尔多斯地区进入高速发展的首个区域性产业集群，产业集群的发展不仅为地区经济的起飞创造了条件，而且造就了企业家队伍、变革了人们的思想，这成为进一步推动区域经济发展的社会资本。

3. 包头稀土产业集群的发展

稀土产业集群在内蒙古包头的形成和发展，与浙江的产业集群发展有一些相近的轨迹，开发区的建设、嵌入稀土产业的全球价值链以及稀土产业重要的战略地位使我们更清晰地认识到稀土产业集群基于全球价值链发展的特征。2007 年，中国决定收紧稀土配额，并于 11 月 30 日在包头召开 2007 年国家发展改革委员会稀土生产计划工作会议上确定“国家对稀土生产计划由指导性调整为指令性”。2009 年工信部制定的《稀土工业发展的专项规划（2009~2015 年）》更是明确提出 2009~2015 年每年出口稀土不超过 3.5 万吨。基于对全球价值链的治理，2009 年以后，我国政府实施的“稀土配额”对一直以来掌握在西方的稀土产业定价权有了较明显的影响。

由于稀土产业的全球化的价值链分布的特征，使得国际上众多的跨国企业均十分重视包头稀土产业，我国也把包头稀土开发区确定为国家级的开发区。从稀土产业的价值链看（见图 7-6），在稀土产业价值链的各个环节中，我国的稀土产业集群仅仅处于价值链前端的采矿、冶炼环节，受全球生产的影响较大，但事实上也能影响全球稀土产业的整体格局。

### （四）内蒙古的资源型产业集群形成与发展

从内蒙古典型的产业集群形成看，其形成和发展的基础是资源禀赋，这一点与浙江的产业集群的发展有极大的不同。内蒙古能够进入全国产业集群 100 佳的仅仅有内蒙古乳品产业集群。对于内蒙古的产业集群而言，集群的规模一定程度上将受到资源禀赋的影响，资源的产出与市场容纳的规模，一定程度上影响着产业集群发展的规模。乳品集群由于基于原料奶的生产规模，而原料奶的规模决定于奶牛的养殖规模和奶牛的品质，因此扩大良种奶牛的养殖规模，就解决了限制产业规模的瓶颈。乳品的生产技术是成熟的，作为食品市场的需求是充分的且市场是巨大的。这就决定了内蒙古迅速成长为全国乳品业中重要的乳品产出基地，并使相关产业如饲料行业、包装行业、冷链运输行业、市场销售行业等得到同样

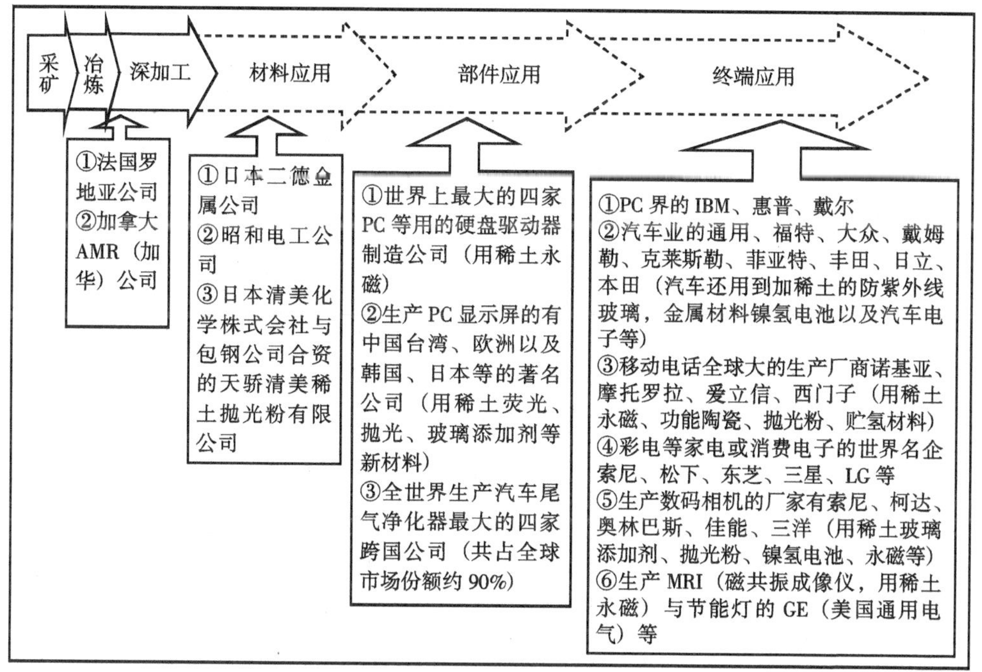


**图 7-6 稀土产业集群全球化竞争**

资料来源：根据卓越管理公司的稀土产业报告绘制。

发展，甚至影响到“胚胎移植”、“品种改良”等高技术含量的领域发展。羊绒产业集群同样是依托内蒙古的羊绒资源成长起来的，但是由于受到羊绒产量的影响（全国年产量10000吨左右），以及市场需求的变化，整个产业的规模不能迅速扩展。产业集群的规模也受到一定程度的限制。稀土产业集群的发展也是在包头白云鄂博矿业产生与发展。稀土产业集群由于处于稀土产业价值链的最前端，其规模受到深加工、材料应用、部件应用、终端应用等各个应用环节的影响。因而，我国稀土产业集群化发展与稀土原材料占全球供应绝大部分的地位不相适应。也就不难理解，我国稀土产业在国际上举足轻重，也形成了区域集中的产业集群，但对区域经济以及对国内经济发展的推动尚不如浙江的小企业。

### （五）资源型产业集群发展呈现了不同的特点

与浙江的加工型产业集群不同，资源型产业集群形成与发展的途径是不同的，与浙江专业化加工型集群在企业规模、价值链影响等各个方面也存在较大的不同。不仅如此，基于资源的不同资源型产业集群的发展也呈现出不同的特点。资源型产业集群的形成与发展与资源禀赋有较大的关系，由于资源性质不同而形成了长短不一的价值链，并影响与推动着区域经济发展。一般而言，以农牧资源为基础的产业集群的价值链较短。但是，由于农牧资源的可再生性以及规模可扩大的性质，这类产业集群成长为规模较大集群的可能性极高。再如，矿产资源类的产业集群，其特点是产业链较长，产业的后续加工可以不断深化，因此，产业集群的规模也有可能扩大，被称为“单一资源、跨产业集群”。

**（六）资源型产业集群的成长成为内蒙古经济增长的动力之一**

与浙江的数量较多、规模较大、经济效益显著的产业集群相比，内蒙古的产业集群数量并不多，但对于经济发展的推动同样非常重要。以呼和浩特地区为核心的乳品行业造就了以伊利、蒙牛等全国具有领先地位的企业为龙头的产业集群，对推动内蒙古经济的发展起到了十分重要的作用。内蒙古乳品产业中的伊利股份，2010 年实现主营业务收入 295 亿元，蒙牛股份则在 2010 年销售已经突破 302.650 亿元。正是乳品产业的发展，带动了养殖、饲料等一系列与乳品产业相关的产业的发展。资源型产业集群已经成为推动内蒙古经济发展的重要动力之一。

从内蒙古经济与社会发展的状况看，内蒙古面临着经济发展方式转变的重要任务。由于内蒙古经济高速发展中能源等产业的贡献巨大，但也出现了高能源消耗等问题。因此，从转变经济发展方式的角度看，要充分利用产业集群内企业的相互联系的特点，也要充分利用资源型产业的价值链构成，从而为转变经济发展方式找到重要途径。

**（七）产业的集群化程度对内蒙古经济发展有较大的影响**

与浙江相比较，内蒙古的产业集群发育程度尚不足以成为地区经济发展的主导因素，已经形成资源型的产业集群在国内外有一定影响，这些产业集群产值规模对内蒙古经济发展发挥了一定的作用。如稀土产业集群等影响不仅仅局限在一个区域，而且通过全球价值链影响全球一段时间的发展。内蒙古产业集群数量远达不到浙江的水平，产业集群多处于产业价值链中附加值低端，使得产业集群对内蒙古经济发展的推动受到一定影响。因此，加快内蒙古产业集群的垂直一体化和水平一体化发展是促进区域经济发展的重要途径。

## 第四节　本章小结

本章主要阐述的是我国产业集群迅速发展不仅带动了区域经济的快速增长，也是造成区域经济发展差异的重要原因。其主要原因是产业集群的地区分布特征，由于历史文化、产业基础、要素禀赋、区域政策等多方面的原因造成了我国集群在不同地区发展成熟度差异，进而带来经济增长的差异。

首先，描述了产业集群区域差异及区域经济发展差异的现实状况。

其次，基于对二者差异的经验观察的基础上，利用计量经济模型对我国东、中、西部1999个产业集群的构成要素与经济增长的关联性做了实证研究，从中找出了影响产业集群发展的要素。正是这些要素的区域差异造成了三大区域经济发展的差异，同时也从理论上证明了产业集群发展差异与区域经济发展差异正相关的命题。

最后，进行了比较研究。浙江作为我国产业集群最早出现、发展最快的省份之一，集群的总产出、就业人口、利税等已经成为浙江经济增长的引擎。内蒙古的产业集群发展缓慢，尽管有的集群已经有较强的经济实力，但持续发展的能力薄弱，有的集群雏形已经形成，但缺乏发展的条件而处于停滞状态。通过对两省的比较研究，深入分析导致产业集群发展差异的原因，从而为制定相关政策奠定基础。

# 第八章　我国资源型地区经济发展方式转变的测度

本章是通过对我国典型的 17 个资源型地区经济增长方式转变的测度，全面评价我国资源型地区经济增长方式转变的现状以及存在的问题。根据上述关于资源型地区经济发展方式转变的含义，分别将经济发展方式转变的目标、约束、动力和成果设置为一级指标，首先对我国资源型地区给出判定标准，然后构建指标体系，最后通过 23 个三级指标及其权重的设定进行全面测度，对资源型地区经济发展方式的转变做了全面评估。

## 第一节　我国资源型地区的判定及计算方法

（1）我国资源型地区的判定是按照 2002 年国家计委宏观经济研究院课题组认定的我国 118 个资源型城市分布在 22 个地区。其中，典型资源型地区有 17 个，即山西、内蒙古、辽宁、吉林、黑龙江、安徽、江西、山东、河南、湖南、四川、贵州、云南、陕西、甘肃、宁夏、新疆。

（2）经济发展方式转变程度的判断采用顾海兵、沈继楼（2006）的计算公式且进行改进，经指数化处理后，其计算公式为：

当 Z 为正指标时，$Z = p_i \frac{x_i - x_{ki}}{x_{qi} - x_{ki}} \times 100\%$　　（8–1）

当 Z 为逆指标时，$Z = p_i \frac{x_{qi} - x_i}{x_{qi} - x_{ki}} \times 100\%$　　（8–2）

式中，$p_i$ 为各指标的权重；$x_i$ 为实际值；$x_{ki}$、$x_{qi}$ 分别为指标实际值所在区间的最小值、最大值。

# 第二节 指标体系的构建

资源型地区经济发展方式转变指标的构建是以发展方式的内涵为依据，运用分层分解法构建指标体系，并使用比较静态方法评价资源型地区经济发展方式的转变程度。具体指标分解如表 8-1 所示，指标体系主要分为三级，其中一级指标 4 个，分别由经济发展方式转变目标、经济发展方式转变动力、经济发展方式转变约束、经济发展方式转变成果构成，用于全面衡量资源型地区经济发展方式转变的结果；二级指标 9 个，由经济增长规模、区域产业结构、区域创新能力、能源消耗、环境可持续发展等指标构成，是各个一级指标的具体特征值；三级指标 23 个，由可观测的、可统计的、具有代表性的关键数据构成，是二级指标特征值的具体表现。

数据来源以《中国统计年鉴（2002~2011）》为主，R&D 从业人员比重来源于《中国科技统计年鉴（2002~2011）》，碳排放数据来源于国际能源署网站，此外还参考了政府网站、世界银行报告等。

在权重的确定上，主要是运用经验判断以及专家调查确定。权重分配上突出了资源型地区经济发展方式转变的动力及约束的各项指标的作用，具体权重数如表 8-1 所示。

**表 8-1 资源型地区经济发展方式转变的指标体系及分层指标权重**

<table>
<tr><th>一级指标</th><th>权重</th><th>二级指标</th><th>权重</th><th>三级指标</th><th>权重</th></tr>
<tr><td rowspan="5">经济发展方式转变目标</td><td rowspan="5">0.2</td><td>经济增长规模</td><td>0.5</td><td>区域人均 GDP 增长率（%）</td><td>1</td></tr>
<tr><td rowspan="4">区域产业结构</td><td rowspan="4">0.5</td><td>工业产值占 GDP 比例（%）</td><td>0.3</td></tr>
<tr><td>第三产业产值占 GDP 比例（%）</td><td>0.2</td></tr>
<tr><td>工业就业人数占总就业人口比例（%）</td><td>0.3</td></tr>
<tr><td>第三产业就业人数占总就业人口比例（%）</td><td>0.2</td></tr>
<tr><td rowspan="3">经济发展方式转变动力</td><td rowspan="3">0.3</td><td rowspan="3">区域创新能力</td><td rowspan="3">0.6</td><td>科技人员占从业人员比例（%）</td><td>0.3</td></tr>
<tr><td>R&D 支出占财政支出的比重（%）</td><td>0.4</td></tr>
<tr><td>每百人 R&D 人员全时当量科技成果产出（项/百人）</td><td>0.3</td></tr>
</table>

续表

| 一级指标 | 权重 | 二级指标 | 权重 | 三级指标 | 权重 |
| --- | --- | --- | --- | --- | --- |
| 经济发展方式转变动力 | 0.3 | 基础设施建设 | 0.4 | 每万人拥有铁路里程（公里/万人） | 0.5 |
| | | | | 每万人拥有公路里程（公里/万人） | 0.5 |
| 经济发展方式转变约束 | 0.3 | 能源消耗 | 0.5 | 单位工业增加值能耗（规模以上）（逆指标）（吨标准煤/万元） | 1 |
| | | 环境可持续发展 | 0.5 | 每单位 GDP“三废”排放（逆指标）（万吨） | 0.5 |
| | | | | 每单位 GDP 碳排放（逆指标）（亿吨） | 0.5 |
| 经济发展方式转变成果 | 0.2 | 居民生活质量 | 0.35 | 社会基本养老保险参保率（%） | 0.3 |
| | | | | 受高等教育人数比例（%） | 0.2 |
| | | | | 每名医生服务公民人数（逆指标）（人） | 0.2 |
| | | | | 货币购买力（%） | 0.3 |
| | | 居民生活环境 | 0.3 | 城市绿化率（%） | 0.3 |
| | | | | 公园（个） | 0.2 |
| | | | | 城市道路面积率（%） | 0.2 |
| | | | | 空气质量（天） | 0.3 |
| | | 个人收入分配 | 0.35 | 基尼系数（逆指标） | 0.5 |
| | | | | 工资总额占 GDP 比重（%） | 0.5 |

注：各项指标权重在 0~1 间赋值，各级指标权重在各自层级内总和为 1。

## 第三节 测评结果及评价

### 一、总体评价

#### （一）资源型地区经济发展方式转变总体趋势向好，但发展方式转变的速度缓慢

由表 8-2 中的经济发展方式转变总指数可知，2001~2010 年，17 个资源型地区经济发展方式转变整体向好，但是发展方式转变的速度缓慢，10 年间的转变指数增长了 17%，属于较轻程度的转变（10%<Z<30%），说明 17 个资源型地区经济增长方式仍然延续着原有的生产方式，产业结构的不合理的状况没有明显改

变，特别是发展的动力和发展的约束基本没有转变。

**表 8–2 资源型地区经济发展方式转变总指标及各项一级指标指数（2001~2010 年）**

| 年份 | 2001 | 2002 | 2003 | 2004 | 2005 | 2006 | 2007 | 2008 | 2009 | 2010 |
|---|---|---|---|---|---|---|---|---|---|---|
| 发展方式转变总指数 | 100 | 104 | 107 | 105 | 104 | 106 | 107 | 108 | 109 | 117 |
| 转变目标指数 | 100 | 103 | 107 | 115 | 114 | 113 | 111 | 100 | 102 | 127 |
| 转变动力指数 | 100 | 109 | 106 | 99 | 96 | 100 | 101 | 108 | 113 | 117 |
| 转变约束指数 | 100 | 102 | 107 | 106 | 107 | 106 | 107 | 105 | 103 | 104 |
| 转变成果指数 | 100 | 99 | 106 | 101 | 100 | 107 | 113 | 119 | 115 | 126 |

数据来源：以《中国统计年鉴（2002~2011）》、《中国科技统计年鉴（2002~2011）》以及相关网站数据为主，经笔者计算所得。

### （二）一级指标指数的评价

由描述资源型地区经济发展方式转变的四个特征指标指数可以看出分项指标间的差异明显，发展方式转变的目标指数和成果指数均稳步上升，10 年间分别增长了大约 27%、26%，发展方式转变程度逐渐趋近于中度转变水平；发展方式的转变的动力指数有所增长，但速度缓慢，10 年间增长了 17%，属于轻微转变程度；发展方式转变的约束指数仅仅增长了 4%，表明经济发展的约束基本没有转变，仍然延续着原有的“高投入、高消耗、高污染”生产方式。特征指标的差异证明了资源型地区经济增长缺乏物质基础和动力保障，因此，必须从发展动力和发展约束两个角度切入，加快发展方式的转变。

## 二、分项评价

### （一）经济发展方式目标指数

经济发展方式目标指数用区域经济增长规模和产业结构来衡量。这是由资源型地区的经济运行特点决定的，即高速的经济增长和不合理的产业结构。首先，经济增长规模体现着经济运行的行为，是经济发展方式转变的核心内容。其次，产业结构的合理与否不仅直接影响经济增长规模，并且关系到经济发展方式转变深度。正如刘国光等（2001）指出，产业结构的变化有助于经济增长方式的转变，而技术进步是产业结构变化的根本原因。因此，资源型地区经济发展方式的

目标转变的核心内容是依靠技术进步，通过调整产业结构、促进产业升级，实现区域经济的增长目标。

由于资源型地区经济增长主要依靠资源型产业的产出拉动，而这些资源型产业又集中在工业部门，如煤炭、采掘业、森工等行业，因此，用工业部门的产值和就业所占总额的比重能比较准确地描述资源型产业特征。此外，第三产业的发展方式，尤其是生产性服务业的发展对经济发展方式转变具有重要作用，因为生产性服务业有助于把技术进步引入生产过程，有助于促进社会分工以及技术创新。

计算结果表明：

（1）整体上看，2001~2010 年，17 个资源型地区经济增长速度总体上是稳步上升的，2010 年经济增长指数达到了 147（见表 8-3）。其中，2008 年、2009 年的经济增长速度由于受到金融危机的影响有所回落，但是 17 个资源型地区的产业结构发展方式基本没有转变，指数仅为 108。2010 年的人均 GDP（按现行价计算）是 2001 年的 3.4 倍，人均 GDP 均值达到了 4092 美元。其中，除四川和甘肃两省外，其余 15 个省的人均 GDP 均超过或接近 3500 美元，这表明资源型地区已经进入了中等收入阶段，经济发展、社会进步中的许多问题将会不断出现。

（2）产业结构指数 10 年间没有明显变化，产业结构不合理状况依然存在。2001~2006 年产业结构指数与经济增长指数同步增长，这期间资源型地区的产业发展方式转变有向好的趋势，2007~2010 年产业指数与经济增长指数背离，产业结构发展方式转变有弱化的趋势。值得注意的是，10 年间，工业产出和就业的强劲增长带动了资源型地区经济的高速增长，表现为经济增长指数的上扬，资源型地区第三产业的发展远远落后于工业的发展，第三产业的产出指数和就业指数分别下降了 30%、5%，第三产业发展滞后现状将会阻碍工业部门的技术进步，从而影响工业部门产业结构发展方式的转变。

**表 8-3 经济发展方式目标指数**

| 年份 | 2001 | 2002 | 2003 | 2004 | 2005 | 2006 | 2007 | 2008 | 2009 | 2010 |
|---|---|---|---|---|---|---|---|---|---|---|
| 经济增长指数 | 100 | 105 | 109 | 112 | 110 | 116 | 114 | 98 | 102 | 147 |
| 产业结构指数 | 100 | 101 | 104 | 106 | 109 | 110 | 107 | 103 | 102 | 108 |

数据来源：以《中国统计年鉴（2002~2011）》、《中国科技统计年鉴（2002~2011）》以及相关网站数据为主，经笔者计算所得。

### （二）经济发展方式动力指数

资源型地区经济持续增长的动力主要来源于区域创新能力和基础设施水平。

区域创新能力的评价指标选取了研发投入（科技人员占从业人员比例、R&D的财政投入）以及研发产出（每百人R&D人员全时当量科技成果产出量）进行综合评价。就绝对数值而言，科技人员的数量逐年上升，2010年是2001年的3.6倍；R&D的财政支出额10年间增长了9.3倍，带动了区域创新指数的上扬。这说明，一方面区域创新能力不断增强，另一方面各省市政府非常重视研发，大量人、财、物的投入推动了科技进步，为资源型地区发展方式转变奠定了坚实基础。每百人R&D人员全时当量科技成果产出量反映了一个区域拥有自主知识产权的研究开发活动能力，经计算，这项指标的指数下降了16%，这是由于R&D人员全时当量数与科技成果数增长不同步所致（10年间，R&D人员全时当量数增长的5倍，科技项目增长3倍），但是，每百人R&D人员全时当量科技成果产出的绝对量是增加的，10年间增长了约1.4倍。从总体看，我国17个资源型地区区域创新能力有了较大提高，创新能力指数增长了27%（见表8-4），表明区域创新能力的转变已经趋近于中等转变程度。

基础设施水平的高低反映着区域间生产要素流动的能力，本书主要考察交通基础设施的建设情况，没有涉及能源、信息等网络基础设施建设。对于资源型地区而言，交通基础设施水平的高低不仅影响资源品的价格及资源型产业的发展，而且基础设施对区域经济增长具有外部效应。

这里用每万人拥有铁路里程和每万人拥有的公路数综合考察交通基础设施水平。

计算结果表明，10年间，基础设施建设水平没有明显提高，指数总体上呈下降趋势（见表8-4）。铁路方面，除了内蒙古、吉林、黑龙江、宁夏、新疆外，其余12个省的每万人拥有铁路里程均不到1公里（2010年底数据），每万人拥有的铁路里程指数下降了约20%，从铁路建设的数据看，10年间新铺设的铁路里程年增长率仅为3.3%，这说明各省在铁路建设方面严重滞后于经济发展；公路方面，每万人拥有的公路数超过50公里的只有内蒙古和新疆两个自治区，10年间每万人拥有的公路指数虽然增长了15%，但是，大多数建设主要是对原有的公路的改扩建工程以及一级和二级等级公路及等级外公路的建设，新建的高速公路和等级公路里程数比较少，使得作为物质运输的重要渠道的公路的整体运力严

重不足，资源型地区落后的基础设施已经不能为经济发展提供基础性保障。

**表 8-4　经济发展方式动力指数**

| 年份 | 2001 | 2002 | 2003 | 2004 | 2005 | 2006 | 2007 | 2008 | 2009 | 2010 |
|---|---|---|---|---|---|---|---|---|---|---|
| 发展方式转变动力指数 | 100 | 109 | 106 | 99 | 96 | 100 | 101 | 108 | 113 | 117 |
| 区域创新能力指数 | 100 | 112 | 109 | 101 | 94 | 104 | 108 | 118 | 126 | 127 |
| 基础设施指数 | 100 | 104 | 102 | 98 | 98 | 94 | 90 | 93 | 93 | 101 |

数据来源：以《中国统计年鉴（2002~2011）》、《中国科技统计年鉴（2002~2011）》以及相关网站数据为主，经笔者计算所得。

### （三）经济发展方式约束指数

我国 17 个资源型地区的经济发展主要依靠本地资源禀赋优势所形成的资源型产业的“粗放式”生产带动区域经济增长，那么，本地的资源储备、能源消耗等生产要素对经济发展的作用显得至关重要。此外，这种“高耗能、高污染”的生产方式对环境的依赖程度非常高，所以，环境的承载力也是影响经济发展的重要因素。本书采用单位工业增加值能耗（规模以上，当量值）和“三废”的排放、碳排放量指标分别表示影响经济发展速度的约束条件和区域经济可持续发展的约束条件。

计算结果可知，10 年间，我国 17 个资源型地区经济发展的约束没有转变（其指数为 104，见表 8-5），其原因是：一方面受到区域经济增长目标的限制；另一方面是由区域经济发展的比较优势决定的。尽管如此，经济发展的约束条件并不是经济发展的制约条件，资源型地区仍然可以通过发展动力的转变带动发展约束的转变。

从单位工业增加值能耗指标的计算可知，10 年间，单位工业增加值能耗指数逐年递增，年均增长率为 7%。这说明单位工业品附加值耗能的经济转化效率较低，资源型地区的经济发展方式仍然是“高投入、高耗能”的生产方式，资源型地区经济发展约束不仅基本没有转变，而且还有加剧的趋势。

环境可持续发展指数是从“三废”排放和碳排放两个方面测算的。10 年间，环境可持续发展综合指数没有明显改变，说明环境可承载能力没有提高。从分项指数计算结果看，2001~2010 年每亿元 GDP“三废”排放量由 508 吨下降到 135 吨，每万元 GDP 碳排放量由 2.68 吨增至 3.06 吨。由此可见，政府对工业排放污染物的治理措施没有从根本上解决经济发展与环境承载力的矛盾，随着经济增长速度的加快，环境的承载力将受到严峻考验。

表 8-5　经济发展方式约束指数

| 年份 | 2001 | 2002 | 2003 | 2004 | 2005 | 2006 | 2007 | 2008 | 2009 | 2010 |
|---|---|---|---|---|---|---|---|---|---|---|
| 发展方式转变约束指数 | 100 | 102 | 107 | 106 | 107 | 106 | 107 | 105 | 103 | 104 |
| 单位工业增加值能耗指数 | 100 | 103 | 109 | 109 | 110 | 109 | 110 | 109 | 107 | 106 |
| 环境可持续发展指数 | 100 | 102 | 105 | 103 | 105 | 104 | 103 | 100 | 99 | 101 |

数据来源：以《中国统计年鉴（2002~2011）》、《中国科技统计年鉴（2002~2011）》以及相关网站数据为主，经笔者计算所得。

### （四）经济发展方式成果指数

经济发展方式成果的转变主要体现在居民的生活质量、生活环境和收入分配三个方面（见表 8-6）。总体看，资源型地区经济发展方式成果转变有优化的趋势，10 年间，发展方式转变成果指数增长了 26%，经济发展的成果转变正在向中等程度转变，其中居民生活的质量指数提高了 50%，居民生活的环境指数增长了 20%，表明居民生活水平和生活环境明显改善。但是，收入分配方面基本没有转变，说明现行的分配制度不能体现公平性。

从分项指标看，居民生活质量指数有较大提高（Z > 40），说明 2001~2010 年居民的生活质量明显改善，特别是居民的社会养老保险 10 年间增长了 2.3 倍，17 个地区中有 11 个地区的参保率达到了 100%，其他地区都在 80%以上；6 岁以上的居民的高等教育人口比例增长了 20%以上，区域的人口素质不断提高；居民的医疗条件总体上有改善，但医疗的覆盖面主要集中在城乡地区，对于偏远山区及牧区居民的医疗条件并没有明显的改善；货币购买力反映了居民的消费能力，由于我国的 CPI 指数持续上升，因此，10 年间居民的货币购买力下降了约 20%，表明居民可拥有的实物资产水平与 GDP 高速增长率相背离，居民没有充分享受到经济增长的成果。

随着居民生活质量的提高，人们对生活环境的要求也越来越高，对生活环境指标的计算结果显示，10 年间，居民的生活环境改善得比较快，建成区的绿化率和城市道路的铺设量都有明显提高。值得一提的是，资源型地区这 8 年的经济高速发展的同时，政府特别关注空气质量的改善，17 个地区的省会城市的空气质量达到二级以上的天数占全年的比例增长了 11%，除兰州和乌鲁木齐外，其余 15 个城市的空气质量达到二级以上的天数均在 300 天以上，昆明达到了 365 天。

收入分配是经济发展、社会进步的体现。本书采用基尼系数来衡量社会收入分配公平程度；用工资总额占 GDP 比重反映劳动报酬参与 GDP 分配的程度。

（1）基尼系数。由计算结果来看，2007 年以前，基尼系数指数稳中有降，这表明 17 个资源型地区的居民收入分配趋于公平，2007 年以后，基尼系数指数上升比较快（约为 8%），收入分配不公平现象显著。从基尼系数的绝对数据来看，17 个资源型地区的基尼系数均值为 0.388（2009 年底数据），虽然低于全国的基尼系数水平（0.458），但已经接近国际警戒线的数值，表明收入分配不公平现象有加剧的趋势。

（2）工资总额占 GDP 比重。从绝对数值看，10 年间，工资总额占 GDP 的比重均值下降了 2%，特别是经济增长率高的地区，如内蒙古、陕西、宁夏等省的工资总额占 GDP 的比重下降得更快，工资总额占 GDP 的比重指数与基期相比仅增长了约 8%，这说明以工资计算的劳动报酬参与 GDP 分配的程度比较弱，现有的分配制度不能通过工资体现收入分配的公平性。

**表 8-6　经济发展方式成果指数**

| 年份 | 2001 | 2002 | 2003 | 2004 | 2005 | 2006 | 2007 | 2008 | 2009 | 2010 |
|---|---|---|---|---|---|---|---|---|---|---|
| 发展方式转变成果指数 | 100 | 102 | 109 | 104 | 103 | 109 | 115 | 121 | 122 | 126 |
| 居民生活质量指数 | 100 | 103 | 104 | 104 | 105 | 118 | 127 | 142 | 141 | 145 |
| 居民生活环境指数 | 100 | 99 | 120 | 105 | 106 | 109 | 113 | 113 | 112 | 121 |
| 个人收入分配指数 | 100 | 102 | 103 | 102 | 100 | 100 | 104 | 108 | 110 | 111 |

数据来源：以《中国统计年鉴（2002~2011）》、《中国科技统计年鉴（2002~2011）》以及相关网站数据为主，经笔者计算所得。

根据上述指标的测算可知，2001~2010 年，在全国经济高速增长的带动下，资源型地区经济增长也强劲上扬，特别是在 17 个资源型地区年均经济增长率超过全国平均水平，其中山西、内蒙古、陕西、宁夏 4 个省的年均 GDP 增长率超过20%，超过全国平均值约4个百分点，然而，资源型地区的经济高增长率能否持续下去呢？目前的经济增长方式的动力能否持续下去呢？结论是明显的，资源型地区经济增长能否持续的关键在于资源型产业发展方式的转变，因为产业基础、产业结构及产业发展方向决定着资源型地区经济发展水平，影响着居民的生活质量、收入分配公平性等社会因素的进步。因此，资源型产业发展方式的转变是资源型地区经济发展方式转变的主要内容。

据测算，2001~2010年，资源型地区经济发展方式总体上向好转变，经济持续高速增长，区域创新能力不断增强，人民生活质量明显改善，但是存在的问题也很明显：①产业结构不合理状况没有明显改变，原有的生产方式制约着经济发展速度，所以，资源型地区需要寻求合理的产业发展模式，从而推动区域经济持续地发展；②基础设施薄弱，基础设施网络还没有建立起来，基础设施的基础性作用难以体现；③经济发展的约束没有转变，合理地资源开发、利用及补偿机制的建立不完善，这会阻碍资源型产业持续、稳定的发展；④发展成果的分配失衡，主要表现为初次分配和二次分配制度有缺陷，使得以工资体现的劳动报酬分配不公平，社会成员不能充分享受到经济发展的成果。据此，本书提出了如下的建议：

第一，调整资源型地区的产业结构，推动资源型产业的优化升级。我国资源型地区的经济高速增长主要依靠第二产业中工业部门（资源型产业）的产出拉动，而第三产业对经济增长的贡献率比较低，2001~2010年，第二产业的总产出占GDP比重超过50%，而第三产业总产出占GDP比重只有30%左右，这样产业结构带来的直接后果是资源型地区经济增长速度将会趋缓。因此，必须调整资源型地区产业结构，如加快生产性服务业的发展，将先进技术引入生产部门，这不仅促进社会分工及技术创新，而且还可以拉动与其相关的工业部门的需求，从而带动整个经济的发展，生产性服务业的发展使得技术进步与经济增长有机的结合，并促进资源型产业的优化升级。

第二，加快基础设施网络建设，充分发挥基础设施的保障作用。国内外许多学者已经证明基础设施通过投资驱动和间接的溢出效应带动经济增长，如Romer（1986）、Lucas（1988）和Barro（1990）通过内生增长模型从理论上证明了基础设施存在对经济增长的正外部性，Baum（1998）估算了德国交通运输的正外部性，发现1950~1990年，德国的国民收入中的24.5%来自交通基础设施的正外部效应。此外，我国学者刘生龙、胡鞍钢（2009，2010）对我国的基础设施外部性进行了实证研究，发现交通基础设施和信息基础设施对我国经济增长有着显著的正外部效应。经本书计算，我国资源型地区的基础设施建设严重落后于经济增长速度，17 个地区的基础设施指数比经济增长指数低一半，其中高速公路、等级路等道路的建设速度更是缓慢，严重影响区域间生产要素流动。因此，资源型地区应加快公路网络以及与之配套的网络基础设施建设，一方面通过投资拉动区域内需求的增长，另一方面通过间接的溢出效应带动区域间经济增长，使基础设施建设不仅成为经济发展的基本保障，也是区域经济发展的重要驱动力之一。

第三，建立和完善资源补偿机制，促进经济、环境与生态系统的协调发展。关于经济可持续发展与资源开发利用、生态系统破坏等问题不仅存在于我国的资源型地区，三者的矛盾始终贯穿于我国的经济发展中。学者们对此做了大量研究，如毛显强、钟瑜等（2002），中国生态补偿机制与政策研究课题组（2007），谭秋成（2009）等人分别从理论和实践两方面对生态补偿机制与经济发展的协调关系作出了阐述，路卓铭（2007），于祥明、叶勇（2007），王一鸣（2008）等人基于可持续发展视角下对建立健全资源有偿使用制度和生态环境补偿机制以及资源价格改革问题进行了研究，徐晓亮、吴凤平（2011）认为，资源价值补偿能有效缓解资源压力，改善环境状况，而合理且有效的资源补偿能有效协调经济和资源环境系统，促进社会经济的可持续发展。

本书计算表明，20 世纪 90 年代后，资源型地区的高经济增长率有 1/2 来自资源型产业的高产出，但是，资源条件的客观原因使得资源型地区经济持续发展难以维系。因此，资源型地区建立和完善资源开发利用、生态补偿与经济协调发展的机制刻不容缓，应该从不可再生资源和可再生资源两方面建立有效地资源补偿机制，主要体现在健全资源补偿的法律体系、扩大资源税征收范围、制定合理资源补偿的价格标准等方面，建立和完善资源补偿长效机制，从而使资源开发利用、生态环境与经济发展协调发展。

第四，优化收入分配结构，促进经济发展成果分配公平。收入分配结构的不合理是阻碍经济发展方式转变的重要因素，社会成员不能公平、公正地分享社会发展成果，会降低经济发展的意义，增加社会运行的成本，因此，建立和完善合理的初次分配和二次分配制度是经济发展方式转变的关键。如果劳动者的报酬总额占 GDP 的比重越高，则说明国民收入的初次分配越公平。按照国际经验，市场经济比较成熟的国家或地区这个比例为50%~70%，而我国资源型地区劳动者的报酬总额占GDP的比重只有20%左右，存在着较为严重的收入分配不公平现象。因此，在中央与地方财权、地方财政支配能力等方面应该建立有效地分配制度，同时进一步完善税收、转移支付制度，优化收入分配结构，使社会成员充分享受到经济发展的成果。

# 第九章　资源型地区经济发展的影响因素

本章首先对我国资源型地区的粗放式经济增长方式进行了统计性描述，然后利用 Solow-Swan 模型建立生产函数并计算 Solow 剩余，资源型地区技术对经济增长的贡献率小于 50%，进一步证明了资源型地区的粗放式经济发展方式。在粗放式经济增长方式的条件下，分析了资源型地区经济发展的驱动力以及影响发展的主要因素，为探索经济发展方式转变的实现途径做基础。

## 第一节　资源型地区经济增长的特征

### 一、经济变量的特征

近 10 年来，我国的 17 个资源型地区的经济增长速度较快，受到了学界、政界的广泛关注，其特征表现为：

第一，经济总量和人均 GDP 增速均快于全国水平。我国的 17 个资源型地区的经济增长速度快于我国平均水平 8 个百分点，17 个地区年均增长率超过 20% 的地区有四个（内蒙古、山西、陕西、宁夏），增长率最慢的黑龙江省的年均增长率为 14.24%，如图 9-1 所示。从人均 GDP 的增速看，17 个地区年均增长率为 16.86%，高于全国平均水平 8.1 个百分点，其中内蒙古人均 GDP 的增长率最高，为 23.37%，云南人均 GDP 的增长率最低，为 13.99%，如图 9-2 所示。

第二，资源型地区区域间经济发展不均衡。近些年来，我国的资源型地区经济发展速度较快，然而 17 个地区的区域间发展差异表现显著，地区 GDP 增长率

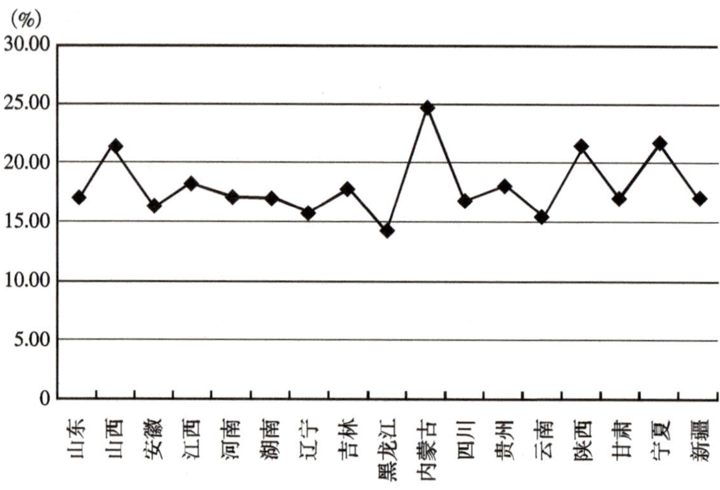


**图 9–1　17 个资源型地区 GDP 年均增长率**

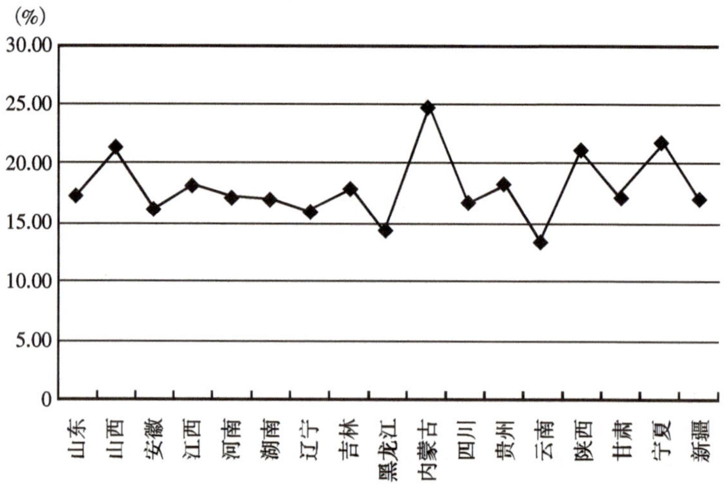


**图 9–2　17 个资源型地区人均 GDP 增长率**

高于地区 GDP 平均值的只有 6 个（山东、安徽、河南、湖南、辽宁及四川）。此外，宁夏是地区 GDP 总量最低的一个区域，该地区的产出只相当于资源型地区 GDP 均值的 12.4%，而山东是 GDP 增长最快的区域，该地区的产出是资源型地区 GDP 均值的 3.26 倍，如图 9–3 所示，由此可见，我国 17 个资源型地区的区域间经济发展极不平衡。

第三，第二产业对地区 GDP 的贡献率偏高，第二产业偏重。资源型地区三次产业分布不合理，第二产业的产出对地区 GDP 的贡献率均在 40%以上，山西

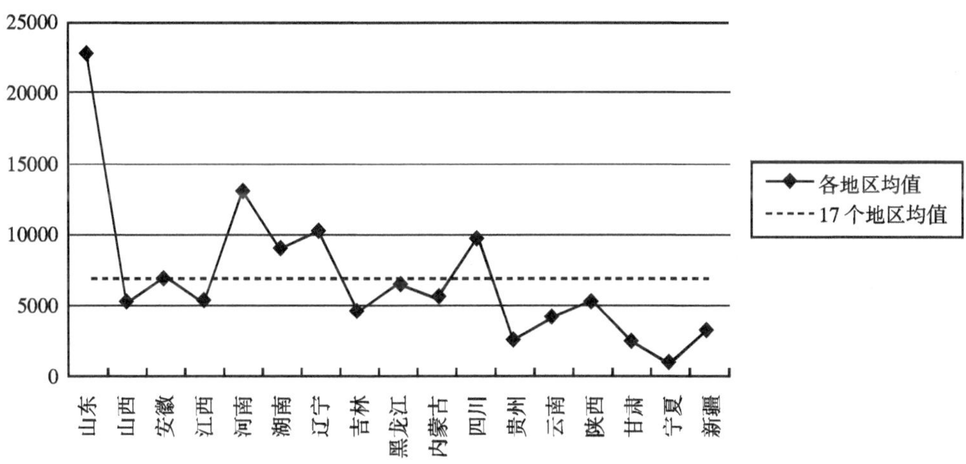


**图 9-3　17 个地区 GDP 与资源型地区 GDP 均值的对比**

最高，达到 56%，最低的贵州也达到了 40.3%，这说明资源型地区经济增长中的第二产业所占的比重偏高。这些地区的经济高速增长依赖于第二产业的发展，特别是采矿业、制造业、电力、燃气、煤炭业等资源型产业的发展；第三产业产出对区域 GDP 的贡献率均在 35%左右，并且，近 10 年来没有显著的变化，这说明资源型地区的第三产业的发展相对滞后；第一产业的贡献率大部分省区市维持在 15%~20%的水平，多年来不仅没有提高且下降趋势明显，如图 9-4 所示。由此可见，我国的资源型地区的产业结构形成了“二、三、一”的模式，区域经济发展主要依赖于资源型产业增长，但是，这样的“高投入、高消耗、低产出”的产业发展模式难以为继。因此，有必要探索有效地经济发展方式以便于获得经济增长的持久性驱动力。

由此可见，尽管我国 17 个资源型地区的经济增长领先于全国平均水平，但是，这些地区存在着经济增长的产业结构单一且偏重于第二产业、第二产业，就业率偏低、生产要素投入比例不合理等问题，导致资源型地区经济发展的后劲不足。因此，探索资源型地区经济增长的驱动力、影响因素以及可持续经济发展方式显得尤为重要。

## 二、经济增长方式的特征

假设：我国的资源型地区经济增长方式表现为粗放式特征。

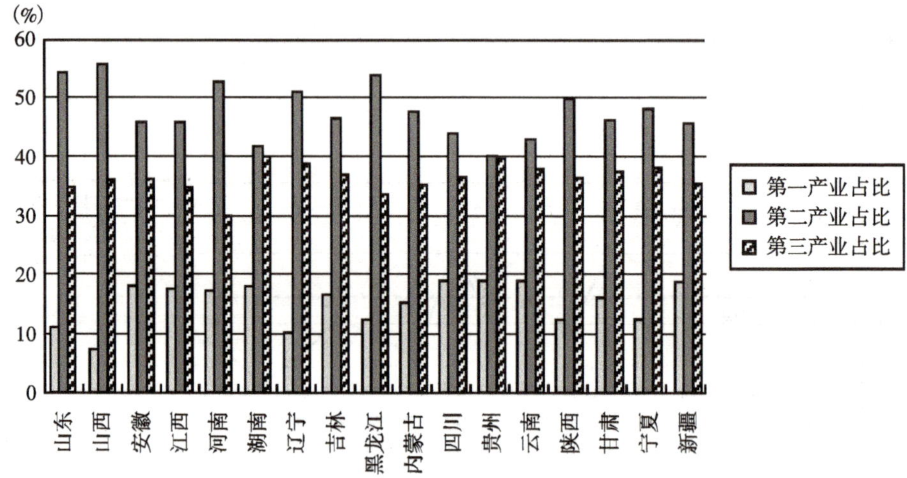


**图 9-4 三次产业对该区域 GDP 的贡献率**

经济增长方式的特征可分为粗放式和集约式，下面通过实证分析进一步说明我国资源型地区的粗放式经济增长特征。

经济增长的动力来源于要素的投入，一般情况将要素分为劳动力、资本及技术要素，若劳动力及资本要素的投入对地区经济增长的贡献率大于 50%，则认为是粗放式经济增长特征；若技术对地区经济增长的贡献率大于 50%，则认为是集约型经济增长特征。根据新古典增长理论，利用 Solow-Swan 模型建立生产函数为：

$$y_t = f(L,\ K,\ A) \tag{9-1}$$

式中，$y_t$ 为 t 时刻该地区的 GDP 值，L 及 K 分别为劳动力和资本的投入量，A 为技术水平。

对方程（9-1）求全微分得：

$$dy_t = \frac{\partial f}{\partial A} + \frac{\partial f}{\partial L}\cdot L + \frac{\partial f}{\partial K}\cdot K \tag{9-2}$$

方程（9-2）两边同时除以 $y_t$ 得到：

$$\frac{\partial y_t}{y_t} = \frac{\partial f}{\partial A}/y_t + (\frac{\partial f}{\partial L}\cdot L/y_t)\cdot\frac{dL}{L} + (\frac{\partial f}{\partial K}\cdot K/y_t)\cdot\frac{dK}{K}$$

令：$\frac{\partial f}{\partial A}/y_t = \alpha_0$，$\frac{\partial f}{\partial L}/y_t = \alpha_1$ 及 $\frac{\partial f}{\partial K}/y_t = \alpha_2$ 分别为劳动力的产出弹性和资本的产出弹性，则有：

$$\frac{dy_t}{y_t} = \alpha_0 + \alpha_1\cdot\frac{dL}{L} + \alpha_2\cdot\frac{dK}{K} \tag{9-3}$$

式（9-3）中$\frac{\partial y_t}{y_t}$、$\alpha_0$、$(\alpha_1\frac{dL}{L}+\alpha_2\frac{dK}{K})$分别表示全要素增长率、技术要素投入的增长率、劳动力和资本要素投入的增长率，如果$\alpha_0/\frac{\partial y_t}{y_t}>50\%$，则认为是集约型经济增长；如果$(\alpha_1\cdot\frac{dL}{L}+\alpha_2\cdot\frac{dK}{K})\Big/\frac{dy_t}{y_t}>50\%$，则认为是粗放型经济增长。

根据上述理论，首先测算我国资源型地区 2000~2011 年劳均产出（Y/L）、劳均资本变化率（K/L）以及资本产出比的变化率（K/Y），然后利用索洛剩余计算出全要素增长率（TFP）。

由图 9-5 可以得出，总体上看，2000~2011 年我国资源型地区的劳均产出和劳均资本均呈现递增的趋势，表明劳动力和资本在区域经济发展中越来越重要，并且，劳均产出的增长远远大于劳均资本的增长。这说明资源型地区劳动力投入量的增长远远大于资本投入量的增长，该区域经济增长主要依赖于劳动力的拉动，意味着劳动力的产出效率高于资本的产出效率。

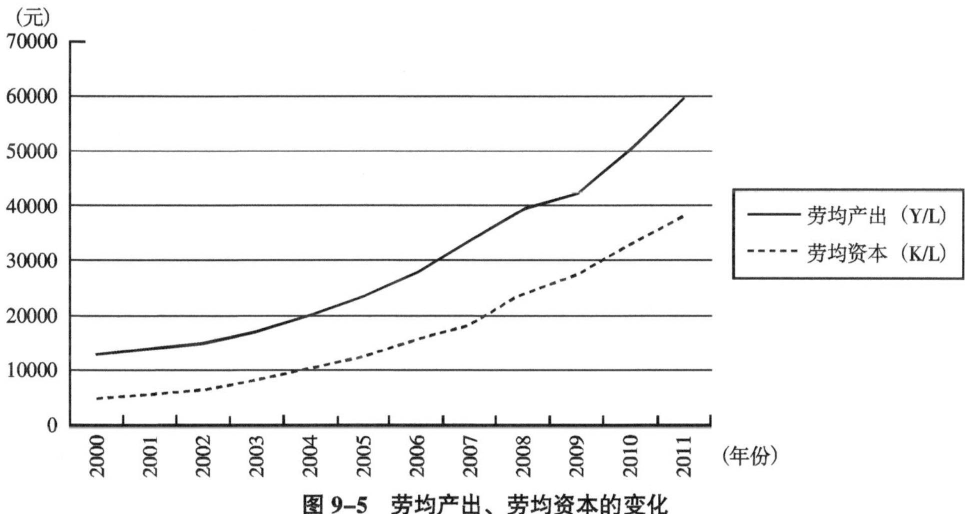


**图 9-5　劳均产出、劳均资本的变化**

由图 9-6 可以得出，2000~2011 年我国资源型地区的资本产出比是逐年递增的，表明资本的大量投入并没有带来产出的同步增长，也就是说，资本的使用效率是下降的。劳动产出比是逐年递减的，即每单位产出中所使用的劳动力数量是递减的，说明劳动生产率是不断提高的。

利用索洛剩余计算法对我国 17 个资源型地区的 TFP 的贡献率进行测算，由

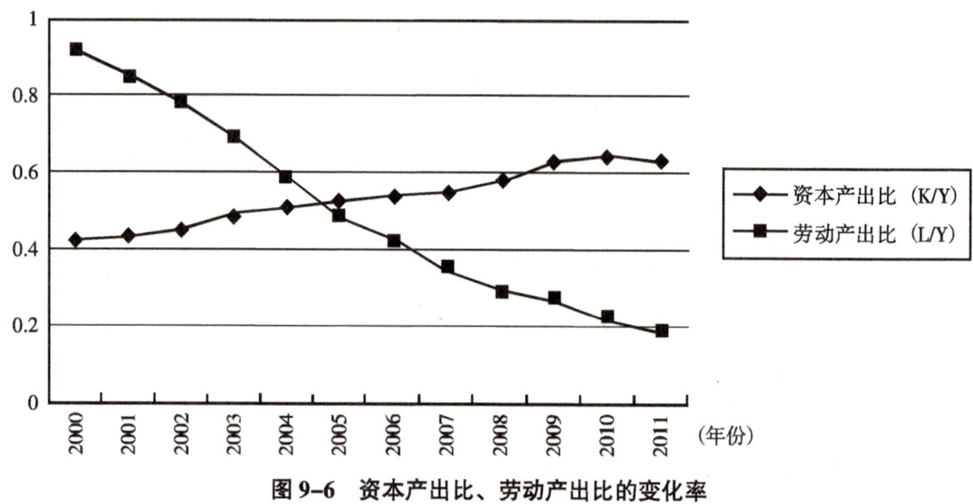


**图 9-6 资本产出比、劳动产出比的变化率**

图 9-7 可知，一方面，要素生产率的提高促进了经济发展，但效果很有限，并没有改变要素的产出效率，如四川、内蒙古、江西等地；另一方面，全要素增长率差异相差较大，如江西、陕西、四川、宁夏等地的 TFP 值均在 0.4 以上，湖南、新疆却很低，尤其是新疆为 0.08。因此，我国资源型地区的经济增长仍然是粗放式增长特征，TFP 值均小于 0.5。

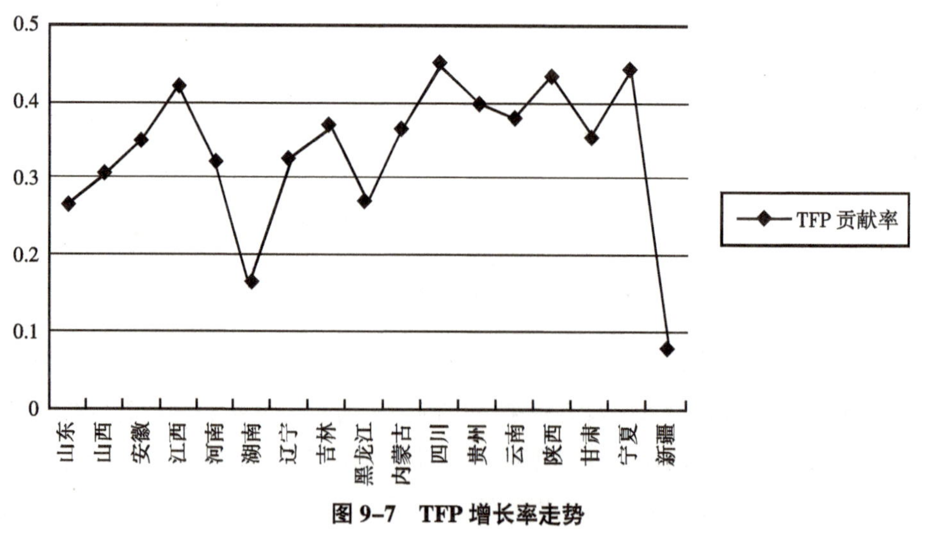


**图 9-7 TFP 增长率走势**

综上所述，我国资源型地区经济增长方式表现为粗放式增长，即经济增长依赖于要素的高投入，但是要素的使用效率以及技术水平却没有相对提高，反而随着要素投入的增加有所下降，导致经济产出与要素投入成反比。此外，资源型地区的高产出是以资源的“高投入、高消耗”为代价的，在资源和环境的约束条件下，目前的经济发展受到很大制约。因此，经济发展方式必须由粗放式的要素支撑型的增长转变为技术支撑型的内涵式增长。

## 第二节 资源型地区经济发展的驱动力

计算结果表明，我国资源型地区经济发展是粗放式增长方式，相对于集约型经济增长，其弊端表现为：一方面对能源的过度开采使得生态环境加速恶化，环境的污染导致环境的承载能力急速下降；另一方面粗放式经济增长条件下的资源使用效率低下，造成资源供给不足问题凸显。因此，探索高效、持续、稳定的经济发展方式显得尤为突出。

纵观世界经济发展史，西方工业化国家的经济发展模式对我国资源型地区经济可持续发展方式探索具有一定的借鉴意义。不同经济发展阶段，主导产业的替代导致了经济增长的驱动力也随之改变。

经济发展初期，注重经济的高速增长，因此对资源的开采及使用高度依赖，这个阶段，经济增长的驱动力是资源的“高投入、高消耗”。经济增长的成长期，注重资本的原始积累，因此投入大量的机器设备代替手工操作，大大提高劳动生产率，这个阶段的主导产业为重化工业，经济发展的驱动力为资本的大量投入。

经济增长的快速发展期，注重经济效率的提高，因此，全社会大量进行研发活动，技术进步成为推动经济增长的驱动力，这个阶段，第二产业与第三产业一体化发展。

经济发展进入成熟期，注重经济发展的质量与效率，这个阶段是信息化时代，信息技术是经济发展的主要驱动力，主导产业为信息通信产业。如表 9-1 所示。

表 9-1 西方工业化国家经济发展阶段

| 时间 | 增长阶段 | 主要内容 | 驱动因素 | 主导产业 |
|---|---|---|---|---|
| 1770 年以前 | 经济发展初期 | 资源开发 | 大量资源投入 | 农业 |
| 1770~1870 年 | 经济成长期 | 大机器时代 | 资本积累 | 重化工业 |
| 1870~1970 年 | 经济快速发展期 | 效率提高 | 技术进步 | 服务与制造业一体化 |
| 1970 年以后 | 经济发展成熟期 | 信息通信技术 | 信息化 | 信息通信产业 |

由上述分析可知，我国资源型地区的经济发展阶段处于重化工业向服务业和制造业一体化的阶段过渡期，经济发展的驱动力也随之由资本、劳动力的大量投入向技术进步转变，产业结构也必将进行调整。

2000 年以来，我国的资源型地区经济进入了高速发展期，经济增长的驱动力主要依赖于资源的大量消耗以及大量廉价的劳动力，这些地区的经济增长也主要依靠第二产业的高速发展带动。在技术水平低、工业基础薄弱的条件下，要想实现资本的快速积累只能依靠粗放式经济增长方式，但是，进入到经济快速发展期后，粗放式经济发展不仅带来了资源浪费、环境污染、经济效率低等问题，而且导致产业结构失衡，重化工业等第二产业偏重，农业及第三产业发展相对滞后，这种产业间发展的不协调反过来又影响了第二产业的发展。因此，资源型地区的经济发展方式的转变依赖于产业结构的调整，而产业结构调整的关键在于探索新型的产业组织形式，这种产业形式不仅依托第二产业的发展，而且它的发展同时带动了相关产业（服务业、中介、法律咨询等）的发展。那么，只有产业的集群化发展能够实现服务与制造业的一体化发展，通过产业集群的规模效应、技术外溢效应等实现产业的升级、技术的进步，从而使资源型地区的资源型产业实现可持续发展。

## 第三节 资源型地区经济发展的影响因素

资源型地区依托于丰富的矿产、煤炭、天然气、石油等资源发展本地工业，但是大多数产业处于产业链低端，生产的产品附加价值低，且对环境破坏较为严重。随着经济的快速发展，资源型地区的这些诸如产业结构单一、严重依赖于自然资源、外部环境脆弱等因素对经济制约作用将逐渐得以体现，一些学者已经发现，自然资源的大量开发并不能够带动自然资源丰富的国家或地区经济的发展，反而会由于资源开发所产生的一些负面效应阻碍资源型国家或地区经济的发展，即所谓的资源诅咒现象。

20 世纪 90 年代以来，许多学者通过实证分析证实世界各国的资源丰裕程度与其经济发展呈现负相关。也就是说，资源丰富的国家并没有从资源的比较优势当中获益而加速经济增长，反而容易陷入资源禀赋的比较优势陷阱，导致经济发展步履维艰甚至衰退。导致资源型地区经济发展缓慢的因素有很多，主要有以下几个。

**（一）生产要素的制约**

首先，资源相对匮乏。资源型地区的经济增长主要依赖于当地的自然资源。在重化工业时期，最显著的特点是能源、矿产资源消耗量不断地增加，资源的“高投入、高消耗”支撑着制造业的产出，拉动区域经济的增长。然而，经过多年的开采、使用，资源相对匮乏的现象凸显，资源的约束越来越显著，这已经阻碍了资源型地区经济发展速度和质量，同时带来的生态问题及环境问题越来越严重。我国学者研究表明，如徐康宁、韩剑提出中国区域的经济增长存在着“资源诅咒”效应的假说，这也是地区发展差距的一个重要原因，并且证明了我国不同省份之间资源禀赋与经济增长的相互关系，实证结果表明我国资源型地区的发展速度普遍慢于资源贫瘠的地区。再如邵帅、齐中英通过 1991~2006 年的省际面板数据对西部地区的能源开发与经济增长之间的相关性及其传导机制进行了计量检验和分析。研究结果表明：自进入 20 世纪 90 年代以来，西部地区的能源开发与经济增长之间存在显著的负相关性，能源开发确实带来了“资源诅咒”效应。

其次，忽视人力资本的培养。由于我国资源型地区处于工业化的成长期，注重经济的高速增长，过分偏重物质资本积累，忽视了人力资本的积累。所以，长期以来，劳动力的总体素质明显偏低，一般劳动力大量过剩与人力资本短缺现象并存，阻碍了区域经济质量的提高。

最后，技术进步迟缓。从整体看，我国产业发展不平衡且地区发展差距较大；从区域看，我国资源型地区的粗放式经济增长依靠数量的扩张实现了经济的快速发展。然而，落后的技术水平不仅造成资源使用的低效率，而且阻碍区域经济的可持续发展。因此，资源型地区的粗放式增长向集约型增长转变过程中，技术进步将成为关键性要素，无论是原有地资源型产业的升级还是拓展型的产业领域，都要依靠技术进步实现，所以，技术进步是制约资源型地区经济发展的重要因素之一。

**（二）产业结构制约**

我国资源型地区经济发展与产业结构失衡并存，如轻工业及重工业结构不合理、基础产业和基础设施遭遇“瓶颈”、结构性经济过剩、消费需求的“结构转换缺口”等。在经济发展方式转变过程中，关键是进行产业结构调整，消除影响经济可持续发展的制约因素，从而探索资源型地区的可持续发展的方式。如产业结构从劳动密集型为主向资本密集型，进而向技术密集型、知识密集型为主转换；市场化进程中企业所有制结构向多元化方向调整；产业整体上实现技术水平升级问题；等等。

# 第十章 能源约束与资源型地区经济发展方式转变

我国 17 个资源型地区经济的高速增长不仅依赖于自然资源的消耗，而且还是能源消费大区。能源作为重要的生产要素推动着经济的快速增长，数据表明，能源消耗量与经济发展速度呈正相关关系。但是，能源供给量的急剧下降以及结构性偏差已经成为资源型地区经济持续发展的“瓶颈”，同时这些地区还面临着环境约束的压力，因此，原有的依靠大量能源和环境的“高投入、高消耗、高污染、低产出”的粗放式增长方式已经难以继续下去。所以，探索保持经济持续增长与能源消耗之间的均衡问题具有重要的现实意义和理论意义，也是实现资源型地区经济发展方式转变的重要课题。

## 第一节 资源型地区能源供需的现状分析

### 一、资源型地区能源供给状况

#### （一）能源储备量的统计描述

根据我国第三次全国煤田储量预测，已探明的煤田地质储量约为 10000 亿吨，其中山西约为 2600 亿吨，内蒙古约为 2800 亿吨，陕西约 1700 亿吨，新疆约 950 亿吨，贵州约 500 亿吨，宁夏约 300 亿吨。全国尚未探明的煤炭预测地质储量约为 45521 亿吨，其中储备数量最多的五个地区依次为新疆 18037 亿吨，内蒙古 12250 亿吨，山西 3899 亿吨，陕西 2031 亿吨以及贵州 1897 亿吨，本书涉及的 17 个资源型地区储备数量约占总数的 90%以上，如图 10–1 所示。

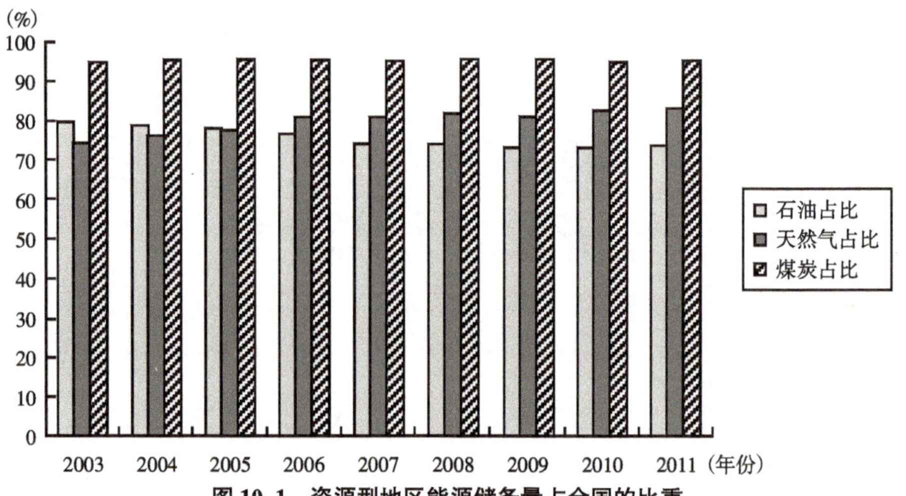


**图 10-1 资源型地区能源储备量占全国的比重**

资料来源：《中国统计年鉴（2004~2012）》，经笔者计算。

如表 10-1 所示，尽管我国的能源储备量总量较大，但是，我国的煤炭可采储存总量仅位于世界第三，且储采比为 80 年，远远低于美国（234 年）和俄罗斯联邦（500 年）的储采比年限，也低于世界平均水平（133 年）。石油的剩余可采储备量约为 324 亿吨，储采比为 15 年，远低于世界石油剩余的储采比的 41 年。我国天然气的储备总量约为 40206 亿立方米，储采比约为 40 年，低于世界天然气储采比的 60 年。由此可见，尽管资源型地区的能源储备总量占全国总量的 70%左右，但是与世界其他国家相比仍然处于较低水平，因此，能源约束是资源型地区经济可持续发展的“瓶颈”。

**表 10-1 17 个资源型地区能源储备量统计（2003~2011 年）**

| 年份 | 2003 | 2004 | 2005 | 2006 | 2007 | 2008 | 2009 | 2010 | 2011 |
|---|---|---|---|---|---|---|---|---|---|
| 石油<br>（亿吨） | 193<br>(243) | 196<br>(249) | 196<br>(250) | 213<br>(276) | 210<br>(283) | 214<br>(289) | 216<br>(195) | 232<br>(317) | 238<br>(324) |
| 天然气<br>（亿 m³） | 16587<br>(22289) | 19179<br>(25292) | 21904<br>(28185) | 24165<br>(30009) | 26126<br>(32124) | 27768<br>(34049) | 30034<br>(37074) | 31177<br>(37793) | 33416<br>(40206) |
| 煤炭<br>（亿吨） | 3166<br>(3342) | 3214<br>(3373) | 3166<br>(3324) | 3181<br>(3335) | 3110<br>(3261) | 311<br>(3261) | 3049<br>(3190) | 2655<br>(2794) | 2056<br>(2158) |

资料来源：《中国统计年鉴（2004~2012）》，括号内的数据为全国能源储备总量。

### （二）能源生产量的统计描述

1. 能源生产总量变动特征

首先，从总量上看，2000~2001 年我国资源型地区的能源生产量保持着快速上升的态势，年均增长率为 13.73%（如图 10-2 所示）。2000 年开始实施西部大开发战略后，西部地区加快工业化、城市化的进程，对能源的需求量也急剧增加，能源的生产量增长速度较快。其次，从增长率上看，2001~2005 年的增长率波动幅度较大，这期间由于发展战略实施伊始，原有能源工业与现有工业发展的需求不适应，能源生产处于调整期，导致生产量不稳定，加之 20 世纪 90 年代末，国务院决定关停非法的及产业布局不合理的小煤窑 25000 多个，2000~2002 年煤炭生产量大幅度下降。2008 年，受到金融危机的影响，工业生产规模缩小，对能源的需求量也随之下降。最后，17 个地区内部的能源生产量不均衡，从图 10-3 可以看出，区域经济的发展对能源的需求较大的三个地区占 17 个地区总量的一半左右，说明这三个地区不仅拥有丰富的能源储备，且经济的快速发展与能源的“高消耗、高投入”是同步的。

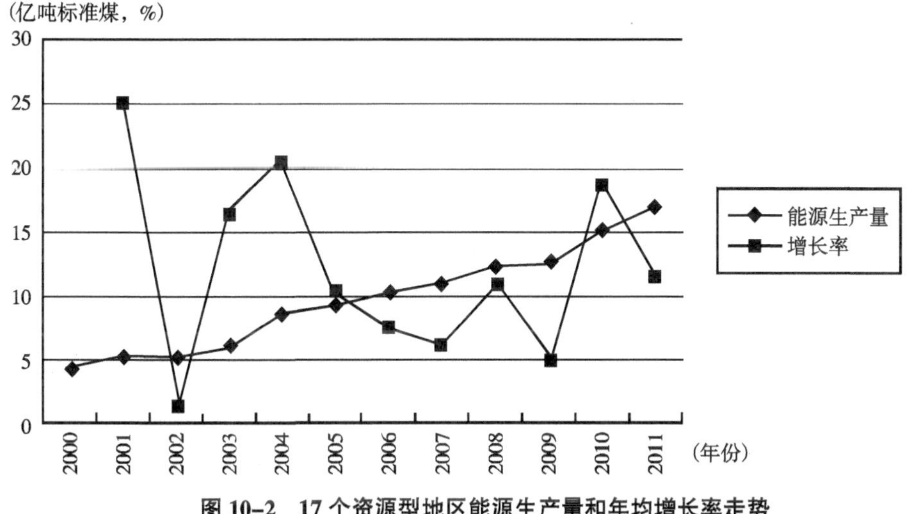


**图 10-2　17 个资源型地区能源生产量和年均增长率走势**

2. 人均能源生产量特征

我国资源型地区的人均能源生产量自 2003 年高于全国平均水平 1.6 吨标准煤/人（如表 10-2 所示），2000~2011 年，人均能源生产量增长了 4.2 倍，总体上保持逐年递增的态势（如图 10-4 所示），其中，2000~2002 年增长率比较平稳，

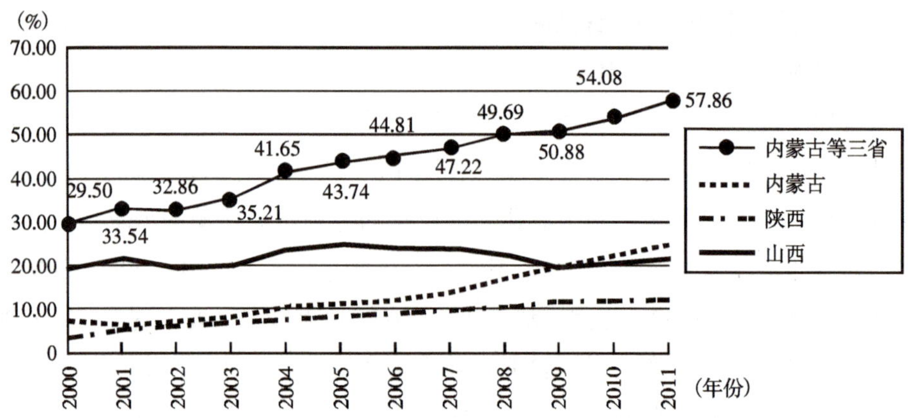


**图 10–3　内蒙古、山西和陕西的能源生产量占资源型地区的比重**

数据来源：《中国统计年鉴（2001~2012）》，经笔者计算整理。

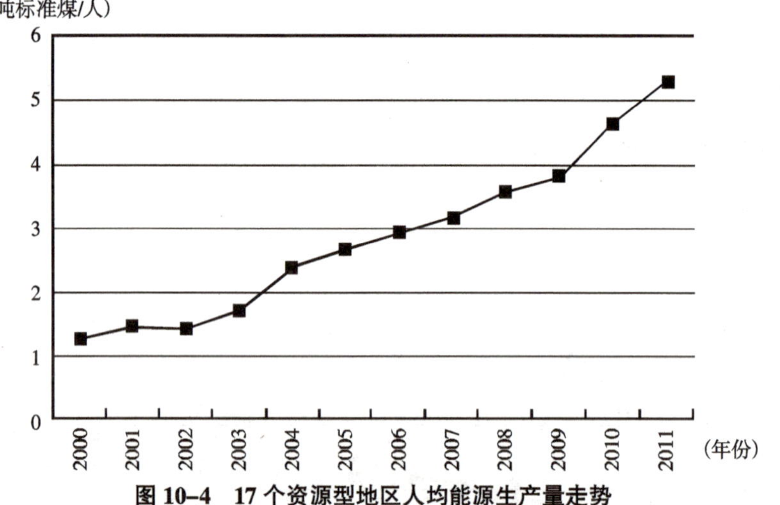


**图 10–4　17 个资源型地区人均能源生产量走势**

数据来源：《中国统计年鉴（2001~2012）》，经笔者计算整理。

**表 10–2　2000~2011 年 17 个资源型地区人均能源生产量（2000~2011 年）**

单位：吨标准煤/人

| 年份 | 人均能源生产量 | 年份 | 人均能源生产量 |
|---|---|---|---|
| 2000 | 1.25 | 2006 | 2.92 |
| 2001 | 1.48 | 2007 | 3.14 |
| 2002 | 1.43 | 2008 | 3.57 |
| 2003 | 1.68 | 2009 | 3.82 |
| 2004 | 2.39 | 2010 | 4.61 |
| 2005 | 2.67 | 2011 | 5.27 |

数据来源：《中国统计年鉴（2001~2012）》，经笔者计算整理。

这是由于国家政策调整的影响，2003 年之后均处于快速增长期，这表明资源型地区的经济增长依赖于大量能源的消耗，尽管这些地区的能源储备比较大及生产能力比较强，但是与能源丰富的国家和地区相比，能源人均拥有量仍处于短缺的状态。

## 二、资源型地区能源需求状况

能源在一国经济发展中是必不可少的重要物质之一，我国是一个能源消费大国，并且随着我国市场化和工业化发展进程的推进以及经济增长，我国对于能源的需求将会进一步放大，供求的失衡将会导致区域经济发展的缓慢。

### （一）能源消费量的统计描述

1. 能源消费量与 GDP 增长率负相关

从能源消费量的占比看，17 个资源型地区中的山东、山西、河南、湖南、辽宁、内蒙古以及四川 7 个地区的能源消费量占 17 个地区总量的 62.81%，其余 10 个地区的消费总量占比为 37.19%。由此可见，各地区能源的消费量呈现出非均衡的走势，值得注意的是，能源的消费量与区域经济增长并非正相关，能源消费量低的地区的经济增长率反而比较高，如安徽、江西、吉林、黑龙江、陕西、甘肃及宁夏 7 个地区。不但如此，这些地区的能源储备量却比较高，就造成了资源型地区能源的需求与供给的逆向分布特征，由此带来了北煤南运、西煤东调、北油南运、西气东输等中国能源流向格局。这种能源的输运方式造成了极大地浪费，能源使用效率低下，成为经济增长的制约因素，如图 10-5 所示。

2. 能源消费总量及增长量走势图

从能源消费总量上看，2000 年以来，随着西部大开发战略的实施，西部各省（自治区）的经济发展进入快速增长期，能源的消费量也随之大幅度增长。2000 年，能源消费总量为 86.11 亿吨标准煤，2011 年，这个数值达到 243.64 亿吨标准煤，增长了近 3 倍（如图 10-6 所示），这表明由于消费结构的改变以及工业化、城市化进程的加快，加之国家实施的西部大开发战略、东北老工业基地振兴等发展战略，促进了区域经济的发展，也带来了这些地区对能源需求的快速上升。

从能源消费增长率看，资源型地区的能源消费增长率均为正值，表明能源消

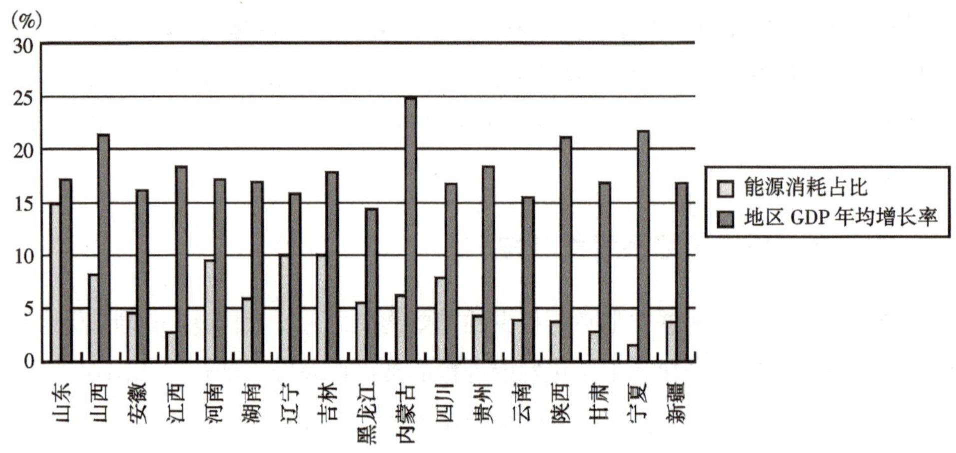


**图 10-5　资源型地区能源消耗量走势**

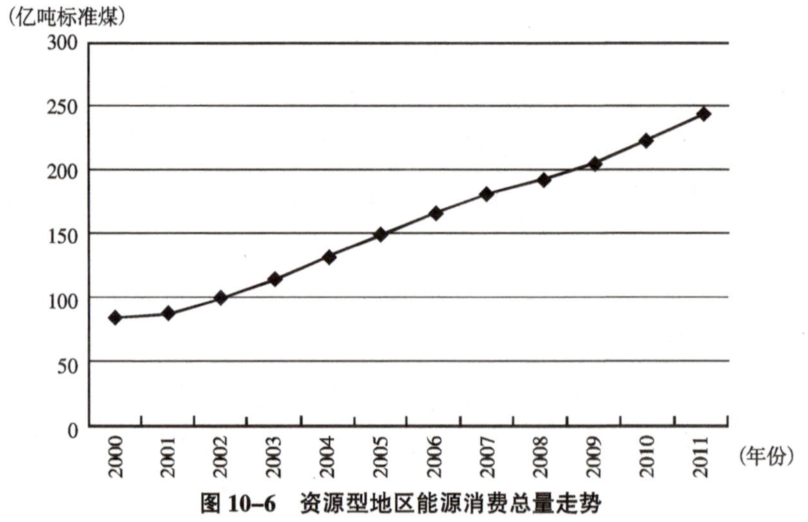


**图 10-6　资源型地区能源消费总量走势**

资料来源：《中国统计年鉴（2001~2012）》，经笔者计算整理。

费量逐年递增的动态趋势，特别是 2001~2003 年对能源的需求量较大，2007~2008 年受到金融危机的影响有所回落，但是 2009 年以后又开始上升，表明政府实施的刺激经济的政策效果显现，经济增长增加了对能源消费的需求。也就是说，区域经济增长与能源消费量的上升基本同步，如图 10-7 所示。

### （二）能源消费的特征

（1）能源消费结构虽不断优化，但仍然是以煤炭资源的消耗为主。2011 年，煤炭占能源消耗总量的比重为 68.4%，高于世界平均水平（28.6%）。近些年，尽

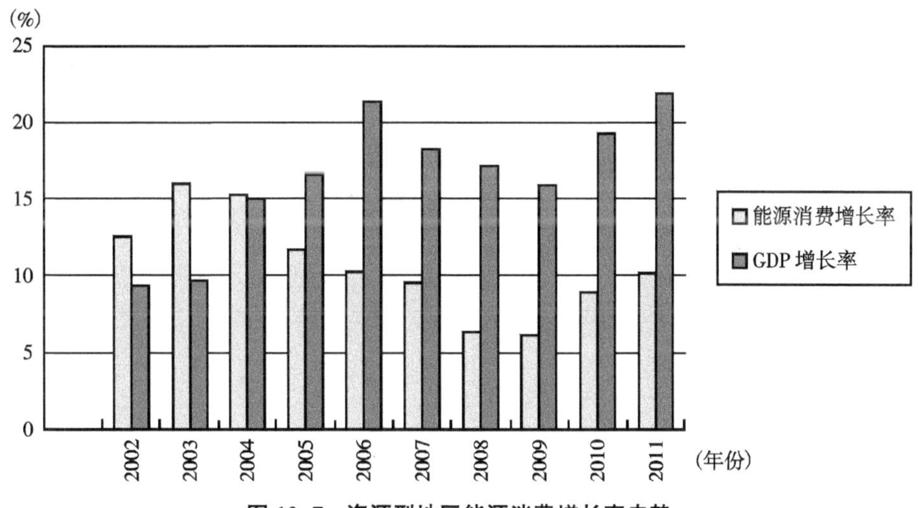


**图 10-7　资源型地区能源消费增长率走势**

资料来源：《中国统计年鉴（2002~2012）》，经笔者计算整理。

管石油、天然气、风能等能源的消费有所上升，但总体格局仍然是富煤贫气少油。随着经济的快速发展，能源消费结构不合理，不仅制约了经济的持续发展，而且导致了严重的环境恶化。

（2）能源消费的区域间差异明显。2011 年，17 个资源型地区能源消费量均超过亿吨标准煤，但是消费量最高的山东是消费量最低的宁夏的 8.6 倍，尽管这种消费结构有其合理性，即山东是经济大省，工业化程度高、重工业化结构明显，因此能源消费量也高。但是也不尽然，能源消费量与区域经济发展并非正相关，以下的数据可以看出，每万元 GDP 消费能源量超过 2 吨标准煤的山西（2.52 吨）、贵州（2.41 吨）、宁夏（2.9 吨），能源消费强度较低的山东（1.05 吨）、辽宁（1.45 吨）、内蒙古（1.8 吨），这说明能源的消耗强度与能源使用效率正相关，经济增长快的地区（如内蒙古）能源消耗强度反而比较低，经济发展水平越低的区域（如宁夏）的能源消耗强度就越高。

## 三、能源供求平衡分析

我国资源型地区相对于东部沿海地区而言能源储备丰富，能源的生产量、消费量也比较大，除了满足本地区经济增长的需求外，还是我国的能源供给基地，随着近十几年的经济高速发展，能源的总量失衡现象明显，且近 10 年能源缺口不断扩大。这不仅造成资源型地区的经济发展放缓，而且将会制约我国经济发展的进程。

总量失衡主要表现为能源生产总量上升的幅度低于能源消费总量的增幅，如图 10–8 所示，2000~2011 年我国资源型地区的能源生产量由 43.279 亿吨标准煤增至 169.468 亿吨标准煤，而能源消费量则从 46.116 亿吨标准煤增长到213.643 亿吨标准煤，可见能源的供求矛盾凸显，从而造成能源消费缺口不断地扩大。

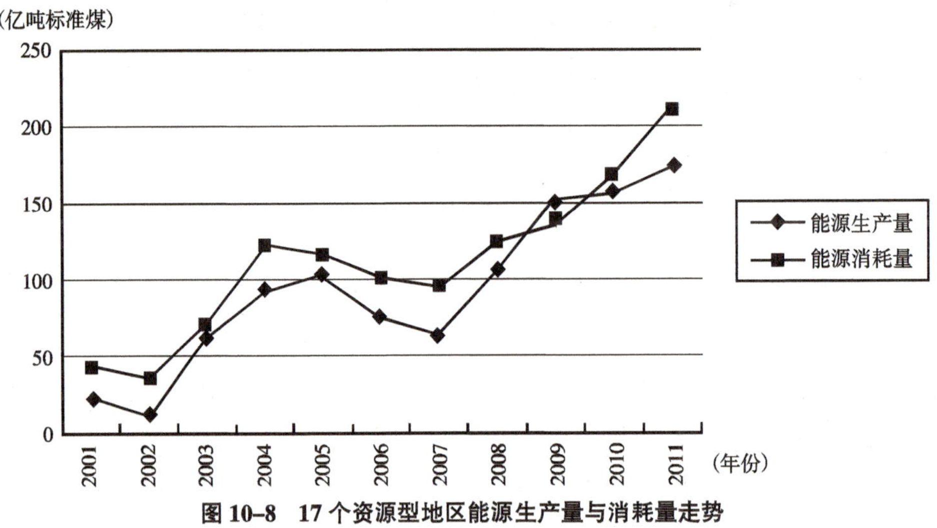


**图 10–8　17 个资源型地区能源生产量与消耗量走势**

数据来源：《中国能源统计年鉴（2001~2012）》，笔者整理。

## 第二节　能源约束与区域经济发展

### ——以内蒙古自治区为例

能源是稀缺的经济资源，能源的储备量、可开采量以及消费量的多少直接影响着区域经济的发展，即能源的稀缺程度越大，能源对经济发展的制约性越强，因此，能源的稀缺性与能源约束是等价的。这里用资源的相对价格指数衡量其稀缺性，因为商品的价格是由该商品市场需求与供给决定的，越是稀缺的商品，其市场价格就越高。鉴于此，本书首先分析影响能源价格的因素，从而找到能源稀缺性的制约因素，进而说明能源的稀缺性与经济发展的关联性。理论上讲，影响

能源价格的因素有很多，如 GDP、人口数量、产业结构、技术进步、工业化进程、公共政策以及国家经济形势等，考虑到这里研究的对象是内蒙古能源与经济发展问题，在一定时期内的发展战略、政策措施、国际环境等因素相对稳定。此外，通过研究现有文献发现，能源消费强度随产业结构、技术进步、工业化水平等指标相关性较高，因此，主要选取了内蒙古的 GDP、人口增长率、产业结构、技术进步、市场化率、工业化水平、城市化率 7 个指标分析对能源约束的影响，进而探讨能源对内蒙古经济发展的影响。

## 一、指标说明及模型构建

### （一）指标说明

（1）内蒙古煤炭价格指数。根据分析可知，该指数可以反映内蒙古能源稀缺性问题。采用 1999 年为基准进行换算得到各年煤炭行业生产者出厂价格指数，记为 ES（Energy Scarcity）。

（2）国民生产总值（GDP）。已有的文献研究表明，在技术水平不变的情况下，GDP 与能源消费量呈现正相关性，经济发展速度越快，对能源的需求量越大，能源的消费量也越大。从内蒙古近十几年的经济运行看，2000 年以后经济的高速增长对能源的需求剧增。该数据采用 1999 年为基准的 2000~2012 年 GDP 增长率来衡量。

（3）人口增长率（PG）。能源是工业生产及人民生活的物质基础，人口的数量以及人民生活水平直接影响着能源消费量总量以及能源的价格，因此，人口增长率是导致能源约束的重要因素。该数据采用以 1999 年为基准的 2000~2012 年内蒙古人口增长率来衡量。

（4）产业结构（IS）。产业结构调整直接影响能源消费强度。史丹（1999）认为，产业结构变动不仅促进了经济高速增长，而且也对能源消费总量和能源消费结构产生了影响。齐绍州、云波等（2009）认为，能源消费强度随产业结构的优化而降低。产业结构的变动与能源消费量间存在一般规律，即第二产业对能源的消费强度是正相关的，而第一、第三产业的发展对能源强度影响负相关。由此表明，第三产业比重的上升可以减少能源消费量，是能源使用效率提高的衡量指标。因此，采用内蒙古第三产业的产出占内蒙古 GDP 的比重来表示产业结构调整对能源消费强度的影响。

（5）技术进步（TP）。技术进步是提高能源利用效率的重要途径。由于技术进步对能源消费存在回报效应，使得衡量技术进步对能源利用效率的影响变得复杂。能源效率的改进分为能源消费量的节约和能源消费强度的下降。能源消费量的节约是由于技术效率及规模效率的提高带来的，是工业部门能耗下降的短期行为。能源消费强度的下降是由于技术水平的提高而带来长期的能源消费量下降，即能源利用率的提高。正如学者李廉水、周勇（2006）的研究，他们将技术进步分解为科技进步、纯技术效率和规模效率3个部分，并分别进行了实证研究，结果表明，在短期内，技术效率与规模效率的提高是工业部门能源效率提高的主要原因，在长期内，科技进步的作用逐渐增强，技术效率的作用慢慢减弱。再如刘凤朝、孙玉涛（2008）认为，技术创新的产业结构优化、经济增长和能源消费脱钩的重要途径。本章主要分析的是技术进步对能源效率的提高（或能源消耗强度的不断下降），而非能源的节约问题。在生产过程中，科技进步带来的能源效率的提高是通过新机器、新设备、新工艺等物质资本体现出来的。因此，本章选用资本劳动比衡量技术进步水平，资本存量以2000年价格计算，劳动力选取从业人员数。

（6）市场化（MR）。市场化率程度高，能源的价格直接由能源市场的供求关系决定，此时能源的价格就可以真实地反映能源的稀缺性。在我国资源型地区，由于资源的富集程度高，市场化改革对资源价格的影响大，因此，将市场化率放入模型中。市场化程度采用财政支出在GDP中所占的比重来衡量，比重越大，市场化率程度越低。

（7）城市化（UR）。城市化水平与能源消费量之间呈现正相关关系。现有研究表明城市化率低的阶段，对能源需求也低，进入城市化快速发展阶段时，对能源消费的刚性需求会逐渐变大。黄飞雪、靳玲（2011）的研究表明，在城市化发展中，城市化发展速度对能源消费的影响不仅具有当期效应，还具有累积的效应。随着城市化水平的不断提高，城市化水平的增长速度要想进一步提高，付出的能源代价也是不断增加的。刘耀彬（2007）认为，中国城市化与能源消费量之间存在单向的格兰杰因果联系，且二者之间存在着协整关系。这里选取内蒙古城镇人口占总人口数的比重来衡量城市化程度。

（8）工业化（IR）。工业化过程体现为制造业或第二产业的产值占GDP的比重不断上升的现象，这势必造成工业部门对能源需求及消费量的不断扩大。李世

祥（2010）认为，工业化进程中的能源消耗仍将遵循工业化中能源消耗的一般规律，即能源消费量的上升与工业化进程加快有关。工业化处于快速发展期时，能源的消费量不断增大。进入工业化后期时，由于技术水平提高，能源的使用效率也随之提高，能源消耗将会逐渐减少。2000 年之后，内蒙古工业处于快速发展期，因此对能源的消耗也越来越多。因此，本模型中引入了工业化变量，采用内蒙古 2000~2011 年工业增加值占 GDP 比重衡量。

### （二）模型构建

回归分析是研究变量间定量关系的一种统计方法，用来描述解释变量与因变量之间的协变关系或依存关系。本章采用新古典增长理论的 Solow-Swan 模型：

令 $y = f(x_1, x_2, x_3, x_4, x_5, x_6, x_7, A)$ （10-1）

式（10-1）中，y 为能源稀缺性（ES）数据，$x_i$ 分别为 GDP、PG、IS、TP、MR、UR、IR 数据，A 为除本书分析的影响因素之外的所有影响因素，如公共政策、不可预见事件、政策调整等，对方程求全微分后，令 $\alpha_i=\frac{\frac{\partial f}{\partial x_i}\times x_i}{ES_t}$，$\alpha_0=\frac{\frac{\partial f}{\partial A}}{ES_t}$，$\alpha_i$ 为上述各变量的产出弹性，因此，方程经整理后得到：

$$\ln ES_t = \alpha_0 + \alpha_1 \cdot x_1 + \cdots + \alpha_7 \cdot x_7 + \varepsilon \quad (10\text{-}2)$$

方程（10-2）中 $x_i$ 为影响能源稀缺性的各因素，回归系数 $\alpha_i$ 的大小可以反映出自变量 $x_i$ 变化 1%时引起 ES 的变化程度。

## 二、回归结果分析

回归分析时，首先对各个影响因素进行相关性分析，结果显示各自变量都通过了相关性检验。为了避免多重共线性的影响，本书采用了逐步回归的方法进行分析，回归结果如表 10-3 所示。

**表 10-3 影响因素回归测算**

| 变量 | 模型 1 | 模型 2 | 模型 3 | 模型 4 | 模型 5 | 模型 6 |
|---|---|---|---|---|---|---|
| 常数项 | 221.34***<br>(2.38) | 256.14**<br>(5.33) | 218.98***<br>(3.12) | 238.13**<br>(4.33) | 433.26***<br>(5.19) | 235.33***<br>(3.3) |
| GDP | 2.13***<br>(13.69) | 2.033***<br>(6.33) | 2.338***<br>(13.19) | 2.43***<br>(12.38) | 2.58***<br>(14.13) | 2.89***<br>(18.71) |
| IS | -16.34***<br>(-4.66) | -18.78***<br>(-5.24) | -23.564**<br>(-7.32) | -15.36***<br>(-4.78) | -17.88***<br>(-4.93) | -14.23***<br>(-3.98) |

续表

| 变量 | 模型 1 | 模型 2 | 模型 3 | 模型 4 | 模型 5 | 模型 6 |
|---|---|---|---|---|---|---|
| TP | -321.78***<br>(-7.09) | -425.56**<br>(-11.33) | -488.23***<br>(-8.37) | -339.83***<br>(-5.83) | -393.78***<br>(-9.86) | -498.9***<br>(-11.78) |
| PG | | | 0. 579<br>(3.24) | | | |
| MR | | | | -1.679<br>(-2.38) | | |
| UR | | | | | -1.307<br>(-4.38) | |
| IR | | | | | | 0.505***<br>(2.68) |
| $R^2$ | 0.9956 | 0.9978 | 0.9925 | 0.9976 | 0.9915 | 0.9938 |
| Adj $R^2$ | 0.9923 | 0.9955 | 0.9913 | 0.9936 | 0.9912 | 0.9921 |
| F 统计量 | 550.13 | 1102.31 | 978.23 | 835.61 | 697.22 | 599.16 |

注：***、**、* 分别表示在 1%、5%、10%水平上统计显著性，括号内的数据为 t 值。

从回归结果可以看出：

（1）经济增长、产业结构优化、技术进步均通过了显著性检验，经济增长回归系数通过另外 1%的显著性检验，表明内蒙古近 30 多年的经济高速增长对能源需求量及消耗量不断扩大，从而拉动了能源价格的持续上涨。产业结构优化的回归结果也显示了 1%的显著性，且为负值，表明产业结构优化对能源约束起到了一定的缓解作用。技术进步的回归系数也为负值且通过了 1%的显著性检验，说明技术进步可以提高能源的使用效率，减少能源的消费量，从而一定程度上抑制能源价格的上涨。

（2）人口增长率。人口增长率指标的回归系数为正值，表示内蒙古人口增长对生活、生产能源消费的不断上升拉动了能源价格的不断上涨，即人口增长与能源价格之间为正相关关系，但是人口增长的回归结果没有通过显著性检验，表明人口的增加不是造成能源价格上涨的主要原因，这与近些年内蒙古人口控制取得的成效有关。2000~2012 年，内蒙古人口总数年均增长率低于全国水平，人口增速的降低节约了生活能源的消费，因此能源价格指数上涨速度有所放缓。

（3）市场化。市场化率指标的回归系数为负值，且没有通过显著性检验，说明市场化程度与能源价格的变动呈现负相关性。内蒙古能源市场的非市场化因素过高，扭曲了能源价格，干扰了能源市场的供求关系，不利于内蒙古的经济发展。

（4）城市化。该指标的回归系数为负值且不显著，说明目前内蒙古的城市化过程对能源市场的影响较小，这是由于内蒙古的城市化率水平不高所致。2000~2012年，内蒙古城市化率的年均值48.64%，低于全国平均水平。城市化的不同阶段对能源的消费量也不相同，城市化率越高，能源的消费就应该越低，因为城市化过程产生的集聚效应、规模效应及溢出效应将会促进资源的合理配置，利用效率的提高将会降低能源的消耗，从而缓解能源约束对经济发展的制约。

（5）工业化。工业化率指标的回归系数为正值且通过了1%的显著性检验，说明工业化过程对能源消耗、能源价格都具有正相关关系。并且，在工业化初期、中期时影响更为明显。内蒙古的工业化率为38.86%，即将完成工业化初期，进入到工业化的中期，这个阶段中，第二产业所占比重较大，对能源需求量较大。在能源市场化率程度不高的情况下，能源的供求关系扭曲，能源的价格就会偏离均衡状态而不断上涨。但是，随着工业化进程的加剧，第二产业比重下降，工业生产对能源依赖度降低，能源价格也将由供求定理决定。

通过以上回归结果分析显示，目前，内蒙古作为资源型地区经济发展速度最快的地区，经济发展的质量和速度受到了能源约束的制约，能源的稀缺性导致能源价格的不断上涨阻碍了经济的可持续发展。因此，内蒙古应加大力度调整产业结构、促进技术进步、提高市场化率及加快工业化进程，通过经济发展方式转变而实现低碳经济下的可持续发展。

## 第三节 资源型地区经济发展转变的必要性

党的十七大报告中明确提出“经济发展转变是实现我国经济又快又好发展的关键”，党的十八大报告中将“转变经济发展方式作为经济发展的主线”，可见我国现阶段经济发展方式转变的重要性和必要性。对于我国的资源型地区而言，经济的快速发展带来的环境问题以及资源约束问题凸显，在我国政府制定的《2004~2020年能源中长期发展纲要》（草案）中也提到制定并实施能源中长期发展规划，解决好能源问题，探索解脱环境和能源约束的有效途径，已成为我国未来地方经济和社会发展的首要问题。因此，我国的资源型地区经济发展方式转变已经迫在眉睫。

## 一、产业结构调整是重要手段

从上述的理论和实证分析中可知，目前我国资源型地区不合理的产业结构发展现状必将带来能源的“高消耗、高投入、低产出、重污染”的结果，因此推动产业结构的优化升级是关系到资源型地区乃至我国经济社会持续发展的战略性手段。一方面，调整产业结构的合理比重，确保第一产业的基础地位，加快第二产业的改造和提升，推动第三产业的快速发展；另一方面，积极促进产业结构的优化升级，通过对现有产业资源的整合及优化升级，加快资源型产业向低效能、精加工、高科技含量的产业层次转变。

## 二、自主创新能力是重要途径

增强企业的自主创新能力是实现经济发展方式转变的重要途径，也是经济可持续发展的内在动力机制。资源型地区的经济转型以及资源型产业的可持续发展必须依赖于技术进步、人力资本及管理创新缓解能源约束的压力，实现产业结构的升级。资源型地区经济发展方式转变，归根到底取决于技术进步，通过技术水平的提高，加速科技成果的产业化，加快经济发展方式的转变。

## 三、完善经济体制改革是保障

完善经济体制改革是实现资源型地区经济集约型发展的重要保障。在完善经济体制改革中，首先，完善市场价格机制的资源配置功能，即价格的变动能够准确地反映生产要素的稀缺性，从而实现资源的最优配置。其次，充分发挥竞争机制的作用，以便于提高资源的使用效率、降低能源消费、提高管理水平，从而提高经济发展的集约化程度。

## 四、实施可持续发展是目标

资源型地区对资源约束的解脱不仅是资源型地区经济社会发展的必然要求，而且是我国经济发展方式转变的实现途径。因此，发展低碳经济、循环经济，减少能源消耗和环境破坏，以低消耗、低排放、高效率的生产方式实现资源型地区经济社会的可持续发展，不仅是我国经济方式转变的内在要求，也是建设小康社会，促进人与自然和谐发展的战略目标。

# 第十一章　资源性地区产业集群成长与区域经济发展

## ——以内蒙古乳品业集群为例

资源型地区的产业集群主要是以资源型产业的形式存在并发展。本章以“产业集群成长与区域经济发展”为研究对象，探讨区域内产业的空间集群如何影响区域经济发展以及提升区域竞争力。并以内蒙古乳品业产业集群为例，根据产业集群的特征，利用 Solow-Swan 模型以及 2002~2012 年的中国奶业统计数据，对内蒙古乳品产业集群成长的影响因素进行了实证分析。结果显示，乳品产业集群的企业集聚度、乳品业从业人员数量、企业总资产与乳品产业集群的产出具有正相关性，由此提出了整合相关产业资源、培育分工协作网络以及完善政府职能等相关措施。

## 第一节　资源型产业集群成长及其影响因素分析

### ——以内蒙古自治区为例

### 一、资源型产业集群与区域经济发展的研究背景

产业集群是在一定区域内大量相关企业及相关机构的地理集中的现象，是产业集聚发展的高级阶段；它具有生产、社会等网络化特征；是一种新型的产业空间组织形式及发展区域经济的新模式。

表现为以下特征：首先，具有大量企业（公司）在特定区域内的地理集中的特征；其次，具有产业间联系的特征，即具有垂直和水平联系的相关产业的企业

的地理集聚；最后，有相关机构——大学、科研机构等的支持。因此，在特定的区域内形成的产业集群是一个巨大的生产、社会网络系统，只有那些企业间密切联系、有研发及相关机构支持的产业集聚的才有可能形成产业集群。

产业集群是一种新型的产业空间组织形式，也是促进区域经济发展的新模式。产业集群作为客观存在的经济地理现象，不仅是一种产业空间组织形式，而且是区域经济发展的新的思维方式。通过对产业集群内的劳动力、技术和自然资源的整合，吸引集群外资金、技术等形成区域优势竞争力，促进区域经济发展。

20 世纪 80 年代以来，随着产业集群的产生与发展，国内外学者对产业集群进行了大量的理论和实证研究。在理论研究方面，具有代表性的研究有：美国学者迈克尔·波特（Michael E. Porter）于 1990 年出版的《国家竞争优势》中给出了产业集群的定义，在 1998 年发表的文章《集群与新经济竞争》中又重新阐述了产业集群的含义，他认为产业集群是在某一特定领域内互相联系的、在地理位置上集中的公司和机构的集合。它包括一批对竞争起重要作用的、相互联系的产业和其他实体，它经常向下延伸至销售渠道和客户，并从侧面扩展到辅助性产品的制造商，以及与技能技术或投入相关的产业公司，并且产业集群还应该包括提供专业化培训、教育、科学研究、信息研究和技术支持的政府和其他机构。波特还构造了“钻石模型”（Diamond of Advantage），提出政府促进区域竞争力应关注的四种因素，为国家制定经济发展政策提供了理论依据。随后还有其他学者也给出了相似的产业集群定义。Gary Anderson（1994）认为，产业集群是众多公司或企业以地理接近性为必要条件依赖彼此互动的关系来增进各自的生产效率或竞争能力。Redman（1994）认为，产业集群是一种产品在产业链上的地理集中，以及与其产品相关的机构的集中。Theo J. A. Roelandt and Pim den Hertog（1999）认为，产业集群应具有这样的网络特征，即联系紧密、相互依赖的生产企业在增值价值链中彼此联系，包括相关企业的战略联盟，如大学、研究机构、中介机构、咨询机构及客户。Hill and Brennan（2000）给出了竞争性产业集群的定义，认为同一产业内具有可以与区域中的其他产业之间建立频繁交易关系的企业。厂商可以运用相同的技术或者分享专业化的劳动力，从而获得比其他地区相同产业更强的竞争优势。

20 世纪 90 年代以后，国内外学者们对产业集群与区域经济增长相关性进行了大量的实证研究。国内学者曾忠禄（1997）认为，集群内的企业、相关产业及

支持性产业对主导产业的发展具有至关重要的作用，它会带动区域竞争力的提高，促进区域经济的发展。沈正平、刘海军等（2004）分析了产业集群的区域经济效应，认为产业集群是通过分工与协作、劳动力共享市场、技术溢出与技术创新等提高区域劳动生产率水平，使产出呈现规模收益递增的特征，从而促进区域经济增长。周兵对产业集群与经济增长的相关性进行了实证分析，指出产业集聚的形成有助于集群内企业降低运营成本，进而促进区域经济增长。张志明（2008）构建了产业集群的区域竞争力评价模型，即其模型是研究产业集群对区域内工业竞争力的影响力，并以安徽为例通过计量模型证明产业集群的形成有助于提高安徽的工业竞争力。陈建军（2009）以我国长三角地区的制造业产业集群为例，实证研究发现，区域内产业集群的形成有助于长三角地区经济的发展。刘艳萍（2010）对产业集聚与长三角地区经济发展的关系进行实证研究，指出产业集聚度的提高能够促进长三角地区制造业技术效率的提升，进而推动长三角地区经济的发展。张昕（2011）构建模型对产业集聚区域电子及制造业的创新绩效影响进行实证研究，指出两者存在倒“U”形曲线关系。

国外的学者对产业集群与区域经济增长的关系也做过许多研究。如 Beaudry C. & Swann P.（2001）对产业集群内相关产业成长的相关性进行实证研究，发现产业集群内相关产业的高度集聚并没有促进产业竞争力的提升，反而对建筑业、农业等产业的发展具有负效应。Paija L.（2001）对芬兰的信息与通信技术产业集群与其区域经济发展的相关性进行研究，发现区域内的产业集群推动了其区域经济的增长。Christian H. M. Ketels（2008）集聚经济和正外部性促进了区域经济的发展，产业集群是撬动经济增长的有效途径。Edward Feser，Henry Renski & Harvey Goldstein（2008）认为，高新技术产业集群中不断有新企业的出现，创造出更多的就业，随着集群化水平的不断提高，高新技术产业集群对区域经济增长的作用显著。Mercedes Delgado（2009）认为，以质量为导向的产业集群的竞争力对区域经济发展具有重要作用，其集群化发展就促进了区域经济发展。Elizabeth Currid & Kevin Stolarick（2010）以洛杉矶 IT 行业为例，说明了专业性集群对本区域经济增长的作用。Mercedes Delgado，Michael E. Porter & Scott Stern（2011）认为，产业集群水平的不断发展可以增强区域内的相关集群及相邻区域的相似产业集群的集群力，这种强集群环境可以增加区域内其他产业或集群的机会，因此基于集群的产业集聚对区域经济发展具有重大作用。

通过上述文献的梳理可以看出，国内外学者分别从理论和实证对产业集群的形成、发展与其区域内经济增长的正相关性进行了大量的研究，但是。对产业集群发展是如何影响集群内外的产业发展，从而推动其区域内经济增长的作用机理的研究比较少。本书以内蒙古乳品产业集群为例，通过构建计量模型阐述乳品业集群的发展如何带动集群内相关产业的发展，从而带动区域内产业的发展，进而推动区域经济的增长，并以此来说明地方政府如何通过制定区域产业集群发展政策实现资源型产业的发展方式转变。

## 二、基于乳品业集群研究的指标说明及模型构建

### （一）指标说明

首先，对全国乳制品业的集聚度进行测算，判断该行业的集聚度与该区域制造业产出的相关性。然后，以我国乳品业集群中具有代表性的内蒙古乳业集群为例，选取内蒙古乳制品业的集聚度、乳制品企业数、乳制品企业员工数、乳制品企业销售收入、乳制品资产总值等指标建立计量模型，进一步阐述乳制品集群的发展程度与本区域内相关产业的内在联系，从而说明产业集群的发展与本区域经济发展的正相关性。

区位熵是衡量产业聚集度的一种常用方法，它能较好反映区域内某一产业部门的专业化程度以及要素在区域内的空间分布情况，可以用地区的产量、产值、经济能力以及就业人数等指标计算，书中采用乳制品业就业人口表示该行业的产业集聚度，用 Agglo 表示。t 时刻地区 i 的乳制品业的聚集指数 $Agglo_{it}$ 为：

$$Agglo_{it}=(M_{it}/M_t)/(P_{it}/P_t) \quad (11\text{-}1)$$

式中，$M_{it}$ 为区域 i 在 t 时刻的乳制品从业人数，$P_{it}$ 为区域 i 在 t 时刻区域制造业就业人口数，$M_t$ 和 $P_t$ 分别为 t 时刻的我国乳制品业就业总人数和我国制造业就业人口总数。通常情况下，这一指标的数值越大，表明乳制品业在该地区的聚集程度越高。如表 11-1 所示：

**表 11-1 我国 31 个省（自治区、直辖市）乳制品业的产业集聚度**

| 年份 | 2003 | 2004 | 2005 | 2006 | 2007 | 2008 | 2009 | 2010 | 2011 |
|---|---|---|---|---|---|---|---|---|---|
| 北京 | 1.096 | 0.950 | 1.671 | 1.963 | 1.452 | 0.941 | 0.958 | 0.949 | 2.011 |
| 天津 | 0.475 | 0.672 | 0.601 | 0.685 | 0.607 | 0.722 | 0.772 | 1.118 | 2.250 |
| 河北 | 2.082 | 2.399 | 3.542 | 3.720 | 3.953 | 2.743 | 2.693 | 2.768 | 1.856 |
| 山西 | 0.989 | 1.169 | 1.051 | 1.101 | 1.256 | 1.438 | 1.296 | 1.409 | 1.784 |

续表

| 年份 | 2003 | 2004 | 2005 | 2006 | 2007 | 2008 | 2009 | 2010 | 2011 |
|---|---|---|---|---|---|---|---|---|---|
| 内蒙古 | 9.132 | 9.396 | 9.408 | 9.823 | 10.62 | 12.54 | 14.19 | 15.17 | 18.50 |
| 辽宁 | 0.444 | 0.538 | 1.015 | 1.041 | 0.966 | 1.072 | 1.132 | 1.202 | 0.954 |
| 吉林 | 0.247 | 0.223 | 0.444 | 0.465 | 0.515 | 0.592 | 0.584 | 0.708 | 1.098 |
| 黑龙江 | 3.659 | 4.396 | 4.318 | 4.933 | 4.808 | 5.572 | 8.219 | 9.025 | 10.24 |
| 上海 | 2.364 | 0.844 | 0.712 | 0.995 | 0.644 | 0.604 | 0.642 | 0.715 | 0.693 |
| 江苏 | 0.638 | 0.661 | 0.545 | 0.471 | 0.421 | 0.470 | 0.459 | 0.418 | 0.153 |
| 浙江 | 1.279 | 0.940 | 0.588 | 0.471 | 0.335 | 0.303 | 0.311 | 0.293 | 0.143 |
| 安徽 | 0.646 | 0.714 | 0.889 | 1.150 | 1.634 | 1.713 | 1.949 | 1.797 | 1.079 |
| 福建 | 0.179 | 0.228 | 0.142 | 0.135 | 0.148 | 0.145 | 0.151 | 0.139 | 0.275 |
| 江西 | 0.903 | 0.857 | 0.862 | 1.097 | 0.749 | 1.763 | 1.955 | 1.908 | 0.920 |
| 山东 | 0.739 | 0.804 | 0.912 | 0.950 | 0.923 | 1.142 | 1.080 | 1.259 | 1.242 |
| 河南 | 0.356 | 0.563 | 0.547 | 0.645 | 0.606 | 0.833 | 0.941 | 1.013 | 1.200 |
| 湖北 | 0.355 | 0.317 | 0.678 | 0.796 | 0.790 | 1.038 | 1.119 | 0.837 | 0.903 |
| 湖南 | 0.771 | 0.827 | 1.314 | 1.295 | 0.988 | 0.867 | 0.898 | 0.722 | 0.755 |
| 广东 | 0.383 | 0.310 | 0.378 | 0.511 | 0.566 | 0.488 | 0.417 | 0.463 | 0.547 |
| 广西 | 0.396 | 0.452 | 0.791 | 0.814 | 0.792 | 0.861 | 0.890 | 0.958 | 0.841 |
| 海南 | 1.070 | 0.613 | 0.625 | 0.541 | 0.797 | 0.623 | 0.456 | 0.465 | 0.298 |
| 重庆 | 0.734 | 1.047 | 1.001 | 1.183 | 1.044 | 1.053 | 1.017 | 0.838 | 0.653 |
| 四川 | 0.426 | 0.514 | 0.532 | 0.600 | 0.768 | 1.042 | 0.806 | 0.888 | 0.942 |
| 贵州 | 1.062 | 1.373 | 0.992 | 1.364 | 0.791 | 0.891 | 1.047 | 1.114 | 1.081 |
| 云南 | 1.129 | 1.257 | 1.246 | 1.292 | 1.201 | 1.030 | 0.986 | 1.081 | 0.977 |
| 西藏 | 7.112 | 4.346 | 6.641 | 5.021 | 5.016 | 5.162 | 5.258 | 4.691 | 1.411 |
| 陕西 | 1.685 | 2.246 | 2.272 | 2.275 | 2.219 | 2.667 | 2.340 | 2.425 | 4.357 |
| 甘肃 | 0.942 | 1.182 | 0.767 | 0.801 | 0.821 | 1.071 | 0.942 | 1.327 | 1.356 |
| 青海 | 0.559 | 0.966 | 0.785 | 0.500 | 0.643 | 1.609 | 2.026 | 1.726 | 1.676 |
| 宁夏 | 5.437 | 4.800 | 5.722 | 4.667 | 4.322 | 4.803 | 4.144 | 4.241 | 5.923 |
| 新疆 | 1.475 | 1.674 | 2.193 | 2.210 | 2.542 | 2.847 | 2.668 | 3.241 | 3.037 |

从表 11-1 中可以看出，内蒙古乳制品业的产业集聚度值最高，且 2003~2011 年，该产业集聚水平由 9.132 增至 18.50，翻了一倍，这说明内蒙古的乳制品业快速发展，并且快速集聚于内蒙古，不仅带来该产业本身的增长，而且带来了乳品业相关产业的发展，即与乳品业相关的企业数量和规模均有提高。因此，本书以内蒙古乳制品业集群为例，分析产业集群的成长与区域经济发展的相关性具有较强的代表性。

### （二）模型构建

产业集群的成长不仅对本区域制造业的产出有贡献，而且产业集群的发展一定会带动相关产业的发展。因为，产业集群的专业化分工以及规模经济的效应不仅降低了本行业内部的平均成本，而且由于技术的外溢性带动了集群外部相关产业的劳动生产率的提高，从而促进了本地区经济的发展。本书利用柯布—道格拉斯（C–D）生产函数分析。

设 C–D 生产函数为：

$$Y = AL^{\alpha}K^{\beta} \tag{11-2}$$

式中，Y 表示内蒙古乳制品集群的产出，A 表示生产技术水平，L 表示从业人员数，K 表示乳制品企业资产总值，α、β 分别表示劳动力和资本的产出弹性。

为了准确反映产业集聚对区域经济增长的作用，必须控制影响经济增长的其他重要变量。本书在式（11–2）中引入内蒙古乳制品集群的集聚度（Agglomeration）、内蒙古乳制品企业数（Enterprise）、内蒙古乳制品企业销售收入（Income）等影响因素，得到：

$$Y = AL^{\alpha}K^{\beta}Agglo^{\delta}Enter^{\varphi}Income^{\gamma} \tag{11-3}$$

将式（11–3）整理得到：

$$\ln Y = A + \alpha\ln L + \beta\ln K + \delta\ln Agglo + \varphi\ln Enter + \gamma\ln Income + \varepsilon \tag{11-4}$$

式中，α、β、δ、φ、γ 分别表示上述各变量的产出弹性。A 表示常数项，ε 表示残差。

## 三、回归结果及其影响分析

通过计算得到各指标变量的描述性统计分析结果，见表 11–2。

**表 11–2　指标变量的统计性描述**

| 变量 | 均值 | 标准差 | 样本个数 |
|---|---|---|---|
| lnY | 4.3900 | 1.69925 | 14 |
| lnL | 0.2744 | 1.26878 | 14 |
| lnK | 4.1441 | 1.60512 | 14 |
| lnAgglo | 2.0691 | 1.00942 | 14 |
| lnEnter | 3.7319 | 0.53045 | 14 |
| lnIncome | 4.3467 | 1.71925 | 14 |

采用面板数据有可能带来序列相关性和异方差问题，而且，如果数据不符合模型的回归的前提条件，则容易出现伪回归。为了消除上述影响，本书采用广义最小二乘法（Generalized Least Squared，GLS）进行估计。运用统计软件

SPSS17.0 进行逐步回归分析，下面列出了各项解释变量逐步回归的估计值，见表11-3。

**表 11-3　逐步回归的估计值结果**

| 变量 | 参数值 | S.E.值 | t test |
|---|---|---|---|
| 常数项 | 2.421 | 183.191 | -4.847 |
| lnL | 0.404 | 0.053 | 0.881 |
| lnK | 0.382 | 0.051 | -0.924 |
| lnAgglo | 0.173 | 0.045 | -1.495 |
| lnEnter | 0.685 | 0.059 | 0.421 |
| lnIncome | 0.001 | 0.054 | 19.138 |
| Adj.$R^2$ | 0.998 | F 检验 | 0.0001 |
| F 值 | 14611.425 | D.W.检验值 | 1.8889 |

模型的拟合优度为 0.998，且所有变量的参数值均通过了 5%以上的显著性检验，说明式（11-4）所描述的变量之间存在线性关系。D.W.值为 1.8889，说明各变量之间不存在严重的自相关现象。逐步回归后，最终模型为：

$$\ln Y = 2.421 + 0.404\ln L + 0.382\ln K + 0.173\ln Agglo + 0.685\ln Enter + 0.001\ln Income \quad (11-5)$$

由式（11-5）的结果可以看出：内蒙古乳制品业集群的产出与集群内企业就业人员数、企业的资产总值、产业集聚度、集群内企业数量、企业的销售收入均成正比，即乳制品企业就业人数、企业的资产总值、产业集聚度、集群内企业数量、企业的销售收入每增加 1 个百分点，内蒙古乳品业集群的产出将会分别增加 0.404 个、0.382 个、0.173 个、0.685 个、0.001 个百分点。然而，并非以上指标对产业集群的影响均等。从数据上看，集群内企业的就业人数、集群内企业的数量以及集群内企业的资产三项指标对集群产出的影响显著。也就是说，扩大集群的就业人数、吸引相关企业加入集群、增加企业的资产是促进内蒙古乳品业集群发展的重要因素。同时，乳品业的产业集聚度水平的提高对集群产出的提高也有一定的影响，但不是制约集群发展的关键因素。因为，内蒙古乳品业的产业集聚度已经居于全国第一，集聚度的进一步提升也不能有效促进集群的产出。不断扩大乳品业企业的销售收入对乳品业集群的产出的影响很小。

## 第二节　内蒙古乳品产业集群成长与区域经济发展

### 一、内蒙古乳品业集群的发展

截至2011年底，内蒙古乳品业企业共有71家，从业人员数量达到30000多人，产值380多亿元，占全国乳品业企业产值总额的近20%。内蒙古乳品业快速发展的20多年，依赖着天然的优质奶源基地所带来的成本优势迅速发展成为中国最大的乳品生产基地，特别是内蒙古伊利、蒙牛企业的崛起，不仅带动了其他小规模乳品企业的发展，而且带动了奶牛养殖、饲料加工、乳品生产、包装业、乳品销售、物流业等相关行业的发展，迅速形成有较强竞争优势的地方产业群，同时也成为地方经济发展的重要优势产业之一。

作为我国第一个乳品业产业集群，内蒙古伊利和蒙牛两大乳品企业的崛起，有力地带动了内蒙古地区以乳制品制造业为核心的乳品产业集群的形成与发展。与其他类型的产业集群的构成方式相同，内蒙古乳品业产业集群也是由与乳品制造业水平相关或垂直相关的企业群组成。水平相关企业群主要由农业种植业、畜牧养殖业、饲料生产、包装材料生产、物流业等各类企业以及法律咨询和中介机构、疫病防治机构以及内蒙古自治区内外的高等院校以及相关科研院所构成。垂直相关的企业主要有奶牛养殖、草料生产、各种乳制品生产企业以及乳制品的市场开拓等企业构成。乳品业产业集群的形成整合了区域内的优势资源，带动了区域内外各类相关企业的高速、持续性的发展，解决了内蒙古的就业问题，极大地拉动了区域经济的发展。内蒙古乳品业集群构成如图11-1所示。

### 二、产业集群效应与区域经济发展

一个区域内大量的生产企业向某个地方集中，形成了产业集聚，聚集区大量生产企业以及与其相关的支持性产业及机构的空间集中，从而形成生产和社会网络系统，这就是产业集群。在产业集群的形成过程中产生的集聚效应具有吸引其他区域经济活动加入该地区的向心力，集聚水平越高，向心力越大，则集群的劳

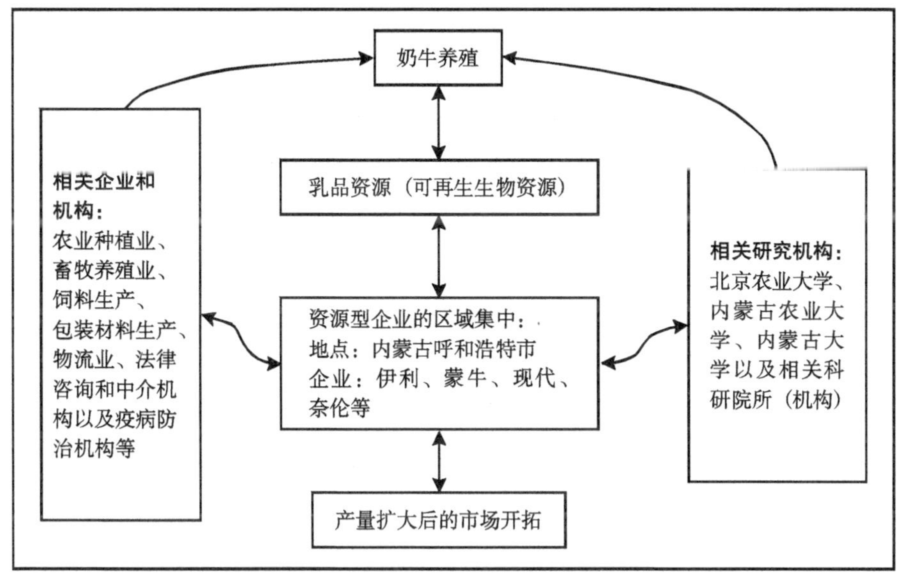


**图 11-1　内蒙古乳品产业集群构成**

动生产率水平也越高，集群对区域经济增长的影响也越大。然而，集聚水平过高，将导致集群的企业间恶性竞争，削弱分工协作的优势，企业为了生存最大限度地获取利润，使集群逐渐向消散的方向发展。产业集群是否能持续发展下去呢？从规模经济角度看，集群的发展取决于集聚过程中产生的向心力和离心力的相互作用力，当集聚效应（向心力）带来的区域经济增长大于集聚过程中产生的成本（离心力）时，产业集群就可以不断地发展下去；从外部经济角度看，如果区域发展环境是有利于集群发展的，则可以推动产业集群的发展，反之则阻碍集群的发展。

### （一）规模经济的角度

规模经济报酬递增是产业集群产生和发展的基础，集群内大量企业的集聚同时也是各种生产要素的集聚。因此，产业集群的集聚效应是通过各种生产要素与集群外的经济活动发生作用，通过劳动力的集聚、技术的溢出、吸引投资等对集群外的经济环境产生影响，并且区域发展环境的优劣同样影响着产业集群的发展。

首先，产业集群的集聚效应使得集群加强了分工协作，专业化的分工要求有专业化人才，除了集群内培训机构对技术工人的培训以外，还需要集群外相关的高校和科研院所进行科技人才的培养。因此，邻近产业集群的区域内会建立一些相关的科研机构进行产学研的综合研究，为集群内的企业输送高科技人才、先进的生产技术和生产工艺，从而促进集群创新能力的提高。与此同时，由于对科研机构的需求，从而增加带动了区域内相关产业的发展。

其次，众多的企业集聚，占有核心地位的大型企业所拥有的新生产工艺、新产品的研发以及技术创新能力会对集群内的小企业产生溢出效应，小企业通过学习、模仿节省了研发的费用，降低了生产成本。同时，小企业的利润增加又刺激了集群内企业的合作热情以及与集群外部的科研机构进行合作，从而提升了产业集群的整体竞争力，进而为区域经济增长做出更大贡献。

再次，产业集群的集聚效应需要有良好的区域发展环境，除了完善的道路、通信、电力等基础设施以外，更重要的是良好的金融服务设施以及投资环境。产业集群的集聚效应所产生的生产成本的节约将会吸引大批企业不断加入集群，新企业生产能力的提高又要有金融机构的资金支持。例如加大对企业的贷款额度、拓宽融资渠道等。企业的发展过程中要有严格的法律法规制度，以保障企业生产各个环节正常有序的进行。因此，区域内的法律制度环境、资金环境等是产业集群集聚效应顺利发展作用的重要保障。

最后，产业集聚效应使产业集群具有较强的向心力，产业的复杂性和多变性使产业分工不断深化，这就要求市场提供完善的配套设施，如市场信息服务中心、物流运输中心、营销网络体系等，增强产业集群市场潜在吸引力，使产业集群的规模不断扩大，其产出在区域经济发展中占有重要地位。

**（二）外部经济的角度**

产业集群的集聚效应产生的外在经济性是指集群的专业化分工所带动的周边地区经济的发展。首先，集群对专业化人才的需求将会拉动周边地区对人才的供给。其次，产业集群的发展需要有相关支撑机构，包括公共服务基础设施和硬件基础设施。随着集群的发展，大量的咨询机构、中介机构、信息中心、成果转换中心等基础设施应运而生，公共服务产业的发展带动了就业增长、产出的增加。集群的发展需要有配套的物流公司、道路建设、电力设施等硬件设施的建设，这些基础设施的建设同样能带动区域经济的增长。

产业集群的发展有时还会带来负外部性，即整个集群的产量增加使得集群内单个厂商的生产成本增加。例如，乳制品产业集群生产过程中有可能造成草场、水源以及大气等生态环境的破坏。因此，要注重这类集群的绿色创新升级，从而实现产业集群的可持续发展。例如，浙江长兴铅酸蓄电池产业集群的绿色创新升级就是一个成功的案例。

综上所述，区域内产业集群的形成是以其水平分工与垂直分工为基础，通过劳动力的集聚、生产要素的集聚等产生规模效应，并且通过核心企业的技术的溢出、人才溢出等产生外部效应促进产业集群自身的发展及区域经济的发展。不仅如此，产业集群发展的同时对外部经济环境产生需求，由此带动了区域内公共服务基础设施和硬件基础设施，即随着集群的发展，大量的咨询机构、中间机构、信息中心、成果转换中心等基础设施应运而生，与此同时产业集群的发展需要有配套的物流公司、道路建设、电力设施等硬件设施。可见，产业集群的发展带动了就业增长、产出的增加，同样带动区域经济的增长。

一个区域产业集群的形成与发展，通过其集聚效应、规模效应及溢出效应等实现生产成本的降低、交易费用的降低以及生产技术水平的提高，从而促进区域经济的发展。因此，积极推动资源型地区的产业集群的成长，是区域经济可持续发展的重要驱动力，也是实现资源型地区经济发展方式转变的有效途径。

# 第十二章　促进产业集群与区域经济协调发展的政策建议

## 第一节　完善制度安排，促进产业集群与区域经济协调发展

产业集群是一个复杂的动态演化过程，在增强专业化分工、发挥协同效应、降低交易成本、优化资源配置、提高区域创新力等方面作用明显，是工业化发展过程中的必然阶段。为了实现区域产业集群协调发展，促进区域经济持续发展，缩小区域经济发展的差异，首先，必须营造有利于区域产业集群协调发展的制度环境，降低产业集群发展中的交易成本；其次，加快制定有利于区域产业集群协调发展稳定的制度安排，通过产业集群的正式制度和非正式制度的创新，使产业集群具有不断的创新能力，从而提高产业集群和区域经济的竞争能力；最后，通过制定具有约束或激励条件的制度安排，不断完善有利于区域产业集群协调发展制度实施机制，从而使制度功能与绩效得以充分发挥。

### 一、营造有利于区域产业集群协调发展的制度环境

新制度经济学认为，制度是一系列约束人们最大化行为的游戏规则的总和，它由制度环境、制度安排和实施机制构成。其中，制度环境是制度安排和制度实施机制的基本保障。

樊纲认为，“制度环境是对于可供人们选择的制度安排的范围所设置了一个基本的界限，使人们通过选择制度安排来追求自身利益的增进而受到特定的限

制”。李善民、张媛春（2009）认为，交易规则会受到制度环境的制约，不同的制度环境下对于相同的交易规则会有不同的结果，如果制度环境比较差，则市场规则会导致较高的交易成本；如果制度环境较好，则可以降低交易成本。青木昌彦（2001）还提出了均衡制度观的观点，他认为制度安排之间相互联系、相互依赖构成了整个制度环境的均衡状态。也就是说，制度安排的运行依赖制度环境，如果原有的制度环境改变，则均衡状态就不复存在，同一制度在不同的制度环境下往往会产生不同的效果。交易规则本身就是一种制度安排，它的效应很大程度上取决于制度环境的优劣。

产业集群作为一种新型的产业组织形式具有极强的区域竞争力，表现为产业集群持久的创新能力，而这种创新能力是由制度安排推动的，同时也受到制度环境的制约。产业集群的形成与发展正是由于制度的不断创新而导致交易费用降低。因此，产业集群的持续发展必须是在良好的制度环境下通过不断制度创新过程降低交易成本实现，而低成本的优势在集群内产生了激励制度，反过来又促进了产业集群的发展壮大。此外，制度创新是制度环境改变的诱因，制度不断创新又催生与之相适应的新制度环境诞生，他们互为条件，共同发展。

产业集群在空间上实现了区域资源的最佳配置，集群内大量相关产业的集聚效应影响了产业集群的发展进程，集群内的分工深化加大了协调分工的交易成本，进而影响了产业集群发展的趋势。也就是说，交易费用作为一种制度安排，它存在的合理性受到制度环境的制约。因此，政府作为制度的制定者，应该努力营造一个有利于产业集群发展的制度环境，建立一个集群内部以及区域间集群发展的公平竞争的制度环境，例如深化分配制度改革以及健全法律保障制度等。在产业集群发展中，政府通过收入分配制度的改革，一方面，合理的收入水平能够激发人的能动性、积极性和创造性，有利于在产业集群内部建立良好的分工协作关系，降低交易费用；另一方面，合理的收入水平以及各种分配激励机制，有助于为营造科研人员潜心研究的环境，激发各类人才的创新活力，促进产业集群的升级和创新。此外，政府通过法律法规、市场机制及产业政策等积极引导产业集群的创新活动，鼓励企业与大学、科研机构的协作创新。总之，政府通过营造优良的制度环境使得各种有利于产业集群发展的制度安排得以顺利实施，产业集群才能体现出它特有的区域竞争优势，为区域经济发展做出贡献。

## 二、制定有利于产业集群协调发展稳定的制度安排

诺斯认为，制度泛指规范人类社会行为的规则，可以分为正式制度和非正式制度两种形式。制度就是一个社会的游戏规则，它是影响人们相互关系的一些约束条件，正式制度有法律、法规、市场制度、公司制度、经营制度等，非正式制度有价值信念、伦理规范、道德观念、风俗习惯和意识形态等。通常情况下，制度就是指制度安排，即经济活动中的行为主体之间的竞争与合作方式的一种制度安排。Posner（1980）认为，在传统社会中，由于信息成本高、政府绩效以及社会缺乏创新精神，人们主要是通过行为准则、习俗和惯例等非正式制度来约束行为。随着社会的发展，制度不断完善，正式制度只能是社会行为约束机制的一部分，非正式制度则对降低一些经济活动的交易成本以及促进经济发展等方面有着重要的补充作用（North，1994）。Xin & Pearce（1996）还阐述了非正式制度不仅是正式制度的补充，而且还可以转变成为正式制度的观点。此外，Ayse Pamuk还对特尼达德和多巴哥（Trinidad and Tobago）的非正式制度替代作用作出了实证研究，认为合作的非正式制度能够降低交易费用、风险以及克服交易中的不确定性，促进交易的形成，因而可以替代正式制度。总之，无论是正式制度还是非正式制度，它们都是社会、经济发展过程中不可分割的对立统一体，非正式制度不仅是正式制度的补充，而且在一定条件下还有可能转化为正式制度。

产业集群的本质是大批有联系的企业以及与之有关的服务机构在地理上的集中现象，组织内部既有竞争又有合作的庞大网络系统。集群内部各个企业通过分工协作降低成本，并在相互信任和学习的气氛中促进技术创新。也就是说，产业集群正外部效应的实现是有条件的：其一，大量相互联系的企业在某个地方集中；其二，基于信任的学习环境才能实现技术创新；其三，区域内有企业与科研机构、大学、行政机构等长期合作的服务机构构成创新系统。由此可以看出，多个企业的简单的地理集中不能形成产业集群，没有相关服务机构支持也不能形成产业集群，产业集群是个不断演化的、复杂的网络系统，集群内的分工协作与竞争的关系必须有相应的制度安排做保障，只有这样才能使得产业集群不断创新，区域竞争力才能不断提高。总之，产业集群的发展壮大受到国家和地方政府的各项制度制约，从思想认识到实践活动，都需要有一个良好的制度安排。

首先，提高认识。近些年，各地政府都制定促进产业集群发展的战略，从各地的“十二五”规划中可以看出，关于产业集群的表述能够反映地方政府对于产业集群的关注度。

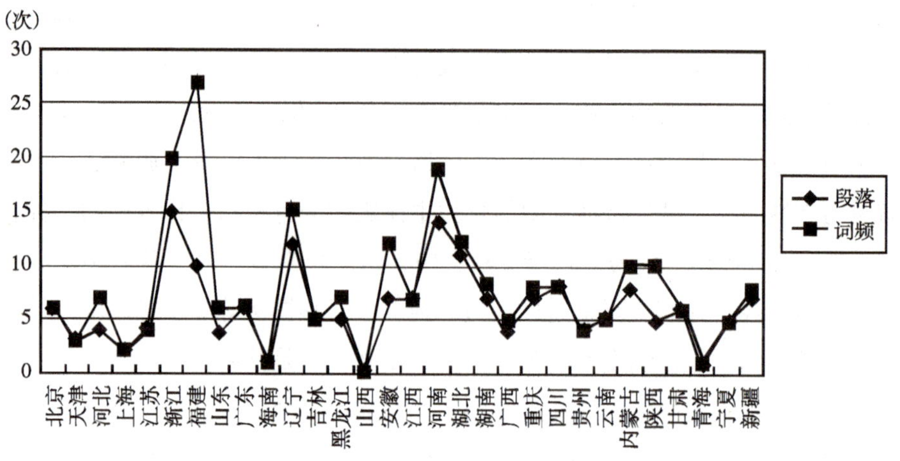


**图 12-1　各地“十二五”规划中“产业集群”一词出现次数**

从图 12-1 中可知，在“十二五”规划中“产业集群”词出现次数比较高的是浙江、福建，浙江在规划中还提出了 42 个向现代产业集群转型升级示范区，福建在规划中提出建立 16 个重点产业集群基地。由此看出，政府对产业集群的重视程度，且实践证明了产业集群在区域经济发展中的重要贡献。中部地区中河南和湖北比较突出，尤其是河南，在规划中曾 19 次提到产业集群一词。西部地区总体上看重视程度不够，但内蒙古和陕西例外，在规划中多次出现，特别是陕西，2011 年有 3 个产业集群被列为国家创新型产业集群，说明产业集群的发展战略逐渐被地方政府重视。“十二五”规划是我国各地区未来 5 年的发展战略，在这个制度中关于产业集群的定位直接关系到各区域未来 5 年的经济发展，只有在思想认识上重视它、在制度安排上体现它，才能保障产业集群和区域经济的共同发展。例如，我国西部地区的产业集群发展比较缓慢，甚至有些区域的产业依靠区域优势、资源优势集群的雏形已经形成，为地方经济增长做出了重要贡献。但是，地方政府没有给予足够的重视，既没有出台相应的政策积极引导集群向着成熟化发展，也没有营造良好的综合发展环境（基础设施、环境建设等），西部的产业集群发展缓慢，与东中部地区的集群的创新能力、区域竞争能力差距越来越大，加快了区域经济发展的差异。所以，产业集群的培育、发展离不开政府的干预，政府应该充分认识到集群所产生的辐射、示范作用，依靠市场的力量为产

业集群的发展当好配角，并致力于完善产业集群发展的相关法律法规的制定，使产业集群成为本地经济发展的重要力量。

其次，塑造区域文化。区域文化是由特定区域地理环境、人际关系、社会关系以及历史文化传统等因素综合作用的结果。特定地理环境中的资源优势、要素禀赋及地理位置的优势等，社会关系中的同学、同乡、同事、同族等，人际关系中的血缘、地缘关系等，传统文化中的思想文化、意识形态、风俗习惯等，共同构成了分工协作的网络系统，通过企业间的信任提高生产效率，降低了交易费用，与此同时，企业间的相互协作培育了企业间的认同感，从而营造产业集群文化。政府作为制度的供给者，应该为集群内的企业创造正式的和非正式的沟通的条件，并且制定有利于产业集群发展的诚信机制，例如建立信用评级制度，促使集群内的企业在信用基础上不断创新，推动产业集群健康、持续地发展。

## 三、完善有利于产业集群协调发展制度实施机制

制度实施机制是指一个组织对违反制度（规则）的人做出相应惩罚或奖励，以便于使这些奖惩规则可以顺利实施。制度绩效的高低主要取决于实施机制的优劣，好的实施机制可以使制度安排充分发挥作用，制度绩效表现显著，反之则使得制度绩效降低。制度实施过程中是有交易费用的，如信息成本、监督费用等，只有当制度实施成本较低时，制度实施机制才能顺利进行下去。对于一个组织系统来讲，有制度比没有制度好，但有规则而没有好的实施机制，即“有法不依”往往更糟糕。

产业集群本质上是一个经济组织，在市场机制公平竞争下的经济运行过程中不断地发展壮大。因此，需要有利于产业集群发展的合理的制度化的实施机制，如政府制定的产业政策是否与当地的实际情况（历史文化、风俗习惯、产业基础等）匹配、促进产业集群发展的制度是否考虑到交易费用、政策执行者的人员素质（价值观念、职业道德、法律观念等）、某产业集群的发展是否能体现其社会责任、激励机制如何设计等。一个有效制度安排及其实施对于产业集群发展至关重要，尤其在产业集群的发育期，有利于其发展的制度安排及实施机制将会影响产业集群未来的发展方向和区域经济发展的质量。产业集群的竞争力优势能否发挥出来，关键在于有没有合理的制度安排以及有效的实施机制。

## 第二节　构建区域创新系统，促进产业集群协调发展

最早提出区域创新系统（Regional Innovation System，RIS）概念的是英国卡迪夫大学的库克、布拉茨克等人，他们在《区域创新系统：全球化背景下区域政府管理的作用》中阐述区域创新系统是在地理上大量关联的企业、研究机构、高等教育机构及其他辅助部门所构成的区域性网络组织，他们相互支持、相互学习就形成了创新。关于区域创新系统的含义还有许多学者从不同角度进行了论述，如魏格（Wiig，1995）、阿希姆（Asheim，1997）、卡尔松（Carlsson，1999）等人。我国学者王缉慈认为，区域创新系统是指区域创新网络的各个节点（企业、高校、科研机构等）在协同作用中结网而创新，并融入区域创新环境中而组成的系统，具有开放性和本地化、动态性和系统性的特点。

区域创新系统与产业集群是密不可分的，区域创新系统是产业集群发展的基础，区域创新活动中的新材料、新产品、新技术、新组织形式为集群发展提供条件；产业集群的地理集中所产生的集聚效应、专业化分工、人才培养、学习效应等是区域创新实现的途径。虽然产业集群是一个独立的经济组织，但是，集群的网络系统是一个跨越多个部门、机构的经济，如研究和教育机构、技术服务中心、金融服务、生产者协会、地方龙头企业和专门的商品和服务供应商等，他们在相互信任、了解的基础上实现了区域创新。因此，集群与区域创新系统可能共同存在，在区域创新体系中包含多个产业集群，集群是创新体系的必要成分。此外，区域创新系统分为国家层面和省级层面的创新，本书主要阐述的是省级层面的创新与产业集群的互动机制，即一个区域（省级层面）的制度和文化环境与影响本区域产业集群创新过程的相互作用。

产业集群是一种生产要素空间集聚的产业组织形式，它的形成和发展是基于地理空间、资源禀赋、基础设施、产业特征、技术创新和制度文化等多方面的条件，通过搭建区域产业配套平台、区域文化的创新、制度的区域创新，促进区域产业集群的协调发展。因此，产业集群的发展是以区域创新系统为基础条件，区域的创新又加快了产业集群的发展和升级，进而实现集群与区域创新系统的共同发展。

## 一、创造产业配套环境

努力创造优良的产业配套环境，关键在于搭建一个基于厂商和市场公平交易原则下的公共机构和交流平台，如技术推广会、贸易交流会、出国考察等，以便于获得市场信息、产品研发信息、技术创新等。同时，政府要鼓励高等院校和科研院所从事与产业集群有关的研究，并为厂商建立可以进行技术培训、交流市场信息的公共机构，为集群内外的厂商进行学习、交流创造良好环境。此外，产业集群发展的硬件设施也不容忽视，通过多元化的融资方式发展电力、通信、交通等各种硬件设施，积极培育社会化的产业集群发展配套体系。

我国产业集群的发展水平已经形成了区域间的差异，整体上看，东部地区的产业集群发展环境比较好，硬件配套设施比较完善，不足的是，如何完善产业集群网络系统的软件环境，促进产业集群的升级，从而使产业集群的综合竞争力提高。例如，我国的袜业已形成了三大区域产业集群：浙江义乌、诸暨大唐及海宁、广东里水，总产量占全国的90%以上。在国际市场上，中国袜业的产量居第一，产品销往欧美市场、日本、意大利等多个国家，年创汇近10亿美元。这样快速的产业集群发展与浙江省政府提供的研发、培训、信息服务、会展服务、金融服务等配套设施密切相关。但是，我国袜业产业集群仍处于劳动密集型发展阶段，技术创新能力和自主研发能力较低，应通过建立技术联盟、研发外包等形式促进产业集群的升级。此外，我国袜业集群的品牌建设缓慢，特别是区域品牌和国际品牌的知名度比较差，应该通过国内外的平面媒体（报纸、期刊等）、立体媒体（广告牌、电视广告等）、产品推介会、座谈会等多种形式加大广告宣传的力度，还要通过设立专卖店、专柜、直销店等实施品牌营销战略，提升品牌的知名度。

中部地区集中在川渝和陕西两地，主要以能源、原材料、重化工、IT产业集群为主，但与这些集群配套的产业环境较差，造成集群发展缓慢，主要是研发能力弱、与外界交流的渠道不畅通、基础设施水平低等原因造成。因此，基于中西部地区产业集群的现状，政府应积极搭建信息交流平台，如贸易交流会、博览会、推广会等，给厂商提供获取市场信息、学习技术的机会，并不间断地给企业培训技术人员、提供市场信息和金融支持，以促进产业集群的发展。

西部地区的产业集群大多数是以当地资源比较优势形成的资源型产业集群，

其产业结构单一、专业化程度太高，集群的分工协作、互补性及网络型特征不能体现出来。因此，资源型产业集群的配套设施应该是具有产业特点和区域特色，即采取产业集群外小企业外包形式提供配套的产业环境，如产品研发外包、物流外包、培训外包等，还可以采用多元化的融资方式进行基础设施建设，培育市场化、高效率的产业配套体系，为产业集群发展创造优良环境。

总之，产业集群的发展除了需要政府提供政策服务外，政府还应该提供公共服务机构以及搭建各种基础平台，如信息平台、融资平台、交易平台等，并且努力改善交通、电力、通信等基础设施水平，创造产业集群发展的良好环境，配套服务环境的建设是产业集群发展的基本保障，也是促进产业集群发展的重要因素。

## 二、搭建产业集群创新平台

产业集群是最具有区域创新能力的产业组织形式，具有创新的条件和环境，具有创新所需的产业组织、集群文化、集聚经济以及知识溢出的内在运行机制，通过政府积极引导，高等教育机构、科研机构及中介机构等相关服务机构的支持，在市场机制公平竞争下实现产业集群的创新，产业集群创新平台是集群创新活动的保障，也是集群创新活动的实现途径。

产业集群的创新能力是集群可持续发展且集群发展差异的决定因素，创新环境是集群创新活动的支撑体系，集群文化的创新是影响集群创新能力的重要因素，科技的创新是产业集群创新能力的保障。所以，集群的创新环境、文化创新、科技创新以及集群演进过程的协同能力共同决定了产业集群的创新能力。

首先，构建产业集群创新环境。产业集群创新主要体现在企业对新技术的可占有性（Appropriability），因为它影响着创新的技术路线及投入。在中国，由于地方官员的政府治理制度安排的特殊性，政府拥有创新活动的剩余索取权（Residual Claimants）。因此，地方政府的政策对产业集群的创新活动有非常重要的影响，如招商引资政策、金融扶持和融资政策、税收优惠政策、产业发展规划等。除了政策因素外，还有企业吸引技术人才的能力、先进生产设备的数量、区域的产业配套水平、市场竞争水平、高端客户的结构等也是集群的创新活动重要的环境因素。

其次，搭建科技创新平台。产业集群科技创新平台是集群创新活动实现的主

要途径，也是集群创新过程的创新资源，主要有技术创新平台、人才创新平台、管理创新平台。技术创新是集群创新的基本条件，通过企业技术人员与大学、科研院所或者国外研究机构等不同行为主体参与联合研发活动，发明新产品、新工艺、新材料，有效地提高了科技创新的效率。创新型人才的培养是集群创新活动最重要、最活跃的生产力，即使有新技术出现，也要依附“人力资源”要素才能实现。因此，应该拓宽企业人员接受培训和继续深造的途径，鼓励人员参加培训、技能教育或委托培养等多种形式提升企业技术人员的技能，为集群创新做好人才储备。管理创新主要是指政府的公共管理服务创新，以克服集群创新活动中技术和需求的快速变化而带来的不确定性，如建立信息服务平台、研发服务平台、交通及物流平台等。

最后，促进集群文化的创新。集群文化是指在区域传统文化的影响下，集群内各企业通过一定时间集体学习而形成集群内成员共同遵守的价值观，并能对集群内企业行为起支配作用的一种行为方式。产业集群的本质就是不同企业在地理临近的区域内形成了网络，这个企业网络为研发溢出、交易成本降低、专业化分工提供平台，从而强化了产业集群的动力机制。产业集群的创新是区域性的集体活动，受到区域文化的影响，如历史文化形态、社会习俗、企业家精神（对风险的态度、对机会的追求、对创新的推崇）等，因此，产业集群所在区域的创新意识、创业精神、对市场和机会的认知度等对产业集群的发展具有极大作用。因此，集群文化创新是以区域文化为基础，以集群创新能力为重要内容的创新活动，一方面对内营造创业的良好环境，培育企业家精神，加强集群成员的学习培训，提高文化协同性和凝聚力；另一方面加大文化营销，促进产业集群品牌战略的实施。

## 三、促进区域间的产业协作

专业化分工协作是产业集群竞争力形成的基础，鼓励区域间产业集群的专业化分工协作，有利于延长产业链、细化集群内部分工、降低交易成本和企业的自主创新，实现区域间的优势互补、共同发展的目标，进而提升产业集群整体的竞争力水平。战略联盟是一种好的协作方式，如生产联盟、销售联盟、品牌联盟、研发联盟等，可以降低交易成本，规避风险，并且战略联盟成员可以学习效仿，达到共赢的目的。世界著名企业微软、英特尔等就是采用战略联盟方式的成功案例。在集群实践中，应该根据区域要素特点和地方特色产业的优势，采取主动、创造性的合作行动，系统推进区域产业发展的公共利益与集体效率的提升，以此支持区域产业集群发展竞争力与可持续性。

区域间的产业集群的分工协作需要有政府提供公共服务平台，充分发挥政府的作用，积极引导企业进行知识产权的保护、制定行业标准、建立技术交流中心、促进成果转化、规范市场行为，鼓励发挥行业协会、商会、仲裁机构、人才交流中心、各种专业事务所等社会中介组织的作用，以便于加强政府和企业间的沟通，从而促进产业联系及区域间产业集群的协调发展。

## 第三节　促进发达地区产业集群升级，加快落后地区产业集群发展

经过 20 多年的发展，我国已经有 160 多个城市拥有数千个规模不等的产业集群，但各省市的产业集群发展水平和发展趋势差异很大：东部地区的主要任务是如何完善集群的网络系统，实现产业集群的升级问题；中部地区的主要问题是如何承接东部的产业转移，形成具有竞争优势的特色的产业集群，并且，中部地区已经形成的高新技术产业集群也面临集群升级问题；西部地区的产业集群大多数处于发育初期，有些甚至还在孵化期，还没有形成真正意义的产业集群，因此，西部地区的关键是如何促进集群向成熟期发育以及如何实现西部的资源型产业集群的可持续发展。总之，我国的产业集群发展水平参差不齐，发展模式各不相同，应该针对地方特色发展各具优势的区域产业集群，从而通过产业集群的发展、壮大不断提升区域竞争力，提高经济发展水平。

### 一、促进发达地区产业集群升级

由于产业集群自身特性，集群发展中容易形成路径依赖、战略协同、过度竞争、区域锁定等风险，面对全球化的影响，为了增强集群的竞争力，促进区域经济的可持续发展，产业集群升级的重要性日益凸显。

发达地区的产业集群是指分布在长三角地区、珠三角地区以及环渤海地区的

集群形成时间早、发展快、规模大，对区域经济贡献大的产业集群，以浙江、江苏和福建为代表。发达地区的产业集群大多数属于传统制造业，即劳动密集型的产业集群，其特点是自主创新能力差、产业层次低、产品低端、过度资源消耗以及低成本、低价格造成的恶性竞争。这样的产业集群在激烈的市场竞争中必将走向衰退，从而制约区域经济持久的发展下去。并且，发达地区的产业集群有相当部分已经处于成熟期，具有产业升级转型的条件。因此，我国发达地区的产业集群升级问题已经到了关键时刻。

首先，依靠政府引导通过搭建人才、技术、公共服务等平台实现产业集群的升级。以浙江乐清低压电器产业集群为例，在20世纪80年代初期乐清低压电器销售点只有1000多家，从业人员60000余人，业务主要是销售电器及简单的零部件组装，竞争力普遍比较低，20世纪80年代后期，随着引进人才及科研机构（上海电器科学研究所）的研发，集群的规模逐渐扩大。20世纪90年代后，在政府政策的干预下，通过生产许可证制度整顿了低压电器行业，并成立了行业协会联合对产品定价，有效地规避了该行业的低水平竞争。2000年后，集群的自主研发能力、国内外联合研发及网络营销水平等明显提高，促进了产业集群的创新和升级。由此可以看出，通过地方政府和企业家的集体行动，在政府引导下的生产许可证及行业协会制度的出现，极大地促进了乐清的低压电器产业集群质量的升级。

其次，加快经济发展方式转变。加快粗放式经济增长方式向集约型转变，促进产业集群向节约资源、低碳生产的绿色经济转变，通过高新技术提升传统制造业向产业的价值链高端发展，延长集群的产业链，进而提升产业集群在国际上的竞争力。

最后，实施品牌战略。促进区域品牌向国际化发展，通过集群企业的品牌建设促进区域品牌发展，以集群内核心企业的品牌为依托，促使其成为具有区域性的产业集群品牌，进而发展成为国际化的品牌。

## 二、加大对落后地区产业集群发展的扶持力度

为了缩小区域经济发展差异，政府要加大对落后地区产业集群发展的扶持力度。首先，努力改善落后地区产业集群发展的硬环境，即加大对落后地区的交通、能源、电力、通信等基础设施建设，为产业集群的发展提供基本保障。其

次，加强落后地区产业集群发展的软环境，如规范市场竞争秩序、建立诚信评价体系、鼓励企业创新精神、建立公共服务平台、促进区域间的交流与合作，完善知识产权保护法等，推动欠发达地区的产业集群发展。再次，拓宽投融资渠道。除了政府加大财政投资以外，还要积极为企业进行招商引资并给予优惠政策。最后，政府要出台一系列的大力度的扶持政策。政府可以采取减免税收、行政划拨土地等方面优惠措施，建立一大批与当地资源禀赋相适宜的关联产业和配套产业，促进落后地区专业化产业基地形成，配合着“中部崛起”、“西部大开发”及“振兴东北”战略，推动中西部地区产业集群的发展。

## 三、鼓励地方特色产业集群发展

地方特色产业集群是产业集群的一种形式，属于地方特色经济。所谓特色经济，粟庆品认为，是在一定时期一定的区域内，以某一资源禀赋为基础发展起来，形成一定的规模，能够适应市场需求，具有市场竞争优势的某一产品、某一产业，并以此为核心的相关产业等构成一个区域的经济支柱。基于我国产业结构、地域、资源禀赋特征，特色经济在我国区域产业经济发展中占有重要位置，特色产业集群是由特色产业发展而来。刘善庆、张媛春认为，特色产业集群是指集中于一定区域内特定产业的众多具有合作关系的不同规模企业和与其发展有关的各种机构、组织等行为主体通过纵横交错的网络关系紧密联系在一起的空间集合体。培育特色产业集群不仅包括当地的特色资源，还有当地特有的历史文化也要整合到集群中，因为，这些资源在其他地方是无法复制的。

波特认为，“贫穷的国家没有发达的产业集群，在国际市场上，他们只能凭借着廉价劳动力和自然资源参与市场竞争。要超越这个阶段，必须发展功能完善的产业集群，这是对于那些从中等收入国家向发达国家过渡的一个重要的制约因素，即使是高收入国家，也要重视不断提高产业集群的发展水平”。提高产业集群的发展水平，就要鼓励和培育有地方特色产业集群的发展，因为大量相关企业的空间集聚所形成的具有地方特色的产业环境是其他地方难以模仿的，且这些特色的产业集群是当地的核心竞争力。因此，政府要以地方特色为出发点强化专业化市场和特色产业的配套产业，积极培育地方特色的核心企业，使之发展成为特色产业集群。

# 第四节　提升区域产业集群的可持续发展能力

## 一、探索适合我国产业集群发展的机制，促进集群的可持续发展

产业集群在各国的经济发展中都表现出了极强的区域竞争力，成为各国、各区域的经济增长的引擎。但是，在产业集群发展中，也不难发现有些集群并没有发展壮大起来，还有些集群曾经一度辉煌，最终也走向了衰落。产业集群的发展过程如同生物体的进化过程一样，正如 Tichy G.（1998）所述，今天成功的产业集群也可能衰落成为明天的"问题区域"，例如，浙江永康保温杯、重庆火锅底料、山西清徐食醋等产业集群的衰落。

我国产业集群发展过程中普遍存在区域锁定、发展路径锁定、社会资本锁定、价值链低端锁定等问题，如果能够摆脱集群锁定状态，探索产业集群可持续性发展机制，充分发挥产业集群的集聚效应和溢出效应带来的区域竞争优势，就可以实现产业集群的可持续性发展。主要措施：首先，打破区域划分的锁定，加强区域间产业分工与协作以及优势资源的共享，抑制低层次的竞争，地方政府间协同合作，积极引导区域间产业集群的协调发展；其次，鼓励和倡导创新文化，培养企业家的创新精神，建立企业间的相互信任、相互合作的关系；最后，政府应采取政策引导、资金支持和市场化运作的方式，通过构建技术创新平台和区域服务系统，促进集群内研发机构的成果转化，释放出集体创新的效率，同时也增强了产业集群对新技术的吸收能力。

## 二、加强生态化转型，实现产业集群的绿色发展

随着中国经济的快速增长，我国已经逐渐变成了"世界大工厂"，然而，经济的高速增长是以能源的快速消耗和环境质量的下降为代价的。据统计，我国的二氧化硫排放量居世界第一，有近半的国土受到酸雨的侵蚀，流经城市的河流90%污染严重，城市空气污染问题、垃圾和废弃物的围城问题、水系污染问题等，环境破坏问题程度令人担忧。

就产业集群而言，产业的集聚过程不仅带来了集聚经济的竞争优势，同时也带来了集群企业的集聚污染。在世界各国对环境问题的关注下，我国越来越多的集群企业开始认识到了向生态化转型不仅不会限制集群发展，而且还会为集群的长期发展提供持久的动力。因此，越来越多的企业不仅被动地遵守环境法规、标准，而且还主动执行环境保护政策，以便于控制风险成本、获得长期的市场准入制度。

我国从 20 世纪末就开始积极探索推进绿色创新活动，所谓绿色创新就是指绿色的观念、研发、工艺、产品以及成果转化等。通过绿色创新活动把企业经济效益与环境结合起来，从而实现产业集群的可持续发展。例如，浙江湖州长兴天能集团——中国绿色动力能源中心，该企业早期的生产中由于对铅污染问题没有足够重视，曾一度出现“血铅风波”，之后，企业引进新设备、改造生产工艺、使用新技术，生产环境明显改善，2005 年 2 月环境检测达标，被列为浙江省循环经济行动的 100 项重点项目之一。目前，主要以电动车环保动力电池制造为主，集新能源镍氢、锂离子电池，风能、太阳能储能电池以及再生铅资源回收、循环利用等新能源的研发、生产、销售为一体，是国内首屈一指的绿色动力能源制造商。

总之，产业集群的生态化转型是实现经济可持续发展的根本途径，政府应促进企业的联合行动，加强环境基础设施、企业废物回收网络等方面建设，培养企业的长远发展观、社会责任、创新精神等新思维，通过推动技术创新实现产业集群的绿色转型，进而实现区域经济的持续发展。

## 三、鼓励产业集群走“低碳经济”的发展道路

2005 年，京都协议书的签订意味着低碳的经济发展方式成为国际认同的惯例。按照协议书规定，如果企业没有公开产品碳足迹的标示、检验等信息，将会被拒绝交易。还有许多国家设立了碳关税。这些举措要求世界各国必须走“低碳经济”的发展道路。在我国，2007 年 11 月国家发改委下发《关于印发促进产业集群发展的若干意见的通知》（发改企业〔2007〕2897 号），在第一个中央政府层面制定的促进产业集群发展的专门文件中提出了“要切实推进发展循环经济和生态型工业”，并选择若干产业集群开展循环经济试点工作，低碳产业集群的发展是循环经济和生态工业实践活动的主要内容之一。

关于低碳产业集群的研究是个新课题，冯奎（2009）提出了发展低碳产业集群的四种模式：一是传统制造业集群改造为低碳产业集群；二是将工业园区综合优化为低碳产业集群；三是将生产性服务业集群提升为低碳产业集群；四是将新能源、新材料行业定位于低碳产业集群。吴晓波、赵广华（2010）阐述了基于可持续发展思路的低碳产业集群的动力机制，即在政府政策支持下，经济绩效和技术创新是低碳产业集群内在动力，国内外低碳环境的压力和产业集群外公众的市场取舍与监督构成了外部动力，内外动力的互相配合，推动了低碳产业集群快速发展。

本书认为，我国产业集群的低碳发展是在全球低碳经济发展的宏观背景下，立足于我国新型工业化、新型城市化道路的低碳经济时代产业集群发展的主导型模式，通过低碳的技术创新、低碳的品牌营销以及创新服务体系的建设，促进产业集群的低碳化发展。

# 参考文献

[1] Albert O. Hirschman. The Strategy of Economic Development [M]. Yale University Press, 1958.

[2] Allyn A. Young. Increasing Returns and Economic Progress [J]. The Economic Journal, 1928 (38): 527–42.

[3] Anderson Gary.Industry Clustering for Economic Development [J]. Eco–nomic Development Review, 1994, 12 (2).

[4] Antony, Potter & Doug Watts, Evolutionary Agglomeration Theory: Increasing Returns, Diminishing Returns, and the Industry Life Cycle [J]. Journal of Economic Geography, 2011 (11): 417–455.

[5] Arrow K. The Economic Implications of Learning by Doing [J]. Review of Economics Studies, 1962 (29).

[6] Arrow K. The Production and Distribution of Knowledge//Silverberg G.Soete. The Economics of Growth and Technical Change: Technologies, Nations, Agents [J]. Aldershot: Edward Elgar Publishing Limited, 1994 (17).

[7] Ayse Pamuk. Informal Institutional Arrangements in Credit, Land Marketsand Infrastructure Delivery in Trinidad [M]. International Journal of Urban and Regional Research, 2000, 24 (2): 379–496.

[8] Barro, R. J., and Sala–i–Marti, X. Technological Diffusion, Convergenceand Growth [R]. Discussion Paper 1255, London: Centre for Economic Policy Research, 1995.

[9] Bart Verspagen and Ivodeloo. Technology Spillovers between Sectors and Over Time [J]. Technological Forecasting and Social Change, 1999, 60: 215–235.

[10] Baum H. Social Benefits of Road Transport Cologne, Mimeo, 2008.

[11] Beaudry C., Swann P. Growth Industrial Cluster: Abirds Eyeview of Theunited Kingdom [J]. Quarterly Journal of Economics, 2001 (6): 65-94.

[12] Bellussi Gottardi. Models of Localised Technological Change//Belussi F. Gottardi G. (ends.) Evolutionary Patterns of Local Industrial Systems. Towards Acognitive Approach to the Industrial District [J]. Ashgate Publishing Ltd., 2000.

[13] Belton Fleisher, et al. Human Capital, Economic Growth, and Regional Inequality in China [N]. William Davidson Institute Working Paper, 2007.

[14] Belton M. Fleisher and Jian Chen. The Coast -Noncoast Income Gap, Productivity, and Regional Economic Policy in China [J]. Journal of Comparative Economics, 1997, 25 (2): 220-236.

[15] Bergman, E. M. and Feser, E. J. Industrial and Regional Clusters: Concept and Comparative Applications [M]. Web Book in Regional Science, RegionalResearch Institute. West Virginia University, 1999.

[16] Borenztein, E., J. De Gregorio, and J. W. Lee. How does Foreign Investment Affect Economic Growth [J]. Journal of International Economics, 1998 (45): 115-135.

[17] Bwllandi M. Capacita Innovative Diffusa e Sistemi Locali di Impress [M].// Becattini G., Modelli Locali di Sviluppo, II Mulino, Bologna, 1989.

[18] Camagni R. Local "milieu" Uncertainty and Innovation Networks: Towardsa New Dynamic Theory of Economic Space Camagni R [J]. Innovation Networks: Spatial Perspectives, 2000 (1) 122-142.

[19] Capello R. Spatial Transfer of Knowledge in High Technology Milieux: Learning Versus Collective Learning Processes [J]. Regional Studies, 1994, 4 (33): 353.

[20] Caraten A. Holz. China's Economic Growth 1978-2025: What We Know Today about China's Economic Growth Tomorrow [J]. World Development, 2008, 36 (10): 1665-1691.

[21] Chen, Jian, and Fleisher, Belton M. Regional Income Inequality and Economic Growth in China [J]. Journal of Comparative Economics, 1996 (22): 141-164.

[22] Christian H. M. Ketels, Int. J. From Clusters to Cluster-based Economic Development. Technological Learning [J]. Innovation and Development, 2008 (1): 3.

[23] Christian H. M. Ketels. From Clusters to Cluster-based Economic Development [J]. Technological Learning, Innovation and Development, 2008 (1) 3: 150-165.

[24] Cooke P., Hans Joach M. Brazyk H. J., et al. Regional Innovation Systems: The Role of Governance in the Globalized Word [M]. London: UCL Press, 1996(1): 4-14.

[25] Czamanski and L. A. de Q. Ablas Identification of Industrial Clusters and Complexes: A Comparison of Methods and Findings [J]. Urban Studies, 1978 (16): 61-80.

[26] Czamanski, S. Study of Clustering of Industries. Halifax, Nova Scotia, Canada: Institute of Public Affairs [J]. Dalhousie University, 1974

[27] Chen, Jian, and Fleisher, Belton M. Regional Income Inequality and Economic Growth in China [J]. Journal of Comparative Economics, 1996 (22): 141-164.

[28] Do Clusters Really Matter for Companies' Competitive Strategies [D]. Evidence at the Country Level, Mercedes Delgado, 2009.

[29] Edward Feser, Henry Renski & Harvey Goldstein. Clusters and Economic Development Outcomes: An Analysis of the Link between Clustering and Industry Growth [J]. Economic Development Quarterly, 2008 (22): 4.

[30] Elizabeth Curred and Kevin Stolarick. The Occupation-Industry Mismatch: New Trajectories for Regional Cluster Analysis and Economic Development [J]. Urban Studies, 2010, 47 (2): 337-362.

[31] Ethier W. National and International Returns to Scale in the Modern Theory of International Trade [J]. American Economic Review, 1982 (7): 4-14.

[32] F. P. Ramsey. A Mathematical Theory of Saving [J]. The Economic Journal, 1928, 238 (152): 543-559.

[33] Fieldsman M.P. The New Economics of Innovation, Spillovers and Agglomeration: A Review of Empirical Studies [J]. Economics Innovation, 1998 (8): 4-14.

[34] From Clusters to Cluster-based Economic Development, Christian H. M. Ketels, Int. J. Technological Learning [J]. Innovation and Development, 2008 (1): 3.

[35] Glaeser Edward L.Hedi D.Kallal etc. Growth in Cities [J]. Journal of Political Economy, 1992, 100 (6): 7-14.

[36] Henderson, J. V. The Sizes and Types of Cities [J]. American Economic Review, 1974 (64): 640-656.

[37] Hilary Putnam. To Think with Integrity [J]. The Harvard Review of Philosophy, 2000 (4): 4-14.

[38] Hill, E. W. and Brennan J. F., A Methodology for Identifying the Drivers of Industrial Clusters: The Foundation of Regional Competitive Advantage [J]. Economic Development Quarterly, 2000 (14): 67-96.

[39] Hoover, E. M. The Location of Economic Activity [M]. New York: McGraw-Hill, 1948.

[40] Humphry J., Schmitz H. Principle of Promoting Cluster and Network of SMEs [N]. UNIDO Report, 1995.

[41] James S. Coleman. Social Capital in the Creation of Human Capital [J]. American Journal of Sociology Supplement: Organizations and Institutions: Sociological and Economic Approaches to the Analysis of Social Structure, 1988 (94): 95-120.

[42] Jean-Claude Berthélemy & Sylvie Démurger. Foreign Direct Investment and Economic Growth: Theory and Application to China [J]. Review of Development Economics, 2004 (2): 140-155.

[43] Jian Chen and Belton M. Fleisher. Regional Income Inequality and Economic Growth in China [J]. Journal of Comparative Economics, 1996, 22 (2): 141-164.

[44] Joshua Lewer. Does Trade Composition Influence Economic Growth? Time Series Evidence for 28 OECD and Developing Countries [J]. Journal of International Trade & Development, 2003 (12) 1: 39-96.

[45] Krugman P. Geography and Trade [M]. Cambridge: MIT Press, 1993: 115.

[46] Lucas R. J. On the Mechanics of Economic Development [J]. Journal of

Monetary Economics, 1988, 22: 3–42.

[47] Mac. Dougall. GDA. The Benefits and Costs of Private Investment from Aboard: A Theoy Appoach. Economic Record, 1960.

[48] Marshall A. Principles of Economics (8th ed) [M]. London: MacMillan, 1920.

[49] Martin, R. and P. Sunley. Deconstructing Clusters: Chaotic Concept or Policy Panacea [J]. Journal of Economic Geography, 2003, 3 (1): 5–35.

[50] Maryann P. Feldman, David B. Audretsch, Innovation in cities: Science–baseddiversity, specialization and localized competition [J]. European Economic Review, 1995 (43): 409–429.

[51] Masahisa Fujita & Dapeng Hu. Regnioal disparity in China 1985–1994: the Effects of Globalization and Economic Liberalization [J]. The Annals of Regional Science, 2001, 35 (1): 3–37.

[52] Masahisa Fujita & Dapeng Hu. Regional Disparity in China 1985–1994: The Effect of Globalization and Economic Liberalization [J]. The Annals of Regional Science, 1999.

[53] Mercedes Delgado, Michael E. Porter & Scott Stern. Clusters, Convergence, and Economic Performance [M]. Oxford University Press, 2011.

[54] Mercedes Delgado. Do Clusters Really Matter for Companies' Competitive Strategies [J]. Evidence at the Country Level, 2009 (4): 4–14.

[55] Michael E. Porter. Cluster and the New Economics of Competition [J]. Harvard Business Review, 1998, 176 (6) .

[56] Michael E. Porter. The Economic Performance of Regions [J]. Regional Studies, 2006, 37 (6&7): 549–578.

[57] Michael H. Best, The New Competitive Advantage: The Renewal of American Industry [M]. Oxford University Press, 2001.

[58] Myrdal, G. Economic Theory and Under–developed Regions [M]. London: Duckworth, 1957.

[59] Paija L. The ICT Cluster, the Engine of Knowledge–driver Growth in Finland [J]. Management Science, 2001 (7): 15–19.

[60] Peter Pedroni & James Yudong Yao. Regional Income Divergence in China [J]. Journal of Asian Economics, 2006, 17 (2): 294-315.

[61] Pierre Bourdieu. Meditations Pascaliennes [M]. Paris: Seuil Press, 1997.

[62] Pierre Bourdieu. The Forms of Capital [M]. John G. Riehardson (ed): Handbool of and Research for the Sociology of Education .New York: Greenwood Press, 1986.

[63] Porter, M. E. Clusters and the New Economics of Competition [J]. Harvard Business Review, 1998 (12): 77-90.

[64] Porter, M. E. The Competitive Advantage of Nations [M]. New York: Free Press, 1990.

[65] Puman Ouyang. Economic Growth, Industrial Development and Inter-Regional Spillovers from Foreign Direct Investment [M]. Evidence from China, 2009.

[66] Ravi Kanbur and Xiao -Bo Zhang. Which Regional Inequality? The Evolutionof Rural-Urban and Inland-Coastal Inequality in China (1983-1995) [J]. Working Paper, 1998.

[67] Redman J. Understanding State Economics through Industries Studies [J]. Washington D.C., Council of Governor's Policy Advisors, 1994 (4): 4-14.

[68] Richard A. Posner. A Theory of Primitive Society, with Special Referenceto Law [J]. Journal of Law and Economics, 1980 (23) 1-53.

[69] Robert E. Lucas. On The Mechanics of Economic Development [J]. Journal of Monetary Economics, 1988 (22): 4-14.

[70] Robert J. Barro & Xavier Sala-i-Martin. Convergence [J]. Journal of Politzcal Economy, 1992, 100 (2): 4-14.

[71] Romer. P. Endogenous Technological Chang [J]. Journal of Political Economy, 1990, 98 (5): 71-102.

[72] Rosenfeld, Stuart A. Industrial Strength Strategies: Regional Business Cluster and Public Policy [M]. Washington D.C., The Aspen Institute, 1995.

[73] Rozelle S. Rural Industrialization and Increasing Inequality: Emerging Patterns in China's Reforming Economy [J]. Journal of Comparative Economics, 1994, 19(3): 362-391.

[74] Spencer, G. M. Do Clusters Make a Difference? Defining and Assessing Their Economic Performance [J]. Regional Studies, 2010, 44 (6): 697–715.

[75] Swann, P. and Prevezer, M. A Comparison of the Dynamics of Industrial Clustering in Computing and Biotechnology [J]. Research Policy, 1996 (25): 1139–1157.

[76] The Occupation–Industry Mismatch: New Trajectories for Regional Cluster Analysis and Economic Development, Elizabeth Currid and Kevin Stolarick [J]. Urban Studies, 2010, 47 (2): 337 – 362.

[77] Theo J. A. and Pim den Hertog. Cluster Analysis and Cluster–based Policy Making in OECD Countries: An Introduction to the Theme, OECD Roelandt Proceedings [R]. Boosting Innovation: The Cluster Approach, 1999.

[78] Thomas Andersson, et al. The Cluster Policies Whitebook [M]. IKED, 2004: 144–146.

[79] Tianlun Jian, et al. Trends in Regional Inequality in China [J]. China Economic Review, 1996, 7 (1): 1–21.

[80] Tsui K.Y. China's Regional Inequality (1952 –1985) [J]. Journal of Comparative Economics, 1991, 15 (1): 1–21.

[81] United Nations Industrial Development Organization [M]. Industrial Development Report (2002/2003).

[82] Vernon Henderson, Ari Kuncoro & Matt Turner, Industrial Developmentin Cities [J]. Journal of Political Economy, 1995, 103 (5): 4–14.

[83] Vernon, R. International Investment and International Trade in the Product Cycle [J]. Quarterly Journal of Economics, 1966 (4): 190–207.

[84] Von Thunen, J. H. Der isolierte Staat in Beziehung auf Landwirtschaft And Nationalkonomie [J]. Teil 1 Hamburg: Friedrich Perthes, 1826 (4) 4–14.

[85] William J. Baumol. Productivity Growth, Convergence, and Welfare: Whatthe Long–Run Data Show [J]. The American Economic Review, 1986, 76 (5): 1072–1085.

[86] Woodridge J M. Econometric Analysis of Cross Sectionand Panel Data [M]. TheMIT Press. Cambridge Massachusetts, 2002.

[87] Xin.K. & J. L. Pearce. Guanxi, Connections as Substitutes for Formal Institutional Support [J]. Academy of Management Journal, 1996, 39 (6): 1641-1658.

[88] Young A. A. Increasing Returns and Economic Progress [J]. The Economic Journal, 1928 (38): 527-542.

[89] Zvi Griliches. Patent Statistics as Economic Indicators: A Survey [J]. Journal of Economics literature, 1979.

[90] [德] 阿尔弗雷德·韦伯. 工业区位论 [J]. 李刚剑等译，北京：商务印书馆，2010.

[91] [美] 保罗·萨缪尔森，威廉·诺德豪斯著. 经济学 [M]. 第十六版. 萧琛等译，北京：华夏出版社，1999.

[92] [美] 戴维·罗默 (David Romer). 高级宏观经济学 [M]. 王根蓓译，上海：上海财经大学出版社，2009.

[93] [美] 弗朗西斯·福山. 社会资本、公民社会与发展 [J]. 曹义恒译，马克思主义与现实，2003 (2).

[94] [美] 罗伯特·卢卡斯. 经济周期理论研究 [M]. 朱善利译，北京：商务印书馆，2012.

[95] [美] 戴维·罗默. 高级宏观经济学 [M]. 王根蓓译，中国：上海财经大学出版社，2009.

[96] [美] 沃尔特·惠特曼·罗斯托. 经济成长的阶段——非共产党宣言 [M]. 郭熙保，王松茂译，北京：中国社会科学出版社，2001.

[97] [美] 詹姆斯·S.科尔曼. 社会理论的基础[J]. 邓方译，北京：社会科学文献出版社，2008.

[98] [英] 阿弗里德·马歇尔. 经济学原理 [M]. 朱志泰译，北京：商务印书馆，1991.

[99] [英] 保罗·罗森斯坦·罗丹. 东欧和东南欧国家工业化的若干问题 [M]. 北京：社会科学文献出版社，1943.

[100] [英] 马歇尔. 经济学原理（上卷）[M]. 北京：商务印书馆. 1991.

[101] 艾伯特·赫希曼 (A. O. Hirschman). 经济发展战略 [M]. 北京：经济科学出版社，1991.

［102］奥古斯特·廖什（August Losch）. 经济空间秩序［M］. 王守礼译，北京：商务印书馆，2010.

［103］白永秀，王颂吉. 经济发展方式转变的目标及影响因素［J］. 经济学家，2011（6）.

［104］蔡昉，都阳. 区域差距、趋同与西部开发［J］. 中国工业经济，2001（2）.

［105］陈宝启. 生产型服务业发展与我国经济增长方式转变［J］. 中国社科院研究生院学报，2006（6）.

［106］陈佳贵，王钦. 中国产业集群可持续发展与公共政策选择［J］. 中国工业经济，2005.

［107］陈建军，黄洁等. 产业集聚间分工和地区竞争优势——来自长三角微观数据的实证［J］. 中国工业经济，2009（3）.

［108］陈自庆. 把节能减排作为西部地区转变经济发展方式的重要抓手［J］. 宁夏党校学报，2008（2）.

［109］程大中. 中国生产性服务业的水平、结构及影响——基于投入—产出法的国际比较研究［J］. 经济研究，2008（1）.

［110］干春晖，郑若谷. 中国地区经济差距演变及其产业分解［J］. 中国工业经济，2010（6）.

［111］道格拉斯·C.诺斯. 制度、制度变迁与经济绩效［M］. 刘守英译，上海：上海三联书店，1994.

［112］段文斌等. 制度经济学［M］. 天津：南开大学出版社，2003.

［113］樊纲. 渐进式改革的政治经济学分析［M］. 上海：上海远东出版社，1996.

［114］范剑勇，谢强强. 地区间产业分布的本地市场效应及对区域协调发展的启示［J］. 经济研究，2010（4）.

［115］范剑勇. 市场一体化、地区专业化与产业集聚趋势——兼谈对地区差距影响［J］. 中国社会科学，2004（6）.

［116］冯奎. 中国发展低碳产业集群的战略思考［J］. 对外经济贸易实务，2009（4）.

［117］弗朗西斯·福山. 信任：社会美德与创造经济繁荣［M］. 彭志华译，海

口：海南出版社，2001.

[118] 盖文启，蒋振威等. 我国区域经济发展差异性研究——1978~2008 年，我国人均 GDP 发展趋势实证分析 [J]. 经济学动态，2010 (9).

[119] 顾海兵，沈继楼. 近十年我国经济增长方式转变的定性与量化研究 [J]. 经济学 (季刊)，2006 (12).

[120] 管卫华，林振山. 改革开放以来中国城市化水平发展的区域差异研究 [J]. 中国软科学，2008 (9).

[121] 管卫华，林振山等. 中国区域经济发展差异及其原因的多尺度分析 [J]. 经济研究，2006 (6).

[122] 国家计委宏观经济研究院课题 [J]. 宏观经济研究，2002 (11).

[123] 胡鞍钢、刘生龙，交通运输、经济增长及溢出效应 [J]. 中国工业经济，2009 (5).

[124] 黄飞雪，靳玲. 城市化对中国能源消费的影响机制研究 [J]. 产业经济评论，2011 (3).

[125] 黄速建主编. 中国产业集群发展报告 2010~2011——构筑集群创新能力 [M]. 北京：经济管理出版社，2010.

[126] 贾俊雪，郭庆旺. 中国区域经济趋同与差异分析 [J]. 中国人民大学学报，2007 (5).

[127] 金碚. 科学发展观与经济增长方式转变 [J]. 中国工业经济，2006 (5).

[128] 金相郁，武鹏. 中国区域经济发展差距的趋势及其特征——基于 GDP 修正后的数据 [J]. 南开经济研究，2010 (1).

[129] 李国平，范红忠. 生产集中、人口分布与地区经济差异 [J]. 经济研究，2003 (11).

[130] 李国璋，张唯实. 制度差异与中国区域经济发展研究 [J]. 统计与决策，2011 (7).

[131] 李君华，彭玉兰. 产业集群的制度分析 [J]. 中国软科学，2003 (9).

[132] 李廉水，周勇. 技术进步能提高能源效率吗？——基于中国工业部门的实证检验 [J]. 管理世界，2006 (10).

[133] 李善民，张媛春. 制度环境、交易规则与控制权协议转让的效率 [J].

经济研究，2009（5）.

［134］李世祥. 中国工业化进程中能耗特征及能效提升途径［J］. 中国软科学，2010（7）.

［135］李文陆等. 我国东中西部地区经济“S 形”发展差距态势的实证分析［J］. 技术经济，2007，26（3）.

［136］林南. 社会资本：关于社会结构与行动的理论［M］. 上海：上海世纪出版集团，上海人民出版社，2005.

［137］林涛. 产业集群合作行动［M］. 北京：科学出版社，2010.

［138］林毅夫，苏剑. 论我国经济增长方式的转变［J］. 管理世界，2007（11）.

［139］林毅夫，刘培林. 经济发展战略对劳均资本积累和技术进步的影响——基于中国经验的实证研究［J］. 中国社会科学，2003（4）.

［140］林毅夫，刘培林. 中国的经济发展战略与地区收入差距［J］. 经济研究，2003（3）.

［141］刘凤朝，孙玉涛. 技术创新、产业结构调整对能源消费影响的实证分析［J］. 中国人口·资源与环境，2008（3）.

［142］刘国光，李京文. 中国经济大转变：经济增长方式转变的综合研究［M］. 广州：广东人民出版社，2001.

［143］刘海英，赵英才. 人力资本“均化”与中国经济增长质量关系研究［J］. 管理世界，2004（11）.

［144］刘军，徐康宁. 产业聚集、经济增长与地区差距——基于中国省级面板数据的实证研究［J］. 中国软科学，2010（7）.

［145］刘强. 中国经济增长的收敛性分析［J］. 经济研究，2001（6）.

［146］刘芹，陈继祥. 基于集群文化的高科技产业竞争力的培育研究［J］. 中国科技论坛，2006（4）.

［147］刘芹. 产业集群升级研究述评［J］. 科研管理，2007，128（3）.

［148］刘善庆等. 基于 AHP 的特色产业集群竞争力分析：以赣粤闽陶瓷特色产业集群为例［J］. 中国软科学，2005（4）.

［149］刘生龙，王亚华，胡鞍钢. 西部大开发成效与中国区域经济收敛［J］. 经济研究，2009（9）.

[150] 刘生龙，胡鞍钢，基础设施的外部性在中国的检验：1988~2007 [J]. 经济研究，2010 (3).

[151] 刘世锦等. 中国产业集群发展报告（2007~2008）[M]. 北京：机械工业出版社，2008.

[152] 刘树成，张晓晶. 中国经济持续高增长的特点和地区间经济差异的缩小 [J]. 经济研究，2007 (10).

[153] 刘伟，李绍荣. 中国的地区经济结构与平衡发展 [J]. 中国工业经济，2005 (4).

[154] 刘夏明等. 收敛还是发散?——中国区域经济发展争论的文献综述 [J]. 经济研究，2004 (7).

[155] 刘艳萍. 产业集聚、企业规模与全要素生产率增长——基于长三角制造业行业面板数据的分析 [J]. 技术经济，2010 (2).

[156] 刘耀彬. 中国城市化与能源消费关系的动态计量分析 [J]. 财经研究，2007 (11).

[157] 路卓铭. 以建立资源开发补偿机制推进我国资源价格改革 [J]. 经济体制改革，2007 (3).

[158] 吕政. 转变经济发展方式的途径 [J]. 经济界，2008 (2).

[159] 吕忠伟等. R&D 空间溢出对区域经济增长的作用研究 [J]. 统计研究，2008，25 (13).

[160] 罗纳德·哈里·科斯. 企业、市场与法律 [M]. 上海：上海三联书店，上海人民出版社，2009.

[161] 马建堂. 关于加快转变经济发展方式的几个问题 [J]. 国家行政学院学报，2010 (3).

[162] 马克思恩格斯选集 [M]. 北京：人民出版社，1995.

[163] 马强文，任保平. 中国经济发展方式转变的绩效评价及影响因素研究 [J]. 经济学家，2011 (11).

[164] 迈克尔·E.波特. 国家竞争优势 [M]. 北京：华夏出版社，2002.

[165] 曼昆. 经济学原理：上册 [M]. 北京：生活·读书·新知三联书店，北京大学出版社，1999.

[166] 毛显强，钟瑜等，生态补偿的理论探讨 [J]. 中国人口·资源与环境，

2002 (12).

[167] 潘士远，林毅夫.发展战略、知识吸收能力与经济收敛 [J]. 数量经济技术经济研究，2006 (2).

[168] 潘文卿. 中国区域经济差异与收敛 [J]. 中国社会科学，2010 (1).

[169] 彭国华. 我国地区经济的“俱乐部”收敛性 [J]. 数量经济技术经济研究，2008 (12).

[170] 彭文斌，刘友金. 我国东中西三大区域经济差距的时空演变特征 [J]. 经济地理，2010，30 (4).

[171] 齐绍州，云波等. 中国经济增长与能源消费强度差异的收敛性及机理分析 [J]. 经济研究，2009 (4).

[172] 秦成逊，周惠仙. 西部地区经济发展方式转变探析 [J]. 经济问题探索，2008 (3)：68-72.

[173] 秦志宏，王坤等. 资源型企业的集群化成长模式 [M]. 呼和浩特：内蒙古大学出版社，2010.

[174] 青木昌彦. 比较制度分析 [M]. 上海：上海远东出版社，2001.

[175] 热若尔·罗兰. 转型与经济学 [M]. 北京：北京大学出版社，2002.

[176] 若阿金·西尔韦斯特. 规模经济与规模不经济 [M]. 北京：经济科学出版社，1996.

[177] 邵帅，齐中英. 西部地区的能源开发与经济增长——基于“资源诅咒”假说的实证分析 [J]. 经济研究，2008 (4).

[178] 沈坤荣，马俊. 中国经济增长的“俱乐部收敛”的特征及其原因研究 [J]. 经济研究，2002 (1).

[179] 沈正平等. 产业集群与区域经济发展探究 [J]. 中国软科学，2004(2).

[180] 施蒂格勒. 产业组织与政府管制 [M]. 上海：上海人民出版社，上海三联书店，1998.

[181] 史丹. 产业结构的变动对能源消费需求的影响 [J]. 数量经济技术经济研究，1999 (12).

[182] 宋德勇. 改革以来中国经济发展的地区差异状况 [J]. 数量经济技术经济研究，1998 (3).

[183] 宋学明. 中国区域发展及其收敛性 [J]. 经济研究，1996 (9).

[184] 速水佑次郎. 发展经济学：从贫困到富裕 [M]. 第三版. 北京：社会科学文献出版社，2009.

[185] 粟庆品. 特色经济的识别与判断 [J]. 经济与社会发展，2004 (7).

[186] 秋成. 关于生态补偿标准和机制 [J]. 中国人口·资源与环境，2009 (6).

[187] [日] 藤田昌久，[比] 雅克-弗朗科斯·蒂斯 . 集聚经济学（中译本）[M]. 成都：西南财经大学出版社，2004.

[188] 王成岐，张建华等. 外商直接投资、地区差异与中国经济增长 [J]. 世界经济，2002 (4).

[189] 王缉慈. 现代工业地理学 [M]. 北京：中国科学技术出版社，1994.

[190] 王缉慈等. 超越集群——中国产业集群的理论探索 [M]. 北京：科学出版社，2011.

[191] 王缉慈等. 创新的空间——企业集群与区域发展 [M]. 北京：北京大学出版社，2001：108.

[192] 王军. 完善经济发展方式转变的动力问题研究 [J]. 理论学刊，2009 (9).

[193] 王坤，张建华. 产业集群相关概念辨析及研究进展 [J]. 科学管理研究，2012 (1).

[194] 王坤. 资源型产业集群成长模式的研究 [D]. 内蒙古大学硕士学位论文，2005.

[195] 王启仿.区域经济发展差距的因素分解 [J]. 经济地理，2004，24(3).

[196] 王小鲁，樊纲，刘鹏. 中国经济增长方式转换和增长可持续性 [J]. 经济研究，2009 (1).

[197] 王小鲁，樊纲. 中国地区差距的变动趋势和影响因素 [J]. 经济研究，2004 (1).

[198] 威廉·J.鲍莫尔. 新帕尔格雷夫经济学大辞典——不可分性 [M]. 北京：经济科学出版社，1996.

[199] 魏后凯. 外商直接投资对中国区域经济增长的影响 [J]. 经济研究，2002 (4).

[200] 魏后凯. 中国区域经济增长 [J]. 中国工业经济，1997 (3).

[201] 魏后凯等. 中国产业集聚与集群发展战略 [J]. 北京：经济科学出版社，2008.

[202] 魏江. 产业集群—创新系统与技术学习 [M]. 北京：科学出版社，2003.

[203] 魏江等. 中国产业集群发展报告 [M]. 北京：机械工业出版社，2009.

[204] 魏守华. 集群竞争力的动力机制以及实证分析 [J]. 中国工业经济. 2002 (10).

[205] 魏子清，周德群等. 中国三次产业经济增长与能源消费相互作用的动态特征 [J]. 资源科学，2009 (7).

[206] 吴德进. 产业集群论 [M]. 北京：社会科学文献出版社，2006.

[207] 吴晓波，赵广华. 论低碳产业集群的动力机制——基于省级面板数据的实证分析 [J]. 经济理论与经济管理，2010 (8).

[208] 谢健. 经济结构的变动与区域经济的差异分析 [J]. 中国工业经济，2003 (11).

[209] 徐朝阳，林毅夫. 发展战略与经济增长 [J]. 中国社会科学，2010(3).

[210] 徐建华，鲁凤等. 中国区域经济差异的时空尺度分析 [J]. 地理研究，2005，124 (1).

[211] 徐康宁、韩剑. 中国区域经济的“资源诅咒”效应：区域差异的另一种解释 [J]. 经济学家，2005 (12).

[212] 徐康宁. 开放经济中的产业集群与竞争力 [J]. 中国工业经济，2001 (11).

[213] 徐现祥，李郇. 市场一体化与区域协调发展 [J]. 经济研究，2005 (12).

[214] 徐晓亮，吴凤平. 引入资源价值补偿机制的资源税改革研究 [J]. 中国人口·资源与环境，2011 (7).

[215] 许冰. 外商直接投资对区域经济的产出效应——基于路径收敛设计的研究 [J]. 经济研究，2010 (2).

[216] 许召元，李善同. 近年来中国地区差距的变化趋势 [J]. 经济研究，2006 (7).

[217] 许召元，李善同. 区域间劳动力迁移对经济增长和地区差距的影响

[J]. 数量经济技术经济研究，2008 (2).

[218] 亚当·斯密. 国民财富的性质和原因的研究 [M]. 北京：商务印书馆，1975.

[219] 亚当·斯密. 国民财富的性质和原因的研究 [M]. 唐日松等译，北京：华夏出版社，2006.

[220] 颜鹏飞，王兵. 技术效率、技术进步与生产率增长：基于 DEA 的实证分析 [J]. 经济研究，2004 (12).

[221] 杨冬梅，徐开金. 试析经济发展方式转变中的动力均衡 [J]. 湖北社会科学，2010 (2).

[222] 杨洪焦等. 中国制造业聚集度的演进态势及其特征分析——基于1988~2005 年的实证研究 [J]. 数量经济技术经济研究，2008 (5).

[223] 杨开忠. 中国区域经济差异变动研究 [J]. 经济研究，1994 (12).

[224] 杨淑华. 我国经济发展方式的路径分析——基于经济驱动力视角 [J]. 经济学 (季刊)，2009 (3).

[225] 杨伟民. 地区间收入差距变动的实证分析 [J]. 经济研究，1992 (1).

[226] 杨小凯，黄有光. 专业化与经济组织——一种新兴古典微观经济学框架 [M]. 北京：经济科学出版社，1999.

[227] 杨小凯，张永生. 新兴古典经济学和超边际分析 [M]. 中国人民大学出版社，2000.

[228] 杨小凯. 发展经济学——超边际与边际分析 [M]. 北京：社会科学文献出版社，2003.

[229] 杨小凯. 经济学：新兴古典与新古典框架 [M]. 北京：中国社会科学文献出版社，2003.

[230] 杨小凯. 经济学原理 [M]. 北京：中国社会科学出版社，1998.

[231] 杨永恒，胡鞍钢等. 中国人类发展的地区差距和不协调——历史视角下的"一个中国四个世界" [J]. 经济学 (季刊)，2006，5 (3).

[232] 姚先国，张海峰. 教育、人力资本与地区经济差异 [J]. 经济研究. 2008 (5).

[233] 曾忠禄. 产业群集与区域经济发展 [J]. 南开经济研究，1997 (1).

[234] 张复明等. 山西省资源型经济转型的思路与对策 [J]. 生产力研究，

1998（2）.

［235］张欢. 从 FDI 看东、中、西部地区经济增长路径差异［J］. 经济问题探索，2007（5）.

［236］张建华，欧阳轶雯. 外商直接投资、技术外溢与经济增长对广东数据的实证分析［J］. 经济学（季刊），2003，2（3）.

［237］张五常. 经济解释：张五常经济论文选［M］. 北京：商务印书馆，2001.

［238］张昕，陈林. 产业聚集对区域创新绩效影响的实证研究——以电子及通讯设备制造业为例［J］. 技术经济，2011（7）.

［239］张永生. 生产规模无关论：理论与经验证据［M］. 北京：中国人民大学出版社，2003.

［240］张元智，马鸣萧. 企业规模、规模经济与产业集群［J］. 中国工业经济，2004（6）.

［241］张志明. 区域工业集群竞争力的实证分析以安徽省为例［J］. 技术经济，2008（12）.

［242］赵广华. 产业集群文化的形成机理和培育策略［J］. 经济学动态，2008（10）.

［243］赵伟等. 中国经济增长收敛性的再认识基于增长收敛微观机制的分析［J］. 管理世界，2005（11）.

［244］中国城市竞争力报告（No.9）. 城市：让世界倾斜而平坦［M］. 北京：社会科学文献出版社，2011.

［245］钟学义，王丽. 产业结构变动同经济增长的数量关系探讨［J］. 数量经济技术经济研究，1997（5）.

［246］周兵，蒲勇健. 一个基于产业集聚的西部经济增长实证分析［J］. 数量经济技术经济研究，2003（8）.

［247］周兵. 基于产业集群的区域经济增长研究［D］. 重庆大学博士学位论文，2004：52-56.

［248］周黎安. 转型中的地方政府［M］. 上海：格致出版社，上海人民出版社，2008.

［249］周玉翠. 近 10 年中国省际经济差异动态变化特征［J］. 地理研究.

2002 (6).

[250] 朱勇，张宗益. 技术创新对经济增长影响的地区差异研究 [J]. 中国软科学，2005 (11).

[251] 朱承亮，师萍等. 人力资本、人力资本结构与区域经济增长效率 [J]. 中国软科学，2011 (2).

[252] 朱承亮，岳宏志等.中国经济增长效率及其影响因素的实证研究：1985~2007 年 [J]. 数量经济技术经济研究，2009 (9).

[253] 朱英明. 区域制造业规模经济、技术变化与全要素生产率——产业集聚的影响分析 [J]. 数量经济技术经济研究，2009 (10).

[254] 中华人民共和国科技部网站，http：//www.most.gov.cn /.

# 后　记

作为一名大学教师，教学和研究已经成为我生活的重要内容。近年来一直关注我国经济发展方式的问题，特别是关注内蒙古这样一个资源型省份的发展。内蒙古近几年来的发展给了我们许多的思考，也有许多反思：内蒙古经历了多年的高速成长，GDP 的增速在全国长期领先，这种经济发展的现象甚至有人把它总结为“内蒙古现象”，在内蒙古经济发展中也出现了“鄂尔多斯现象”，吸引了大家的眼球。近年来，鄂尔多斯经济的巨大变化，以及对鄂尔多斯经济的各种描述给我们带来许多思考。

随着我国经济发展新局面的出现，经济发展方式的转变是政府十分关注的问题，从政府的角度看，经济发展的方式已经取代了经济增长的速度。作为一个资源型区域来说，如何获得一种长期持续的发展、如何转变经济发展的方式，对于区域经济发展是十分重要的问题。

作为一名研究者，近年来一直把关注点放在区域经济发展的问题上，2013 年，我在该领域的研究思考由经济管理出版社以《我国产业集群：区域发展差异及其影响因素研究》为题出版，现在围绕着区域发展、产业集群以及经济发展方式转变为主题的书稿《资源型地区经济发展方式转变——基于产业集群、区域经济发展差异研究》终于完稿。这部书稿可以说是上一部著作的姊妹篇。两部著作从不同的角度研究区域经济发展的途径与模式，本书用了更多的篇幅来探讨资源型地区经济发展的方式及其转变。这些研究，仅仅是自己的一些研究心得和体会，深感存在一些不足甚至缺憾，希望得到各界朋友的批评指正。

**图书在版编目（CIP）数据**

资源型地区经济发展方式转变：基于产业集群、区域经济发展差异研究 / 王坤著. —北京：经济管理出版社，2014.3
ISBN 978-7-5096-3020-4

Ⅰ. ①资…　Ⅱ. ①王…　Ⅲ. ①资源产业—区域经济发展—研究—中国　Ⅳ. ①F127

中国版本图书馆 CIP 数据核字（2014）第 063499 号

组稿编辑：何　蒂
责任编辑：杨国强
责任印制：黄章平
责任校对：张　青

出版发行：经济管理出版社
（北京市海淀区北蜂窝 8 号中雅大厦 11 层　100038）
网　　址：www. E-mp. com. cn
电　　话：（010）51915602
印　　刷：北京京华虎彩印刷有限公司
经　　销：新华书店
开　　本：720mm×1000mm/16
印　　张：14.75
字　　数：241 千字
版　　次：2014 年 3 月第 1 版　　2014 年 3 月第 1 次印刷
书　　号：ISBN 978-7-5096-3020-4
定　　价：45.00 元